21·世·纪·经·济·学·系·列·教·材

《资本论》精选

卫兴华 等 摘选

中国人民大学出版社
·北京·

21 世纪经济学系列教材

总序

改革开放以来，经济社会的发展对中国经济学教育、教学产生了重要的影响，提出了新的要求。为了使经济学教育、教学根植于我国改革开放和现代化建设的肥沃土壤，服务于时代和实践的需求，中国人民大学出版社从本世纪初就开始组织国内知名经济学者编写适应新时期经济学教学的“21世纪经济学系列教材”。

十多年来，21世纪经济学系列教材已经逐步推出了许多适合中国特点的经济学教科书，影响了一批又一批的青年学子。这其中，我国经济学界杰出教育家、西方经济学学科主要奠基人之一高鸿业先生主编的《西方经济学》，已成为我国高校经济学专业的权威性教材，读者早已超过千万！中国马克思主义政治经济学的奠基人宋涛先生的《政治经济学》，对马克思主义政治经济学在中国的传播、普及和发展发挥了重要作用。该系列已经出版的其他教材，如孙久文教授的《区域经济学》、彭刚教授的《发展经济学》、王则柯教授的《博弈论教程》、黄卫平教授的《国际经济学》等等，都产生了广泛的影响，为中国的经济学教育作出了贡献。

近几年来，中国的经济学教育、教学面临新的形势，取得了长足的进步：一是我国经济学界教育思想、教育观念已经发生了重大转变，更加重视素质教育；二是教学内容有了重大改革，在学科专业调整建设、课程体系、教学内容改革方面取得了进展；三是教育、教学方法有了重大进步，更加重视理论联系实际，实验、实践、案例教学逐步加强，现代化教学手段被广泛应用。

有鉴于此，为了应对新的形势与变化，中国人民大学出版社在认真调查研究高等学校经济学专业本科培养方案和课程教学大纲的基础上，组织专家学者，经过反复研究论证、合理定位、精心写作、吐故纳新，进一步整合优化了“21世纪经济学系列教材”。这套教材将涵盖经济学专业所有的基础课、主干课、核心课，使学生通过《政治经济学》、《微观经济学》、《宏观经济学》等基础理论教材的学习，掌握经济学的基础理论，培养厚实的经济学理论功底；通过《产业经济学》、《区域经济学》、《国际经济学》等应用类主干课程教材的学习，掌握现实经济部门的运行和发展；通过《经济学说史》、《经济思想史》、《世界经济史》等经济史学类教材的学习，理解经济学的发展和演变规律；通过《计量经济学》、《统计学》等经济学方法类教材的学习，掌握经济学的思考方法和具体的研究方法；通过《博弈论》、《行为经济学》等专业教材的学习，了解经济学理论的前沿进展；通过《〈西方经济学〉典型题题解》、《政治经济学学习与教学手册》等基础课程的配套教辅书，牢固掌握所学经济学理论。

这套教材的编写特色主要体现在以下几个方面：

第一，作者阵容强大，教学经验丰富。作者大都是来自中国人民大学、北京大学、清华大学、南开大学、复旦大学、浙江大学、武汉大学等国内重点大学的学科带头人，有很高的科研水平和丰富的教学经验。

第二，在教材编写和内容安排上，强调基础知识、基本理论、基本技能。同时充分吸收国内外优秀教材的优点，定位明确，体系科学，概念准确，深入浅出。

第三，融合本学科现有的研究成果，反映本学科研究的最新进展，反映中国改革开放和现代化建设实践中的新成果，反映当今世界发生的深刻变革对经济学理论和实践产生的影响。

第四，教材重视加入现实经济生活中的案例、新闻素材等内容，使教材的可读性更强，更能够与当前中国经济现实结合起来，使学生能够学以致用。

中国人民大学出版社希望通过这套教材的出版，与广大教师、学生一起研究和探讨，进一步提高中国经济学教材的编写水平，提高经济学教学质量，为经济学的发展，为培养具有创新能力与实践能力、具有国际视野又了解中国国情的高层次经济学人才作出新的贡献。

作者简介

卫兴华，山西五台县人，1952年中国人民大学政治经济学专业研究生毕业。1946年参加地下革命工作。现为中国人民大学荣誉一级教授，经济学院博士生导师，中国社会科学院经济学专业博士生导师。发表论文和文章（序言、书评等）900余篇，出版著作（含主编、二人合著）20余本。获国家级和省部级奖20余项，其中包括两项孙冶方经济学奖论文奖、国家图书奖一等奖和二等奖、宝钢教育基金优秀教师特等奖，以及世界政治经济学学会马克思经济学奖。获北京市劳动模范称号。现任中央马克思主义理论研究与建设工程课题主要成员、中国《资本论》研究会顾问、中国社会科学院马克思主义研究院特聘研究员。被评为“影响新中国60年经济建设的100位经济学家”之一。学术成就被收入科学出版社2013年出版的《20世纪中国知名科学家学术成就概览》。

内容简介

学习和研究《资本论》，重在学习和掌握其基本原理与方法。三卷《资本论》，内容博大精深，卷帙浩繁，总计230万字，无论高校学生还是一般工作人员，都难以尽读其内容。虽然国内出版过多种《资本论》选读本和节读本，但字数也大都为50万字左右。

本书是从马克思的三卷《资本论》中精选出20万字的内容编撰成册的。所谓“精选”，意在少而精。本书包括了《资本论》中的核心部分的基本原理，涵盖了马克思经济学的研究对象与方法、劳动价值论、剩余价值论、资本积累理论、资本循环与周转理论、社会总资本的再生产理论、生产价格理论、商业资本和商业利润理论、生息资本和利息理论、地租理论、生产关系与分配关系理论等。

本书适用于普通高等院校财经专业本科生“资本论”课程教学使用，同时也适用于国内广大党政干部作为精读马列原著、学习马克思主义经典理论的参考书。

第一版序言

我把这部著作的第一卷交给读者。这部著作是我 1859 年发表的《政治经济学批判》的续篇。初篇和续篇相隔很久，是由于多年的疾病一再中断了我的工作。

前书的内容已经在本卷第一章作了概述。这样做不仅是为了联贯和完整，叙述方式也改进了。在情况许可的范围内，前书只是略略提到的许多论点，这里都作了进一步的阐述；相反地，前书已经详细阐述的论点，这里只略略提到。

万事开头难，每门科学都是如此。所以本书第一章，特别是分析商品的部分，是最难理解的。其中对价值实体和价值量的分析，我已经尽可能地做到通俗易懂。以货币形式为完成形态的价值形式，是极无内容和极其简单的。然而，两千多年来人类智慧对这种形式进行探讨的努力，并未得到什么结果，而对更有内容和更复杂的形式的分析，却至少已接近于成功。为什么会这样呢？因为已经发育的身体比身体的细胞容易研究些。并且，分析经济形式，既不能用显微镜，也不能用化学试剂。二者都必须用抽象力来代替。而对资产阶级社会说来，劳动产品的商品形式，或者商品的价值形式，就是经济的细胞形式。在浅薄的人看来，分析这种形式好象是斤斤于一些琐事。这的确是琐事，但这是显微解剖学所要做的那种琐事。

因此，除了价值形式那一部分外，不能说这本书难懂。当然，我指的是那些想学到一些新东西、因而愿意自己思考的读者。

物理学家是在自然过程表现得最确实、最少受干扰的地方观察自然过程的，或者，如有可能，是在保证过程以其纯粹形态进行的条件下从事实验的。我要在本书研究的，是资本主义生产方式以及和它相适应的生产关系和交换关系。到现在为止，这种生产方式的典型地点是英国。因此，我在理论阐述上主要用英国作为例证。

问题本身并不在于资本主义生产的自然规律所引起的社会对抗的发展程度的高低。问题在于这些规律本身，在于这些以铁的必然性发生作用并且正在实现的趋势。工业较发达的国家向工业较不发达的国家所显示的，只是后者未来的景象。

撇开这点不说。在资本主义生产已经在我们那里完全确立的地方，例如在真正的工厂里，由于没有起抗衡作用的工厂法，情况比英国要坏得多。在其他一切方面，我们也同西欧大陆所有其他国家一样，不仅苦于资本主义生产的发展，而且苦于资本主义生产的不发展。除了现代的灾难而外，压迫着我们的还有许多遗留下来的灾难，这些灾难的产生，是由于古老的、陈旧的生产方式以及伴随着它们的过时的社会关系和政治关系还在苟延残喘。不仅活人使我们受苦，而且死人也使我们受苦。死人抓住活人！

德国和西欧大陆其他国家的社会统计，与英国相比是很贫乏的。如果我国各邦政府和议会像英国那样，定期指派委员会去调查经济状况，如果这些委员会像英国那样，有全权去揭发真相，如果为此能够找到像英国工厂视察员、编写《公共卫生》报告的英国医生、调查女工童工受剥削的情况以及居住和营养条件等等的英国调查委员那样内行、公正、坚决的人们，那么，我国的情况就会使我们大吃一惊。

一个国家应该而且可以向其他国家学习。一个社会即使探索到了本身运动的自然规律，——本书的最终目的就是揭示现代社会的经济运动规律，——它还是既不能跳过也不能用法令取消自然的发展阶段。但是它能缩短和减轻分娩的痛苦。

为了避免可能产生的误解，要说明一下。我决不用玫瑰色描绘资本家和地主的面貌。不过这里涉及的人，只是经济范畴的人格化，是一定的阶级关系和利益的承担者。我的观点是把经济的社会形态的发展理解为一种自然史的过程。不管个人在主观上怎样超脱各种关系，他在社会意义上总是这些关系的产物。同其他任何观点比起来，我的观点是更不能要个人对这些关系负责的。

在政治经济学领域内，自由的科学研究遇到的敌人，不只是它在一切其他领域内遇到的敌人。政治经济学所研究的材料的特殊性，把人们心中最激烈、最卑鄙、最恶劣的感情，把代表私人利益的复仇女神召唤到战场上来反对自由的科学研究。例如，英国高教会派宁愿饶恕对它的三十九个信条中的三十八个信条进行的攻击，而不饶恕对它的现金收入的三十九分之一进行的攻击。在今天，同批评传统的财产关系相比，无神论本身是一种很小的过失。现在的社会不是坚实的结晶体，而是一个能够变化并且经常处于变化过程中的有机体。

这部著作的第二卷将探讨资本的流通过程（第二册）和总过程的各种形式（第三册），第三卷即最后一卷（第四册）将探讨理论史。

任何的科学批评的意见我都是欢迎的。而对于我从来就不让步的所谓舆论的偏见，我仍然遵守伟大的佛罗伦萨诗人的格言：

走你的路，让人们去说罢！

卡尔·马克思

1867年7月25日于伦敦

第二版跋

我首先应当向第一版的读者指出第二版中所作的修改。很明显的是，篇目更加分明了。各处新加的注，都标明是第二版注。就正文本身说，最重要的有下列各点：

第一章第一节更加科学而严密地从表现每个交换价值的等式的分析中引出了价值，而且明确地突出了在第一版中只是略略提到的价值实体和由社会必要劳动时间决定的价值量之间的联系。第一章第三节（价值形式）全部改写了，第一版的双重叙述就要求这样做。——顺便指出，这种双重叙述是我的朋友，汉诺威的路·库格曼医生建议的。1867 年春，初校样由汉堡寄来时，我正好访问他。他使我相信，大多数读者需要有一个关于价值形式的更带讲义性的补充说明。——第一章最后一节《商品的拜物教性质及其秘密》大部分修改了。第三章第一节（价值尺度）作了详细的修改，因为在第一版中，考虑到《政治经济学批判》（1859 年柏林版）已有的说明，这一节是写得不够细致的。第七章，特别是这一章的第二节，作了很大的修改。

原文中局部的、往往只是修辞上的修改，用不着一一列举出来。这些修改全书各处都有。但是，现在我校阅正在巴黎出版的法译本时，发现德文原本的某些部分有的地方需要更彻底地修改，有的地方需要更好地修辞或更仔细地消除一些偶然的疏忽。可是我没有时间这样做，因为只是在 1871 年秋，正当我忙于其他迫切的工作的时候，我才接到通知说，书已经卖完了，而第二版在 1872 年 1 月就要付印。

在德国，直到现在，政治经济学一直是外来的科学。古斯塔夫·冯·居利希在他的《商业、工业和农业的历史叙述》中，特别是在 1830 年出版的该书的前两卷中，已经大体上谈到了在我们这里妨碍资本主义生产方式发展、因而也妨碍现代资产阶级社会建立的历史条件。可见，政治经济学在我国缺乏生长的土壤。它作为成品从英国和法国输入；德国的政治经济学教授一直是学生。别国的现实在理论上的表现，在他们手中变成了教条集成，被他们用包围着他们的小资产阶级世界的精神去解释，就是说，被曲解了。

从 1848 年起，资本主义生产在德国迅速地发展起来，现在正是它的欺诈盛行的时期。但是我们的专家还是命运不好。当他们能够不偏不倚地研究政治经济学时，在德国的现实中没有现代的经济关系。而当这种关系出现时，他们所处的境况已经不再容许他们在资产阶级的视野之内进行不偏不倚的研究了。只要政治经济学是资产阶级的政治经济学，就是说，只要它把资本主义制度不是看作历史上过渡的发展阶段，而是看作社会生产的绝对的最后的形式，那就只有在阶级斗争处于潜伏状态或只是在个别的现象上表现出来的时候，它还能够是科学。

拿英国来说。英国古典政治经济学是属于阶级斗争不发展的时期的。它的最后的伟大的代表李嘉图，终于有意识地把阶级利益的对立、工资和利润的对立、利润和地租的对立当作他的研究的出发点，因为他天真地把这种对立看作社会的自然规律。这样，资产阶级的经济科学也就达到了它的不可逾越的界限。还在李嘉图活着的时候，就有一个和他对立的人西斯蒙第批判资产阶级的经济科学了。

随后一个时期，从 1820 年到 1830 年，在英国，政治经济学方面的科学活动极为活跃。这是李嘉图的理论庸俗化和传播的时期，同时也是他的理论同旧的学派进行斗争的时期。这是一场出色的比赛。当时的情况，欧洲大陆知道得很少，因为论战大部分是分散在杂志论文、关于时事问题的著作和抨击性小册子上。这一论战的不偏不倚的性质——虽然李嘉图的理论也例外地被用作攻击资产阶级经济的武器——可由当时的情况来说明。一方面，大工业本身刚刚脱离幼年时期；大工业只是从 1825 年的危机才开始它的现代生活的周期循环，就证明了这一点。另一方面，资本和劳动之间的阶级斗争被推到后面：在政治方面是由于纠合在神圣同盟周围的政府和封建主同资产阶级所领导的人民大众之间发生了纠纷；在经济方面是由于工业资本和贵族土地所有权之间发生了纷争。这种纷争在法国是隐藏在小块土地所有制和大土地所有制的对立后面，在英国则在谷物法 * 颁布后公开爆发出来。这个时期英国的政治经济学文献，使人想起魁奈医生逝世后法国经济学的狂飙时期，但这只是像晚秋晴日使人想起春天一样。1830 年，最终决定一切的危机发生了。

资产阶级在法国和英国夺得了政权。从那时起，阶级斗争在实践方面和理论方面采取了日益鲜明的和带有威胁性的形式。它敲响了科学的资产阶级经济学的丧钟。现在问题不再是这个或那个原理是否正确，而是它对资本有利还是有害，方便还是不方便，违背警章还是不违背警章。无私的研究让位于豢养的文丐的争斗。不偏不倚的科学探讨让位于辩护士的坏心恶意。甚至以工厂主科布顿和布莱特为首的反谷物法同盟抛出的强迫人接受的小册子，由于对地主贵族展开了论战，即使没有科学的意义，毕竟也有历史的意义。

1848 年大陆的革命也在英国产生了反应。那些还要求有科学地位、不愿单纯充当统治阶级的诡辩家和献媚者的人，力图使资本的政治经济学同这时已不容忽视的无产阶级的要求调和起来。于是，以约翰·斯图亚特·穆勒为最著名代表的平淡无味的混合主义产生了。这宣告了“资产阶级”经济学的破产，关于这一点，俄国的伟大学者和批评家尼·车

---

* 谷物法指英国议会于 1815 年通过的限制和禁止从国外进口谷物的法律。实施这一法律，使谷物价格上涨，地租增加，这对土地贵族十分有利，却损害了产业资产阶级的利益。因为谷物价格上涨，使工人工资提高，降低了资本家的利润。同时，谷物法使英国工业品难于同谷物价格低和工资低的国家工业品相竞争，使英国工业品输出困难。因此英国产业资产阶级和土地贵族之间围绕着谷物法问题，展开了激烈斗争。——摘选者注

尔尼雪夫斯基在他的《穆勒政治经济学概述》中已作了出色的说明。

可见，在资本主义生产方式的对抗性质在法国和英国通过历史斗争而明显地暴露出来以后，资本主义生产方式才在德国成熟起来，同时，德国无产阶级比德国资产阶级在理论上已经有了更明确的阶级意识。因此，当资产阶级政治经济学作为一门科学看来在德国有可能产生的时候，它又成为不可能了。

在这种情况下，资产阶级政治经济学的代表人物分成了两派。一派是精明的、贪利的实践家，他们聚集在庸俗经济学辩护论的最浅薄的因而也是最成功的代表巴师夏的旗帜下，另一派是以经济学教授资望自负的人，他们追随约·斯·穆勒，企图调和不能调和的东西。德国人在资产阶级经济学衰落时期，也同在它的古典时期一样，始终只是学生、盲从者和模仿者，是外国大商行的小贩。

所以，德国社会特殊的历史发展，排除了"资产阶级"经济学在德国取得任何独创的成就的可能性，但是没有排除对它进行批判的可能性。就这种批判代表一个阶级而论，它能代表的只是这样一个阶级，这个阶级的历史使命是推翻资本主义生产方式和最后消灭阶级。这个阶级就是无产阶级。

德国资产阶级的博学的和不学无术的代言人，最初企图像他们在对付我以前的著作时曾经得逞那样，用沉默置《资本论》于死地。当这种策略已经不再适合当时形势的时候，他们就借口批评我的书，开了一些药方来"镇静资产阶级的意识"，但是他们在工人报刊上（例如约瑟夫·狄慈根在《人民国家报》上发表的文章）遇到了强有力的对手，至今还没有对这些对手作出答复。①

1872年春，彼得堡出版了《资本论》的优秀的俄译本。初版3 000册现在几乎已售卖一空。1871年，基辅大学政治经济学教授尼·季别尔先生在他的《李嘉图的价值和资本的理论》一书中就已经证明，我的价值、货币和资本的理论就其要点来说是斯密—李嘉图学说的必然的发展。使西欧读者在阅读他的这本出色的著作时感到惊异的，是纯理论观点的始终一贯。

人们对《资本论》中应用的方法理解得很差，这已经由对这一方法的各种互相矛盾的评论所证明。

莫·布洛克先生在《德国的社会主义理论家》（摘自1872年7月和8月《经济学家杂志》）一文中，发现我的方法是分析的方法，他说：

> "马克思先生通过这部著作而成为一个最出色的具有分析能力的思想家。"

彼得堡的《欧洲通报》在一篇专谈《资本论》的方法的文章（1872年5月号第427-436页）中，认为我的研究方法是严格的实在论的，而叙述方法不幸是德国辩证法的。

---

① 德国庸俗经济学的油嘴滑舌的空谈家，指责我的著作的文体和叙述方法。对于《资本论》文字上的缺点，我本人的评判比任何人都更为严厉。然而，为了使这些先生及其读者受益和愉快，我要在这里援引一篇英国的和一篇俄国的评论。同我的观点完全敌对的《星期六评论》在其关于德文第一版的短评中说道：叙述方法"使最枯燥无味的经济问题具有一种独特的魅力"。1872年4月20日的《圣彼得堡消息报》也说："除了少数太专门的部分以外，叙述的特点是通俗易懂，明确，尽管研究对象的科学水平很高却非常生动。在这方面，作者……和大多数德国学者大不相同，这些学者……用含糊不清、枯燥无味的语言写书，以致普通人看了脑袋都要裂开。"但是，对现代德国民族自由党教授的著作的读者说来，要裂开的是和脑袋完全不同的东西。

我回答这位作者先生的最好的办法，是从他自己的批评中摘出几段话来，这几段话也会使某些不懂俄文原文的读者感到兴趣。

这位作者先生从我的《政治经济学批判》序言（1859 年柏林版第 4-7 页，在那里我说明了我的方法的唯物主义基础）中摘引一段话后说：

> “在马克思看来，只有一件事情是重要的，那就是发现他所研究的那些现象的规律。而且他认为重要的，不仅是在这些现象具有完成形式和处于一定时期内可见到的联系中的时候支配着它们的那个规律。在他看来，除此而外，最重要的是这些现象变化的规律，这些现象发展的规律，即它们由一种形式过渡到另一种形式，由一种联系秩序过渡到另一种联系秩序的规律。他一发现了这个规律，就详细地来考察这个规律在社会生活中表现出来的各种后果……所以马克思竭力去做的只是一件事：通过准确的科学研究来证明社会关系的一定秩序的必然性，同时尽可能完善地指出那些作为他的出发点和根据的事实。为了这个目的，只要证明现有秩序的必然性，同时证明这种秩序不可避免地要过渡到另一种秩序的必然性就完全够了，而不管人们相信或不相信，意识到或没有意识到这种过渡。马克思把社会运动看作受一定规律支配的自然史过程，这些规律不仅不以人的意志、意识和意图为转移，反而决定人的意志、意识和意图……既然意识要素在文化史上只起着这种从属作用，那么不言而喻，以文化本身为对象的批判，比任何事情更不能以意识的某种形式或某种结果为依据。这就是说，作为这种批判的出发点的不能是观念，而只能是外部的现象。批判将不是把事实和观念比较对照，而是把一种事实同另一种事实比较对照。对这种批判惟一重要的是，对两种事实进行尽量准确的研究，使之真正形成相互不同的发展阶段，但尤其重要的是，对各种秩序的序列、对这些发展阶段所表现出来的顺序和联系进行同样准确的研究……但是有人会说，经济生活的一般规律，不管是应用于现在或过去，都是一样的。马克思否认的正是这一点。在他看来，这样的抽象规律是不存在的……根据他的意见，恰恰相反，每个历史时期都有它自己的规律……一旦生活经过了一定的发展时期，由一定阶段进入另一阶段时，它就开始受另外的规律支配。总之，经济生活呈现出的现象，和生物学的其他领域的发展史颇相类似……旧经济学家不懂得经济规律的性质，他们把经济规律同物理学定律和化学定律相比拟……对现象所作的更深刻的分析证明，各种社会有机体像动植物机体一样，彼此根本不同……由于这些有机体的整个结构不同，它们的各个器官有差别，以及器官借以发生作用的条件不一样等等，同一个现象就受完全不同的规律支配。例如，马克思否认人口规律在任何时候在任何地方都是一样的。相反地，他断言每个发展阶段有它自己的人口规律……生产力的发展水平不同，生产关系和支配生产关系的规律也就不同。马克思给自己提出的目的是，从这个观点出发去研究和说明资本主义经济制度，这样，他只不过是极其科学地表述了任何对经济生活进行准确的研究必须具有的目的……这种研究的科学价值在于阐明支配着一定社会机体的产生、生存、发展和死亡以及为另一更高的有机体所代替的特殊规律。马克思的这本书确实具有这种价值。”

这位作者先生把他称为我的实际方法的东西描述得这样恰当，并且在谈到我个人对这种方法的运用时又抱着这样的好感，那他所描述的不正是辩证方法吗?

当然，在形式上，叙述方法必须与研究方法不同。研究必须充分地占有材料，分析它的各种发展形式，探寻这些形式的内在联系。只有这项工作完成以后，现实的运动才能适当地叙述出来。这点一旦做到，材料的生命一旦在观念上反映出来，呈现在我们面前的就好像是一个先验的结构了。

我的辩证方法，从根本上来说，不仅和黑格尔的辩证方法不同，而且和它截然相反。在黑格尔看来，思维过程，即甚至被他在观念这一名称下转化为独立主体的思维过程，是现实事物的创造主，而现实事物只是思维过程的外部表现。我的看法则相反，观念的东西不外是移入人的头脑并在人的头脑中改造过的物质的东西而已。

将近30年以前，当黑格尔辩证法还很流行的时候，我就批判过黑格尔辩证法的神秘方面。辩证法在黑格尔手中神秘化了，但这决没有妨碍他第一个全面地有意识地叙述了辩证法的一般运动形式。在他那里，辩证法是倒立着的。必须把它倒过来，以便发现神秘外壳中的合理内核。

辩证法，在其神秘形式上，成了德国的时髦东西，因为它似乎使现存事物显得光彩。辩证法，在其合理形态上，引起资产阶级及其空论主义的代言人的恼怒和恐怖，因为辩证法在对现存事物的肯定的理解中同时包含对现存事物的否定的理解，即对现存事物的必然灭亡的理解；辩证法对每一种既成的形式都是从不断的运动中，因而也是从它的暂时性方面去理解；辩证法不崇拜任何东西，按其本质来说，它是批判的和革命的。

使实际的资产者最深切地感到资本主义社会充满矛盾的运动的，是现代工业所经历的周期循环的各个变动，而这种变动的顶点就是普遍危机。这个危机又要临头了，虽然它还处于预备阶段；由于它的舞台的广阔和它的作用的强烈，它甚至会把辩证法灌进新的神圣普鲁士德意志帝国的暴发户们的头脑里去。

卡尔·马克思

1873年1月24日于伦敦

法文版序言和跋

致莫里斯·拉沙特尔公民

亲爱的公民：

您想定期分册出版《资本论》的译本，我很赞同。这本书这样出版，更容易到达工人阶级的手里，在我看来，这种考虑是最为重要的。

这是您的想法好的一面，但也有坏的一面：我所使用的分析方法至今还没有人在经济问题上运用过，这就使前几章读起来相当困难。法国人总是急于追求结论，渴望知道一般原则同他们直接关心的问题的联系，因此我很担心，他们会因为一开始就不能继续读下去而气馁。

这是一种不利，对此我没有别的办法，只有事先向追求真理的读者指出这一点，并提醒他们。在科学上没有平坦的大道，只有不畏劳苦沿着陡峭山路攀登的人，才有希望达到光辉的顶点。

亲爱的公民，请接受我对您的忠诚。

卡尔·马克思

1872年3月18日于伦敦

目 录

第一卷 资本的生产过程

第二卷　资本的流通过程

第三卷　资本主义生产的总过程

第一卷

资本的生产过程

第一篇

商品和货币

第一章　商　品

1. 商品的两个因素：使用价值和价值（价值实体，价值量）

资本主义生产方式占统治地位的社会的财富，表现为“庞大的商品堆积”，单个的商品表现为这种财富的元素形式。因此，我们的研究就从分析商品开始。

商品首先是一个外界的对象，一个靠自己的属性来满足人的某种需要的物。这种需要的性质如何，例如是由胃产生还是由幻想产生，是与问题无关的。这里的问题也不在于物怎样来满足人的需要，是作为生活资料即消费品来直接满足，还是作为生产资料来间接满足。

每一种有用物，如铁、纸等等，都可以从质和量两个角度来考察。每一种这样的物都是许多属性的总和，因此可以在不同的方面有用。发现这些不同的方面，从而发现物的多种使用方式，是历史的事情。为有用物的量找到社会尺度，也是这样。商品尺度之所以不同，部分是由于被计量的物的性质不同，部分是由于约定俗成。

物的有用性使物成为使用价值。但这种有用性不是悬在空中的。它决定于商品体的属性，离开了商品体就不存在。因此，商品体本身，例如铁、小麦、金刚石等等，就是使用价值，或财物。商品体的这种性质，同人取得它的使用属性所耗费的劳动的多少没有关系。在考察使用价值时，总是以它们的量的规定性为前提，如一打表，一码布，一吨铁等等。商品的使用价值为商品学这门学科提供材料。使用价值只是在使用或消费中得到实现。不论财富的社会的形式如何，使用价值总是构成财富的物质内容。在我们所要考察的社会形式中，使用价值同时又是交换价值的物质承担者。

交换价值首先表现为一种使用价值同另一种使用价值相交换的量的关系或比例，这个比例随着时间和地点的不同而不断改变。因此，交换价值好像是一种偶然的、纯粹相对的东西，也就是说，商品固有的、内在的交换价值（valeur intrinsèque）似乎是一个形容语的矛盾。现在我们进一步考察这个问题。

某种一定量的商品，例如一夸特小麦，同 x 量鞋油或 y 量绸缎或 z 量金等等交换，总之，按各种极不相同的比例同别的商品交换。因此，小麦有许多种交换价值，而不是只有一种。既然 x 量鞋油、y 量绸缎、z 量金等等都是一夸特小麦的交换价值，那么，x 量鞋油、y 量绸缎、z 量金等等就必定是能够互相代替的或同样大的交换价值。由此可见，第一，同一种商品的各种有效的交换价值表示一个等同的东西。第二，交换价值只能是可以与它相区别的某种内容的表现方式，"表现形式"。

我们再拿两种商品例如小麦和铁来说。不管二者的交换比例怎样，总是可以用一个等式来表示：一定量的小麦等于若干量的铁，如 1 夸特小麦＝a 英担铁。这个等式说明什么呢？它说明在两种不同的物里面，即在 1 夸特小麦和 a 英担铁里面，有一种等量的共同的东西。因而这二者都等于第三种东西，后者本身既不是第一种物，也不是第二种物。这样，二者中的每一个只要是交换价值，就必定能化为这第三种东西。

用一个简单的几何学例子就可以说明这一点。为了确定和比较各种直线形的面积，就把它们分成三角形，再把三角形化成与它的外形完全不同的表现——底乘高的一半。各种商品的交换价值也同样要化成一种共同东西，各自代表这种共同东西的多量或少量。

这种共同东西不可能是商品的几何的、物理的、化学的或其他的天然属性。商品的物体属性只是就它们使商品有用，从而使商品成为使用价值来说，才加以考虑。另一方面，商品交换关系的明显特点，正在于抽去商品的使用价值。在商品交换关系中，只要比例适当，一种使用价值就和其他任何一种使用价值完全相等。或者像老巴尔本说的：

> "只要交换价值相等，一种商品就同另一种商品一样。交换价值相等的物是没有任何差别或区别的。"

作为使用价值，商品首先有质的差别；作为交换价值，商品只能有量的差别，因而不包含任何一个使用价值的原子。

如果把商品体的使用价值撇开，商品体就只剩下一个属性，即劳动产品这个属性。可是劳动产品在我们手里也已经起了变化。如果我们把劳动产品的使用价值抽去，那么也就是把那些使劳动产品成为使用价值的物体的组成部分和形式抽去。它们不再是桌子、房屋、纱或别的什么有用物。它们的一切可以感觉到的属性都消失了。它们也不再是木匠劳动、瓦匠劳动、纺纱劳动或其他某种一定的生产劳动的产品了。随着劳动产品的有用性质的消失，体现在劳动产品中的各种劳动的有用性质也消失了，因而这些劳动的各种具体形式也消失了。各种劳动不再有什么差别，全都化为相同的人类劳动，抽象人类劳动。

现在我们来考察劳动产品剩下来的东西。它们剩下的只是同一的幽灵般的对象性，只是无差别的人类劳动的单纯凝结，即不管以哪种形式进行的人类劳动力耗费的单纯凝结。这些物现在只是表示，在它们的生产上耗费了人类劳动力，积累了人类劳动。这些物，作为它们共有的这个社会实体的结晶，就是价值——商品价值。

我们已经看到，在商品的交换关系本身中，商品的交换价值表现为同它们的使用价值完全无关的东西。如果真正把劳动产品的使用价值抽去，就得到刚才已经规定的它们的价值。因此，在商品的交换关系或交换价值中表现出来的共同东西，也就是商品的价值。研究的进程会使我们再把交换价值当作价值的必然的表现方式或表现形式来考察，但现在，我们应该首先不管这种形式来考察价值。

可见，使用价值或财物具有价值，只是因为有抽象人类劳动对象化或物化在里面。那么，它的价值量是怎样计量的呢？是用它所包含的“形成价值的实体”即劳动的量来计量。劳动本身的量是用劳动的持续时间来计量，而劳动时间又是用一定的时间单位如小时、日等作尺度。

可能会有人这样认为，既然商品的价值由生产商品所耗费的劳动量来决定，那么一个人越懒，越不熟练，他的商品就越有价值，因为他制造商品需要花费的时间越多。但是，形成价值实体的劳动是相同的人类劳动，是同一的人类劳动力的耗费。体现在商品世界全部价值中的社会的全部劳动力，在这里是当作一个同一的人类劳动力，虽然它是由无数单个劳动力构成的。每一个这种单个劳动力，同别一个劳动力一样，都是同一的人类劳动力，只要它具有社会平均劳动力的性质，起着这种社会平均劳动力的作用，从而在商品的生产上只使用平均必要劳动时间或社会必要劳动时间。社会必要劳动时间是在现有的社会正常的生产条件下，在社会平均的劳动熟练程度和劳动强度下制造某种使用价值所需要的劳动时间。例如，在英国使用蒸汽织布机以后，把一定量的纱织成布所需要的劳动可能比过去少一半。实际上，英国的手工织布工人把纱织成布仍旧要用以前那样多的劳动时间，但这时他一小时的个人劳动的产品只代表半小时的社会劳动，因此价值也降到了它以前的一半。

可见，只是社会必要劳动量，或生产使用价值的社会必要劳动时间，决定该使用价值的价值量。在这里，单个商品是当作该种商品的平均样品。因此，含有等量劳动或能在同样劳动时间内生产出来的商品，具有同样的价值量。一种商品的价值同其他任何一种商品的价值的比例，就是生产前者的必要劳动时间同生产后者的必要劳动时间的比例。“作为价值，一切商品都只是一定量的凝固的劳动时间。”

因此，如果生产商品所需要的劳动时间不变，商品的价值量也就不变。但是，生产商品所需要的劳动时间随着劳动生产力的每一变动而变动。劳动生产力是由多种情况决定的，其中包括：工人的平均熟练程度，科学的发展水平和它在工艺上应用的程度，生产过程的社会结合，生产资料的规模和效能，以及自然条件。例如，同一劳动量在丰收年表现为 8 蒲式耳小麦，在歉收年只表现为 4 蒲式耳。同一劳动量用在富矿比用在贫矿能提供更多的金属等等。金刚石在地壳中是很稀少的，因而发现金刚石平均要花很多劳动时间。因此，很小一块金刚石就代表很多劳动。杰科布怀疑金是否按其全部价值支付过。至于金刚石，就更可以这样说了。厄什韦葛说过，到 1823 年，巴西金刚石矿 80 年的总产量的价格还赶不上巴西甘蔗种植园或咖啡种植园一年半平均产量的价格，虽然前者代表的劳动多得多，从而价值也多得多。如果发现富矿，同一劳动量就会表现为更多的金刚石，金刚石的价值就会降低。假如能用不多的劳动把煤转化为金刚石，金刚石的价值就会低于砖的价值。总之，劳动生产力越高，生产一种物品所需要的劳动时间就越少，凝结在该物品中的劳动量就越小，该物品的价值就越小。相反地，劳动生产力越低，生产一种物品的必要劳动时间就越多，该物品的价值就越大。可见，商品的价值量与实现在商品中的劳动的量成正比地变动，与这一劳动的生产力成反比地变动。

一个物可以是使用价值而不是价值。在这个物不是以劳动为中介而对人有用的情况下就是这样。例如，空气、处女地、天然草地、野生林等等。一个物可以有用，而且是人类劳动产品，但不是商品。谁用自己的产品来满足自己的需要，他生产的虽然是使用价值，但不是商品。要生产商品，他不仅要生产使用价值，而且要为别人生产使用价值，即生产社会的使用价值。[而且不只是简单地为别人。中世纪农民为封建主生产作为代役租的粮食，为神父生产作为什一税的粮食。但不管是作为代役租的粮食，还是作为什一税的粮食，都并不因为是为别人生产的，就成为商品。要成为商品，产品必须通过交换，转到把它当作使用价值使用的人的手里。][①] 最后，没有一个物可以是价值而不是使用物品。如果物没有用，那么其中包含的劳动也就没有用，不能算作劳动，因此不形成价值。

2. 体现在商品中的劳动的二重性

起初我们看到，商品是一种二重的东西，即使用价值和交换价值。后来表明，劳动就它表现为价值而论，也不再具有它作为使用价值的创造者所具有的那些特征。商品中包含的劳动的这种二重性，是首先由我批判地证明的。这一点是理解政治经济学的枢纽，因此，在这里要较详细地加以说明。

我们就拿两种商品如 1 件上衣和 10 码麻布来说。假定前者的价值比后者的价值大一倍。所以，如果 10 码麻布＝W，那么 1 件上衣＝2W。

上衣是满足一种特殊需要的使用价值。要生产上衣，就需要进行特定种类的生产活动。这种生产活动是由它的目的、操作方式、对象、手段和结果决定的。由自己产品的使用价值或者由自己产品是使用价值来表示自己的有用性的劳动，我们简称为有用劳动。从这个观点来看，劳动总是联系到它的有用效果来考察的。

上衣和麻布是不同质的使用价值，同样，决定它们存在的劳动即缝和织，也是不同质的。如果这些物不是不同质的使用价值，从而不是不同质的有用劳动的产品，它们就根本不能作为商品来互相对立。上衣不会与上衣交换，一种使用价值不会与同种的使用价值交换。

各种使用价值或商品体的总和，表现了同样多种的、按照属、种、科、亚种、变种分类的有用劳动的总和，即表现了社会分工。这种分工是商品生产存在的条件，虽然不能反过来说商品生产是社会分工存在的条件。在古代印度公社中就有社会分工，但产品并不成为商品。或者拿一个较近的例子来说，每个工厂内都有系统的分工，但是这种分工不是由工人交换他们个人的产品引起的。只有独立的互不依赖的私人劳动的产品，才作为商品互相对立。

可见，每个商品的使用价值都包含着一定的有目的的生产活动，或有用劳动。各种使用价值如果不包含不同质的有用劳动，就不能作为商品互相对立。在产品普遍采取商品形式的社会里，也就是在商品生产者的社会里，作为独立生产者的私事而各自独立进行的各

① 第 4 版注：我插进了括号里的这段话，因为省去这段话常常会引起误解，好像不是由生产者本人消费的产品，马克思都认为是商品。——弗·恩·

种有用劳动的这种质的区别，发展成一个多支的体系，发展成社会分工。

对上衣来说，无论是裁缝自己穿还是他的顾客穿，都是一样的。在这两种场合，它都是起使用价值的作用。同样，上衣和生产上衣的劳动之间的关系本身，也并不因为裁缝劳动成为专门职业，成为社会分工的一个独立的部分就有所改变。在有穿衣需要的地方，在有人当裁缝以前，人已经缝了几千年的衣服。但是，上衣、麻布以及任何一种不是天然存在的物质财富要素，总是必须通过某种专门的、使特殊的自然物质适合于特殊的人类需要的、有目的的生产活动创造出来。因此，劳动作为使用价值的创造者，作为有用劳动，是不以一切社会形式为转移的人类生存条件，是人和自然之间的物质变换即人类生活得以实现的永恒的自然必然性。

上衣、麻布等等使用价值，简言之，种种商品体，是自然物质和劳动这两种要素的结合。如果把上衣、麻布等等包含的各种不同的有用劳动的总和除外，总还剩有一种不借人力而天然存在的物质基质。人在生产中只能像自然本身那样发挥作用，就是说，只能改变物质的形式。不仅如此，他在这种改变形态的劳动本身中还要经常依靠自然力的帮助。因此，劳动并不是它所生产的使用价值即物质财富的唯一源泉。正像威廉·配第所说，劳动是财富之父，土地是财富之母。

现在，我们放下作为使用物品的商品，来考察商品价值。

我们曾假定，上衣的价值比麻布大一倍。但这只是量的差别，我们先不去管它。我们要记住的是，假如1件上衣的价值比10码麻布的价值大一倍，那么，20码麻布就与1件上衣具有同样的价值量。作为价值，上衣和麻布是有相同实体的物，是同种劳动的客观表现。但缝和织是不同质的劳动。然而在有些社会状态下，同一个人时而缝时而织，因此，这两种不同的劳动方式只是同一个人的劳动的变化，还不是不同的人的专门固定职能，正如我们的裁缝今天缝上衣和明天缝裤子只是同一的个人劳动的变化一样。其次，一看就知道，在我们资本主义社会里，随着劳动需求方向的改变，总有一定部分的人类劳动时而采取缝的形式，时而采取织的形式。劳动形式发生这种变换时不可能没有摩擦，但这种变换是必定要发生的。如果把生产活动的特定性质撇开，从而把劳动的有用性质撇开，劳动就只剩下一点：它是人类劳动力的耗费。尽管缝和织是不同质的生产活动，但二者都是人的脑、肌肉、神经、手等等的生产耗费，从这个意义上说，二者都是人类劳动。这只是耗费人类劳动力的两种不同的形式。当然，人类劳动力本身必须已有或多或少的发展，才能以这种或那种形式耗费。但是，商品价值体现的是人类劳动本身，是一般人类劳动的耗费。正如在资产阶级社会里，将军或银行家扮演着重要的角色，而人本身则扮演极卑微的角色一样，人类劳动在这里也是这样。它是每个没有任何专长的普通人的有机体平均具有的简单劳动力的耗费。简单平均劳动本身虽然在不同的国家和不同的文化时代具有不同的性质，但在一定的社会里是一定的。比较复杂的劳动只是自乘的或不如说多倍的简单劳动，因此，少量的复杂劳动等于多量的简单劳动。经验证明，这种简化是经常进行的。一个商品可能是最复杂的劳动的产品，但是它的价值使它与简单劳动的产品相等，因而本身只表示一定量的简单劳动。各种劳动化为当作它们的计量单位的简单劳动的不同比例，是在生产者背后由社会过程决定的，因而在他们看来，似乎是由习惯确定的。为了简便起见，我们以后把各种劳动力直接当作简单劳动力，这样就省去了简化的麻烦。

因此，正如在作为价值的上衣和麻布中，它们的使用价值的差别被抽去一样，在表现为这些价值的劳动中，劳动的有用形式即缝和织的区别也被抽去了。作为使用价值的上衣和麻布是有一定目的的生产活动同布和纱的结合，而作为价值的上衣和麻布不过是同种劳动的凝结，同样，这些价值所包含的劳动之所以算作劳动，并不是因为它们同布和纱发生了生产上的关系，而只是因为它们是人类劳动力的耗费。正是由于缝和织具有不同的质，它们才是形成作为使用价值的上衣和麻布的要素；而只是由于它们的特殊的质被抽去，由于它们具有相同的质，即人类劳动的质，它们才是上衣价值和麻布价值的实体。

可是，上衣和麻布不仅是价值一般，而且是一定量的价值。我们曾假定，1 件上衣的价值比 10 码麻布的价值大一倍。它们价值量的这种差别是从哪里来的呢？这是由于麻布包含的劳动只有上衣的一半，因而生产后者所要耗费劳动力的时间必须比生产前者多一倍。

因此，就使用价值说，有意义的只是商品中包含的劳动的质，就价值量说，有意义的只是商品中包含的劳动的量，不过这种劳动已经化为没有进一步的人类劳动。在前一种情况下，是怎样劳动，什么劳动的问题；在后一种情况下，是劳动多少，劳动时间多长的问题。既然商品的价值量只是表示商品中包含的劳动量，那么，在一定的比例上，各种商品应该总是等量的价值。

如果生产一件上衣所需要的一切有用劳动的生产力不变，上衣的价值量就同上衣自身的数量一起增加。如果一件上衣代表 x 个工作日，两件上衣就代表 2x 个工作日，依此类推。假定生产一件上衣的必要劳动增加一倍或减少一半。在前一种场合，一件上衣就具有以前两件上衣的价值，在后一种场合，两件上衣就只有以前一件上衣的价值，虽然在这两种场合，上衣的效用和从前一样，上衣包含的有用劳动的质也和从前一样。但生产上衣所耗费的劳动量有了变化。

更多的使用价值本身就是更多的物质财富，两件上衣比一件上衣多。两件上衣可以两个人穿，一件上衣只能一个人穿，依此类推。然而随着物质财富的量的增长，它的价值量可能同时下降。这种对立的运动来源于劳动的二重性。生产力当然始终是有用的、具体的劳动的生产力，它事实上只决定有目的的生产活动在一定时间内的效率。因此，有用劳动成为较富或较贫的产品源泉与有用劳动的生产力的提高或降低成正比。相反地，生产力的变化本身丝毫也不会影响表现为价值的劳动。既然生产力属于劳动的具体有用形式，它自然不再能同抽去了具体有用形式的劳动有关。因此，不管生产力发生了什么变化，同一劳动在同样的时间内提供的价值量总是相同的。但它在同样的时间内提供的使用价值量是不同的：生产力提高时就多些，生产力降低时就少些。因此，那种能提高劳动成效从而增加劳动所提供的使用价值量的生产力变化，如果会缩减生产这个使用价值量所必需的劳动时间的总和，就会减少这个增大了的总量的价值量。反之亦然。

一切劳动，一方面是人类劳动力在生理学意义上的耗费；就相同的或抽象的人类劳动这个属性来说，它形成商品价值。一切劳动，另一方面是人类劳动力在特殊的有一定目的的形式上的耗费；就具体的有用劳动这个属性来说，它生产使用价值。

3. 价值形式或交换价值

商品是以铁、麻布、小麦等等使用价值或商品体的形式出现的。这是它们的日常的自然形式。但它们所以是商品，只因为它们是二重物，既是使用物品又是价值承担者。因此，它们表现为商品或具有商品的形式，只是由于它们具有二重的形式，即自然形式和价值形式。

商品的价值对象性不同于快嘴桂嫂，你不知道对它怎么办。同商品体的可感觉的粗糙的对象性正好相反，在商品体的价值对象性中连一个自然物质原子也没有。因此，每一个商品不管你怎样颠来倒去，它作为价值物总是不可捉摸的。但是如果我们记得，商品只有作为同一的社会单位即人类劳动的表现才具有价值对象性，因而它们的价值对象性纯粹是社会的，那么不言而喻，价值对象性只能在商品同商品的社会关系中表现出来。我们实际上也是从商品的交换价值或交换关系出发，才探索到隐藏在其中的商品价值。现在我们必须回到价值的这种表现形式。

谁都知道——即使他别的什么都不知道，——商品具有同它们使用价值的五光十色的自然形式成鲜明对照的、共同的价值形式，即货币形式。但是在这里，我们要做资产阶级经济学从来没有打算做的事情：指明这种货币形式的起源，就是说，探讨商品价值关系中包含的价值表现，怎样从最简单的最不显眼的样子一直发展到炫目的货币形式。这样，货币的谜就会随着消失。

显然，最简单的价值关系就是一个商品同另一个不同种的商品（不管是哪一种商品都一样）的价值关系。因此，两个商品的价值关系为一个商品提供了最简单的价值表现。

A. 简单的、个别的或偶然的价值形式

x 量商品 A＝y 量商品 B，或 x 量商品 A 值 y 量商品 B。

（20 码麻布＝1 件上衣，或 20 码麻布值 1 件上衣。）

（1）价值表现的两极：相对价值形式和等价形式

一切价值形式的秘密都隐藏在这个简单的价值形式中。因此，分析这个形式确实困难。

两个不同种的商品 A 和 B，如我们例子中的麻布和上衣，在这里显然起着两种不同的作用。麻布通过上衣表现自己的价值，上衣则成为这种价值表现的材料。前一个商品起主动作用，后一个商品起被动作用。前一个商品的价值表现为相对价值，或者说，处于相对价值形式。后一个商品起等价物的作用，或者说，处于等价形式。

相对价值形式和等价形式是同一价值表现的互相依赖、互为条件、不可分离的两个要素，同时又是同一价值表现的互相排斥、互相对立的两端即两极；这两种形式总是分配在通过价值表现互相发生关系的不同的商品上。例如我不能用麻布来表现麻布的价值。20 码麻布＝20 码麻布，这不是价值表现。相反，这个等式只是说，20 码麻布无非是 20 码麻布，是一定量的使用物品麻布。因此，麻布的价值只能相对地表现出来，即通过另一个商品表现出来。因此，麻布的相对价值形式要求有另一个与麻布相对立的商品处于等价形式。另一方面，这另一个充当等价物的商品不能同时处于相对价值形式。它不表现自己的价值。它只是为另一个商品的价值表现提供材料。

诚然，20 码麻布＝1 件上衣，或 20 码麻布值 1 件上衣，这种表现也包含着相反的关系：1 件上衣＝20 码麻布，或 1 件上衣值 20 码麻布。但是，要相对地表现上衣的价值，我就必须把等式倒过来，而一旦我这样做，成为等价物的就是麻布，而不是上衣了。可见，同一个商品在同一个价值表现中，不能同时具有两种形式。不仅如此，这两种形式是作为两极互相排斥的。

一个商品究竟是处于相对价值形式，还是处于与之对立的等价形式，完全取决于它当时在价值表现中所处的地位，就是说，取决于它是价值被表现的商品，还是表现价值的商品。

(2) 相对价值形式

(a) 相对价值形式的内容

要发现一个商品的简单价值表现怎样隐藏在两个商品的价值关系中，首先必须完全撇开这个价值关系的量的方面来考察这个关系。人们通常的做法正好相反，他们在价值关系中只看到两种商品的一定量彼此相等的比例。他们忽略了，不同物的量只有化为同一单位后，才能在量上互相比较。不同物的量只有作为同一单位的表现，才是同名称的，因而是可通约的。

不论 20 码麻布＝1 件上衣，或＝20 件上衣，或＝x 件上衣，也就是说，不论一定量的麻布值多少件上衣，每一个这样的比例总是包含这样的意思：麻布和上衣作为价值量是同一单位的表现，是同一性质的物。麻布＝上衣是这一等式的基础。

但是，这两个被看作质上等同的商品所起的作用是不同的。只有麻布的价值得到表现。是怎样表现的呢？是通过同上衣的关系，把上衣当作它的"等价物"，或与它"能交换的东西"。在这个关系中，上衣是价值的存在形式，是价值物，因为只有作为价值物，它才是与麻布相同的。另一方面，麻布自身的价值存在显示出来了，或得到了独立的表现，因为只有作为价值，麻布才能把上衣当作等值的东西，或与它能交换的东西。

如果我们说，商品作为价值只是人类劳动的凝结，那么，我们的分析就是把商品化为价值抽象，但是并没有使它们具有与它们的自然形式不同的价值形式。在一个商品和另一个商品的价值关系中，情形就不是这样。在这里，一个商品的价值性质通过该商品与另一个商品的关系而显露出来。

例如当上衣作为价值物被看作与麻布相等时，前者包含的劳动就被看作与后者包含的劳动相等。固然，缝上衣的劳动是一种与织麻布的劳动不同的具体劳动。但是，把缝看作与织相等，实际上就是把缝化为两种劳动中确实等同的东西，化为它们的人类劳动的共同性质。通过这种间接的办法还说明，织就它织出价值而论，不具有和缝相区别的特征，所以是抽象人类劳动。只有不同种商品的等价表现才使形成价值的劳动的这种特殊性质显示出来，因为这种等价表现实际上是把不同种商品所包含的不同种劳动化为它们的共同东西，化为一般人类劳动。

然而，只把构成麻布价值的劳动的特殊性质表现出来，是不够的。处于流动状态的人类劳动力或人类劳动形成价值，但本身不是价值。它在凝固的状态中，在对象的形式上才成为价值。要使麻布的价值表现为人类劳动的凝结，就必须使它表现为一种"对象性"，这种对象性与麻布本身的物体不同，同时又是麻布与其他商品所共有的。这个问题已经解决了。

可见，在上衣成为麻布的等价物的价值关系中，上衣形式起着价值形式的作用。因此，商品麻布的价值是表现在商品上衣的物体上，一个商品的价值表现在另一个商品的使用价值上。作为使用价值，麻布是在感觉上与上衣不同的物；作为价值，它却是“与上衣等同的东西”，因而看起来就像上衣。麻布就这样取得了与它的自然形式不同的价值形式。

可见，通过价值关系，商品B的自然形式成了商品A的价值形式，或者说，商品B的物体成了反映商品A的价值的镜子。商品A同作为价值体，作为人类劳动的化身的商品B发生关系，就使B的使用价值成为表现A自己的价值的材料。在商品B的使用价值上这样表现出来的商品A的价值，具有相对价值形式。

(b) 相对价值形式的量的规定性

这一定量的商品包含着一定量的人类劳动。因而，价值形式不只是要表现价值一般，而且要表现一定量的价值，即价值量。因此，在商品A和商品B如麻布和上衣的价值关系中，上衣这种商品不仅作为价值体一般被看作在质上同麻布相等，而且是作为一定量的价值体或等价物如1件上衣被看作同一定量的麻布如20码麻布相等。

“20码麻布=1件上衣，或20码麻布值1件上衣”这一等式的前提是：1件上衣和20码麻布正好包含同样多的价值实体。就是说，这两个商品量耗费了同样多的劳动或等量的劳动时间。但是生产20码麻布或1件上衣的必要劳动时间，是随着织或缝的生产力的每一次变化而变化的。现在我们要较详细地研究一下这种变化对价值量的相对表现的影响。

Ⅰ. 麻布的价值起了变化，上衣的价值不变。如果生产麻布的必要劳动时间例如由于种植亚麻的土地肥力下降而增加一倍，那么麻布的价值也就增大一倍。这时不是20码麻布=1件上衣，而是20码麻布=2件上衣，因为现在1件上衣包含的劳动时间只有20码麻布的一半。相反地，如果生产麻布的必要劳动时间例如由于织机改良而减少一半，那么，麻布的价值也就减低一半。这样，现在是20码麻布=$\frac{1}{2}$件上衣。可见，在商品B的价值不变时，商品A的相对价值即它表现在商品B上的价值的增减，与商品A的价值成正比。

Ⅱ. 麻布的价值不变，上衣的价值起了变化。在这种情况下，如果生产上衣的必要劳动时间例如由于羊毛歉收而增加一倍，现在不是20码麻布=1件上衣，而是20码麻布=$\frac{1}{2}$件上衣。相反地，如果上衣的价值减少一半，那么，20码麻布=2件上衣。因此，在商品A的价值不变时，它的相对的、表现在商品B上的价值的增减，与商品B的价值变化成反比。

我们把Ⅰ、Ⅱ类的各种情形对照一下就会发现，相对价值的同样的量的变化可以由完全相反的原因造成。所以，20码麻布=1件上衣变为：1. 20码麻布=2件上衣，或者是由于麻布的价值增加一倍，或者是由于上衣的价值减低一半；2. 20码麻布=$\frac{1}{2}$件上衣，或者是由于麻布的价值减低一半，或者是由于上衣的价值增加一倍。

Ⅲ. 生产麻布和上衣的必要劳动量可以按照同一方向和同一比例同时发生变化。在这种情况下，不管这两种商品的价值发生什么变动，依旧是20码麻布=1件上衣。只有把它们同价值不变的第三种商品比较，才会发现它们的价值的变化。如果所有商品的价值都按同一比例同时增减，它们的相对价值就保持不变。它们的实际的价值变化可以由以下这个事实看出：在同样的劳动时间内，现在提供的商品量都比过去多些或少些。

Ⅳ. 生产麻布和上衣的各自的必要劳动时间，从而它们的价值，可以按照同一方向但以不同的程度同时发生变化，或者按照相反的方向发生变化，等等。这种种可能的组合对一种商品的相对价值的影响，根据Ⅰ、Ⅱ、Ⅲ类的情况就可以推知。

可见，价值量的实际变化不能明确地，也不能完全地反映在价值量的相对表现即相对价值量上。即使商品的价值不变，它的相对价值也可能发生变化。即使商品的价值发生变化，它的相对价值也可能不变，最后，商品的价值量和这个价值量的相对表现同时发生的变化，完全不需要一致。

(3) 等价形式

我们说过，当商品A（麻布）通过不同种商品B（上衣）的使用价值表现自己的价值时，它就使商品B取得一种特殊的价值形式，即等价形式。商品麻布显示出它自身的价值，是通过上衣没有取得与自己的物体形式不同的价值形式而与它相等。这样，麻布表现出它自身的价值存在，实际上是通过上衣能与它直接交换。因此，一个商品的等价形式就是它能与另一个商品直接交换的形式。

如果一种商品例如上衣成了另一种商品例如麻布的等价物，上衣因而获得了一种特殊的属性，即处于能够与麻布直接交换的形式，那么，这根本没有表明上衣与麻布交换的比例。既然麻布的价值量已定，这个比例就取决于上衣的价值量。不管是上衣表现为等价物，麻布表现为相对价值，还是相反，麻布表现为等价物，上衣表现为相对价值，上衣的价值量总是取决于生产它的必要劳动时间，因而和它的价值形式无关。

例如，40码麻布“值”什么呢？2件上衣。因为上衣这种商品在这里起着等价物的作用，作为使用价值的上衣与麻布相对立时是充当价值体，所以，一定量的上衣也就足以表现麻布的一定的价值量。因此，两件上衣能够表现40码麻布的价值量，但是两件上衣决不能表现它们自己的价值量，即上衣的价值量。

在考察等价形式时看见的第一个特点，就是使用价值成为它的对立面即价值的表现形式。

为了说明这一点，可以用衡量商品体本身即使用价值的尺度作例子。塔糖是物体，所以是重的，因而有重量，但是我们看不见也摸不着塔糖的重量。现在我们拿一些不同的铁块来，这些铁块的重量是预先确定了的。铁的物体形式，就其自身来说，同塔糖的物体形式一样，不是重的表现形式。要表现塔糖是重的，我们就要使它和铁发生重量关系。在这种关系中，铁充当一种只表示重而不表示别的东西的物体。因此，铁的量充当糖的重量尺度，对糖这个物体来说，它只是重的体现，重的表现形式。铁这个物体作为重量尺度，对于塔糖来说，只代表重，同样，在我们的价值表现中，上衣这个物体对于麻布来说，也只代表价值。

但是，类比只能到此为止。在塔糖的重量表现中，铁代表两个物体共有的自然属性，即它们的重，而在麻布的价值表现中，上衣代表这两种物的超自然属性，即它们的价值，某种纯粹社会的东西。

一种商品例如麻布的相对价值形式，把自己的价值存在表现为一种与自己的物体和物体属性完全不同的东西，例如表现为与上衣相同的东西，因此，这个表现本身就说明其中隐藏着一种社会关系。等价形式却相反。等价形式恰恰在于：商品体例如上衣这个物本身就表现价值，因而天然就具有价值形式。当然，只是在商品麻布把商品上衣当作等价物的价值关系中，才是这样。但是，因为一物的属性不是由该物同他物的关系产生，而只是在这种关系中表现出来，所以上衣似乎天然具有等价形式，天然具有能与其他商品直接交换的属性，就像它天然具有重的属性或保暖的属性一样。从这里就产生了等价形式的谜的性质，这种性质只是在等价形式以货币这种完成的形态出现在政治经济学家的面前的时候，才为他的资产阶级的短浅的眼光所注意。于是他用不太耀眼的商品代替金银，并以一再满足的心情反复列举各种曾经充当过商品等价物的普通商品，企图以此来说明金银的神秘性质。他没有料到，最简单的价值表现，如 20 码麻布＝1 件上衣，就已经提出了等价形式的谜让人们去解开。

缝的形式同织的形式一样，都是人类劳动力的耗费。因此，二者都具有人类劳动的一般属性，因而在一定的情况下，比如在价值的生产上，就可以只从这个角度来考察。这并不神秘。但是在商品的价值表现上事情却变了样。例如，为了表明织不是在它作为织这个具体形式上，而是在它作为人类劳动这个一般属性上形成麻布的价值，我们就要把缝这种制造麻布的等价物的具体劳动，作为抽象人类劳动的可以捉摸的实现形式与织相对立。

可见，等价形式的第二个特点，就是具体劳动成为它的对立面即抽象人类劳动的表现形式。

既然这种具体劳动，即缝，只是当作无差别的人类劳动的表现，它就具有与别种劳动即麻布中包含的劳动等同的形式，因而，尽管它同其他一切生产商品的劳动一样是私人劳动，但终究是直接社会形式上的劳动。正因为这样，它才表现在一种能与别种商品直接交换的产品上。可见，等价形式的第三个特点，就是私人劳动成为它的对立面的形式，成为直接社会形式的劳动。

(4) 简单价值形式的总体

一个商品的简单价值形式包含在它与一个不同种商品的价值关系或交换关系中。商品 A 的价值，通过商品 B 能与商品 A 直接交换而在质上得到表现，通过一定量的商品 B 能与既定量的商品 A 交换而在量上得到表现。换句话说，一个商品的价值是通过它表现为“交换价值”而得到独立的表现的。

在一切社会状态下，劳动产品都是使用物品，但只是历史上一定的发展时代，也就是使生产一个使用物所耗费的劳动表现为该物的“对象的”属性即它的价值的时代，才使劳动产品转化为商品。由此可见，商品的简单价值形式同时又是劳动产品的简单商品形式，因此，商品形式的发展也是同价值形式的发展一致的。

一看就知道，简单价值形式是不充分的，是一种胚胎形式，它只有通过一系列的形态变化，才成熟为价格形式。

然而个别的价值形式会自行过渡到更完全的形式。通过个别的价值形式，商品 A 的价值固然只是表现在一个别种商品上，但是这后一个商品不论是哪一种，是上衣、铁或小麦等等，都完全一样。随着同一商品和这种或那种不同的商品发生价值关系，也就产生它的种种不同的简单价值表现。它可能有的价值表现的数目，只受与它不同的商品种类的数目的限制。这样，商品的个别的价值表现就转化为一个可以不断延长的、不同的简单价值表现的系列。

B. 总和的或扩大的价值形式

z 量商品 A＝u 量商品 B，或＝v 量商品 C，或＝w 量商品 D，或＝x 量商品 E，或＝

其他

（20码麻布＝1件上衣，或＝10磅茶叶，或＝40磅咖啡，或＝1夸特小麦，或＝2盎司金，或＝1/2吨铁，或＝其他）

（1）扩大的相对价值形式

现在，一种商品例如麻布的价值表现在商品世界的其他无数的元素上。每一种其他的商品体都成为反映麻布价值的镜子。[①] 这样，这个价值本身才真正表现为无差别的人类劳动的凝结。因为形成这个价值的劳动现在十分清楚地表现为这样一种劳动，其他任何一种人类劳动都与之等同，而不管其他任何一种劳动具有什么样的自然形式，即不管它是对象化在上衣、小麦、铁或金等等之中。因此，现在麻布通过自己的价值形式，不再是只同另一种个别商品发生社会关系，而是同整个商品世界发生社会关系。作为商品，它是这个世界的一个公民。同时，商品价值表现的无限的系列表明，商品价值是同它借以表现的使用价值的特殊形式没有关系的。

在第一种形式即20码麻布＝1件上衣中，这两种商品能以一定的量的比例相交换，可能是偶然的事情。相反地，在第二种形式中，一个根本不同于偶然现象并且决定着这种偶然现象的背景马上就显露出来了。麻布的价值无论是表现在上衣、咖啡或铁等等无数千差万别的、属于各个不同占有者的商品上，总是一样大的。两个单个商品占有者之间的偶然关系消失了。显然，不是交换调节商品的价值量，恰好相反，是商品的价值量调节商品的交换比例。

（2）特殊等价形式

每一种商品，上衣、茶叶、小麦、铁等等，都在麻布的价值表现中充当等价物，因而充当价值体。每一种这样的商品的一定的自然形式，现在都成为一个特殊等价形式，与其他许多特殊等价形式并列。同样，种种不同的商品体中所包含的多种多样的一定的、具体的、有用的劳动，现在只是一般人类劳动的同样多种的特殊的实现形式或表现形式。

（3）总和的或扩大的价值形式的缺点

第一，商品的相对价值表现是未完成的，因为它的表现系列永无止境。每当新出现一种商品，从而提供一种新的价值表现的材料时，由一个个的价值等式连结成的锁链就会延长。第二，这条锁链形成一幅由互不关联的而且种类不同的价值表现拼成的五光十色的镶嵌画。最后，像必然会发生的情形一样，如果每一种商品的相对价值都表现在这个扩大的形式中，那么，每一种商品的相对价值形式都是一个不同于任何别的商品的相对价值形式的无穷无尽的价值表现系列。扩大的相对价值形式的缺点反映在与它相适应的等价形式中。因为每一种商品的自然形式在这里都是一个特殊等价形式，与无数别的特殊等价形式并列，所以只存在着有局限性的等价形式，其中每一个都排斥另一个。同样，每个特殊的商品等价物中包含的一定的、具体的、有用的劳动，都只是人类劳动的特殊的因而是不充分的表现形式。诚然，人类劳动在这些特殊表现形式的总和中，获得自己的完全的或者总和的表现形式。但是它还没有获得统一的表现形式。

---

① 因此，如果麻布的价值用上衣来表现，我们就说麻布的上衣价值。如果麻布的价值用谷物来表现，我们就说麻布的谷物价值，依此类推。每一个这种表现都意味着，在上衣、谷物等等的使用价值上表现出来的是麻布的价值。

扩大的相对价值形式只是由简单的相对价值表现的总和，或第一种形式的等式的总和构成，例如：

20 码麻布＝1 件上衣，
20 码麻布＝10 磅茶叶，等等。

但是每一个这样的等式倒转过来也包含着一个同一的等式：

1 件上衣＝20 码麻布，
10 磅茶叶＝20 码麻布，等等。

事实上，如果一个人用他的麻布同其他许多商品交换，从而把麻布的价值表现在一系列其他的商品上，那么，其他许多商品占有者也就必然要用他们的商品同麻布交换，从而把他们的各种不同的商品的价值表现在同一个第三种商品麻布上。因此，把 20 码麻布＝1 件上衣，或＝10 磅茶叶，或＝其他等等这个系列倒转过来，也就是说，把事实上已经包含在这个系列中的相反关系表示出来，我们就得到：

C. 一般价值形式

$$\left.\begin{array}{l} \text{1 件上衣}= \\ \text{10 磅茶叶}= \\ \text{40 磅咖啡}= \\ \text{1 夸特小麦}= \\ \text{2 盎司金}= \\ \frac{1}{2}\text{吨铁}= \\ \text{x 量商品 A}= \\ \text{等等} \end{array}\right\}\text{20 码麻布}$$

(1) 价值形式的变化了的性质

现在，商品价值的表现：1. 是简单的，因为都是表现在惟一的商品上；2. 是统一的，因为都是表现在同一的商品上。它们的价值形式是简单的和共同的，因而是一般的。

新获得的形式使商品世界的价值表现在从商品世界中分离出来的同一种商品上，例如表现在麻布上，因而使一切商品的价值都通过它们与麻布等同而表现出来。每个商品的价值作为与麻布等同的东西，现在不仅与它自身的使用价值相区别，而且与一切使用价值相区别，正因为这样才表现为它和一切商品共有的东西。因此，只有这种形式才真正使商品作为价值互相发生关系，或者使它们互相表现为交换价值。

现在，一切商品，在与麻布等同的形式上，不仅表现为在质上等同，表现为价值一般，而且同时也表现为在量上可以比较的价值量。由于它们都通过同一个材料，通过麻布来反映自己的价值量，这些价值量也就互相反映。例如，10 磅茶叶＝20 码麻布，40 磅咖啡＝20 码麻布。因此，10 磅茶叶＝40 磅咖啡。

商品世界的一般的相对价值形式，使被排挤出商品世界的等价物商品即麻布，获得了一般等价物的性质。麻布自身的自然形式是这个世界的共同的价值形态，因此，麻布能够与其他一切商品直接交换。它的物体形式是当作一切人类劳动的可以看得见的化身，一般的社会的蛹化。同时，织，这种生产麻布的私人劳动，也就处于一般社会形式，处于与其他一切劳动等同的形式。构成一般价值形式的无数等式，使实现在麻布中的劳动，依次等于包含在其他商品中的每一种劳动，从而使织成为一般人类劳动的一般表现形式。这样，对象化在商品价值中的劳动，不仅消极地表现为被抽去了实在劳动的一切具体形式和有用属性的劳动。它自身的积极的性质也清楚地表现出来了。这就是把一切实在劳动化为它们共有的人类劳动的性质，化为人类劳动力的耗费。

把劳动产品表现为只是无差别人类劳动的凝结物的一般价值形式，通过自身的结构表明，它是商品世界的社会表现。因此，它清楚地告诉我们，在这个世界中，劳动的一般的人类的性质形成劳动的独特的社会的性质。

(2) 相对价值形式和等价形式的发展关系

等价形式的发展程度是同相对价值形式的发展程度相适应的。但是必须指出，等价形式的发展只是相对价值形式发展的表现和结果。

一个商品的简单的或个别的相对价值形式使另一种商品成为个别的等价物。扩大的相对价值形式，即一个商品的价值在其他一切商品上的表现，赋予其他一切商品以种种不同的特殊等价物的形式。最后，一种特殊的商品获得一般等价形式，因为其他一切商品使它成为它们统一的、一般的价值形式的材料。

(3) 从一般价值形式到货币形式的过渡

一般等价形式是价值本身的一种形式。因此，它可以属于任何一种商品。另一方面，一个商品处于一般等价形式（第三种形式），是因为而且只是因为它被其他一切商品当作等价物排挤出来。这种排挤的结果最终只剩下一种独特的商品，从这个时候起，商品世界的统一的相对价值形式才获得客观的固定性和一般的社会效力。

等价形式同这种独特商品的自然形式社会地结合在一起，这种特殊商品成了货币商品，或者执行货币的职能。在商品世界起一般等价物的作用就成了它特有的社会职能，从而成了它的社会独占权。有一特定的商品在历史过程中夺得了这个特权地位，这就是金。因此，我们在第三种形式中用商品金代替商品麻布，就得到：

D. 货币形式

$$\left.\begin{array}{l}20\text{ 码麻布}=\\1\text{ 件上衣}=\\10\text{ 磅茶叶}=\\40\text{ 磅咖啡}=\\1\text{ 夸特小麦}=\\\frac{1}{2}\text{吨铁}=\\x\text{ 量商品 A}=\end{array}\right\}2\text{ 盎司金}$$

在第一种形式过渡到第二种形式，第二种形式过渡到第三种形式的时候，都发生了本质的变化。而第四种形式与第三种形式的惟一区别，只是金现在代替麻布取得了一般等价形式。现在由于社会的习惯最终地同商品金的独特的自然形式结合在一起了。

金能够作为货币与其他商品相对立，只是因为它早就作为商品与它们相对立。与其他一切商品一样，它过去就起等价物的作用：或者是在个别的交换行为中起个别等价物的作用，或者是与其他商品等价物并列起特殊等价物的作用。渐渐地，它就在或大或小的范围内起一般等价物的作用。一旦它在商品世界的价值表现中独占了这个地位，它就成为货币商品。只是从它已经成为货币商品的时候起，第四种形式才同第三种形式区别开来，或者说，一般价值形式才转化为货币形式。

一种商品（如麻布）在已经执行货币商品职能的商品（如金）上的简单的相对的价值表现，就是价格形式。因此，麻布的“价格形式”是：

20 码麻布＝2 盎司金，

如果 2 盎司金的铸币名称是 2 镑，那就是：

20 码麻布＝2 镑。

理解货币形式的困难，无非是理解一般等价形式，从而理解一般价值形式即第三种形式的困难。第三种形式倒转过来，就化为第二种形式，即扩大的价值形式，而第二种形式的构成要素是第一种形式：20 码麻布＝1 件上衣，或者 x 量商品 A＝y 量商品 B。因此，简单的商品形式是货币形式的胚胎。

4. 商品的拜物教性质及其秘密

最初一看，商品好像是一种简单而平凡的东西。对商品的分析表明，它却是一种很古怪的东西，充满形而上学的微妙和神学的怪诞。

劳动产品一旦采取商品形式就具有的谜一般的性质究竟是从哪里来的呢？显然是从这种形式本身来的。人类劳动的等同性，取得了劳动产品的等同的价值对象性这种物的形式；用劳动的持续时间来计量的人类劳动力的耗费，取得了劳动产品的价值量的形式；最后，生产者的劳动的那些社会规定借以实现的生产者关系，取得了劳动产品的社会关系的形式。

这只是人们自己的一定的社会关系，但它在人们面前采取了物与物的关系的虚幻形式。因此，要找一个比喻，我们就得逃到宗教世界的幻境中去。在那里，人脑的产物表现为赋有生命的、彼此发生关系并同人发生关系的独立存在的东西。在商品世界里，人手的产物也是这样。我把这叫作拜物教。劳动产品一旦作为商品来生产，就带上拜物教性质，因此拜物教是同商品生产分不开的。

商品世界的这种拜物教性质，像以上分析已经表明的，是来源于生产商品的劳动所特有的社会性质。

劳动产品分裂为有用物和价值物，实际上只是发生在交换已经十分广泛和十分重要的时候，那时有用物是为了交换而生产的，因而物的价值性质还在物本身的生产中就被注意到了。从那时起，生产者的私人劳动真正取得了二重的社会性质。一方面，生产者的私人劳动必须作为一定的有用劳动来满足一定的社会需要，从而证明它们是总劳动的一部分，是自然形成的社会分工体系的一部分。另一方面，只有在每一种特殊的有用的私人劳动可以同任何另一种有用的私人劳动相交换从而相等时，生产者的私人劳动才能满足生产者本人的多种需要。劳动产品作为价值，只是生产它们时所耗费的人类劳动的物的表现，这一发现在人类发展史上划了一个时代，但它决没有消除劳动的社会性质的物的外观。

产品交换者实际关心的问题，首先是他用自己的产品能换取多少别人的产品，就是说，产品按什么样的比例交换。当这些比例由于习惯而逐渐达到一定的稳固性时，它们就好像是由劳动产品的本性产生的。劳动产品的价值性质，只是通过劳动产品表现为价值量才确定下来。价值量不以交换者的意志、设想和活动为转移而不断地变动着。在交换者看来，他们本身的社会运动具有物的运动形式。不是他们控制这一运动，而是他们受这一运动控制。要有充分发达的商品生产，才能从经验本身得出科学的认识，理解到彼此独立进行的、但作为自然形成的社会分工部分而互相全面依赖的私人劳动，不断地被化为它们的社会的比例尺度，这是因为在私人劳动产品的偶然的不断变动的交换比例中，生产这些产品的社会必要劳动时间作为起调节作用的自然规律强制地为自己开辟道路，就像房屋倒在人的头上时重力定律强制地为自己开辟道路一样。因此，价值量由劳动时间决定是一个隐藏在商品相对价值的表面运动后面的秘密。这个秘密的发现，消除了劳动产品的价值量纯粹是偶然决定的这种假象，但是决没有消除价值量的决定所采取的物的形式。

最后，让我们换一个方面，设想有一个自由人联合体，他们用公共的生产资料进行劳动，并且自觉地把他们许多个人劳动力当作一个社会劳动力来使用。这个联合体的总产品是一个社会产品。这些产品的一部分重新用作生产资料。这一部分依旧是社会的。而另一部分则作为生活资料由联合体成员消费。因此，这一部分要在他们之间进行分配。这种分配的方式会随着社会生产有机体本身的特殊方式和随着生产者的相应的历史发展程度而改变。仅仅为了同商品生产进行对比，我们假定，每个生产者在生活资料中得到的份额是由他的劳动时间决定的。这样，劳动时间就会起双重作用。劳动时间的社会的有计划的分配，调节着各种劳动职能同各种需要的适当的比例。另一方面，劳动时间又是计量生产者在共同劳动中个人所占份额的尺度，因而也是计量生产者在共同产品的个人可消费部分中所占份额的尺度。在那里，人们同他们的劳动和劳动产品的社会关系，无论在生产上还是在分配上，都是简单明了的。

第二章　交换过程

商品不能自己到市场去，不能自己去交换。因此，我们必须找寻它的监护人，商品占有者。为了使这些物作为商品彼此发生关系，商品监护人必须作为有自己的意志体现在这些物中的人彼此发生关系，因此，一方只有符合另一方的意志，就是说每一方只有通过双方共同一致的意志行为，才能让渡自己的商品，占有别人的商品。可见，他们必须彼此承认对方是私有者。这种具有契约形式的（不管这种契约是不是用法律固定下来的）法的关系，是一种反映着经济关系的意志关系。这种法的关系或意志关系的内容是由这种经济关系本身决定的。

随着商品交换日益突破地方的限制，从而商品价值日益发展成为一般人类劳动的化身，货币形式也就日益转到那些天然适于执行一般等价物这种社会职能的商品身上，即转到贵金属身上。

“金银天然不是货币，但货币天然是金银”，这句话已为金银的自然属性适于担任货币的职能而得到证明。但至此我们只知道货币的一种职能：它是商品价值的表现形式，或者是商品价值量借以取得社会表现的材料。一种物质只有分成的每一份都是均质的，才能成为价值的适当的表现形式。另一方面，因为价值量的差别纯粹是量的差别，所以货币商品必须只能有纯粹量的差别，就是说，必须能够随意分割，又能够随意把它的各部分合并起来。金和银就天然具有这种属性。

因为其他一切商品只是货币的特殊等价物，而货币是它们的一般等价物，所以它们是作为特殊商品来同作为一般商品的货币发生关系。

第三章　货币或商品流通

1. 价值尺度

为了简单起见，我在本书各处都假定金是货币商品。

金的第一个职能是为商品世界提供表现价值的材料，或者说，是把商品价值表现为同名的量，使它们在质的方面相同，在量的方面可以比较。这样，金执行一般的价值尺度的职能，并且首先只是由于这个职能，金这个独特的等价商品才成为货币。

货币作为价值尺度，是商品内在的价值尺度即劳动时间的必然表现形式。

商品在金上的价值表现——x 量商品 A＝y 量货币商品——是商品的货币形式或它的价格。

商品的价格或货币形式，同商品的价值形式本身一样，是一种与商品的可以捉摸的实在的物体形式不同的，因而只是观念的或想象的形式。因为商品在金上的价值表现是观念的，所以要表现商品的价值，也可以仅仅用想象的或观念的金。每一个商品监护人都知道：当他给予商品价值以价格形式或想象的金的形式时，他远没有把自己的商品转化为金，而为了用金估量数百万的商品价值，他不需要丝毫实在的金。因此，货币在执行价值尺度的职能时，只是想象的或观念的货币。尽管只是想象的货币执行价值尺度的职能，但是价格完全取决于实在的货币材料。一吨铁的价值，根据充当价值尺度的是金、银还是铜，就具有完全不同的价格表现，或者说，在金、银或铜的完全不同的数量中表现出来。

这些价值作为这样的不同的金量互相比较，互相计量，这样在技术上就有必要把某一固定的金量作为商品价值的计量单位。这个计量单位本身通过进一步分成等分而发展成为标准。金、银、铜在变成货币以前，在它们的金属重量中就有这种标准，例如，以磅为计量单位，磅一方面分成盎司等等，因此，在一切金属的流通中，原有的重量标准的名称，也是最初的货币标准或价格标准的名称。

作为价值尺度和作为价格标准，货币执行着两种完全不同的职能。作为人类劳动的社会化身，它是价值尺度；作为规定的金属重量，它是价格标准。作为价值尺度，它用来使形形色色的商品的价值转化为价格，转化为想象的金量；作为价格标准，它计量这些金量。价值尺度是用来计量作为价值的商品，相反，价格标准是用一个金量计量各种不同的金量，而不是用一个金量的重量计量另一个金量的价值。要使金充当价格标准，必须把一定重量的金固定为计量单位。

现在我们回过来考察价格形式。

由于各种原因，金属重量的货币名称同它原来的重量名称逐渐分离。其中在历史上有决定意义的是下列原因：1. 外国货币流入较不发达的民族，例如在古罗马，银币和金币最初是作为外国商品流通的。这些外国货币的名称与本地的重量名称是不同的。2. 随着财富的增长，不大贵重的金属逐渐为比较贵重的金属所排挤，失去价值尺度的职能。铜为银所排挤，银为金所排挤。例如，镑原来是真正一磅重的银的货币名称。现在，作为货币名称的镑就和作为金的通常重量名称的磅分开了。3. 几百年来君主不断伪造货币，使铸币原来的重量实际上只剩下一个名称。

价格形式不仅可能引起价值量和价格之间即价值量和它自身的货币表现之间的量的不一致，而且能够包藏一个质的矛盾，以致货币虽然只是商品的价值形式，但价格可以完全不是价值的表现。有些东西本身并不是商品，例如良心、名誉等等，但是也可以被它们的占有者出卖以换取金钱，并通过它们的价格，取得商品形式。因此，没有价值的东西在形式上可以具有价格。在这里，价格表现是虚幻的，就像数学中的某些数量一样。另一方面，虚幻的价格形式——如未开垦的土地的价格，这种土地没有价值，因为没有人类劳动对象化在里面——又能掩盖实在的价值关系或由此派生的关系。

价格形式包含着商品为取得货币而让渡的可能性和这种让渡的必要性。另一方面，金所以充当观念的价值尺度，只是因为它在交换过程中已作为货币商品流通。因此，在观念的价值尺度中隐藏着坚硬的货币。

2. 流通手段

(a) 商品的形态变化

交换过程使商品从把它们当作非使用价值的人手里转到把它们当作使用价值的人手里，就这一点说，这个过程是一种社会的物质变换。一种有用劳动方式的产品代替另一种有用劳动方式的产品。商品一旦到达它充当使用价值的地方，就从商品交换领域转入消费领域。在这里，我们感兴趣的只是商品交换领域。因此，我们只是从形式方面考察全部过程，就是说，只是考察为社会的物质变换起中介作用的商品形式变换或商品形态变化。

商品首先是以本来面目进入交换过程的。交换过程造成了商品分为商品和货币这种二重化，即造成了商品得以表现自己的使用价值和价值之间的内在对立的一种外部对立。在这种外部对立中，作为使用价值的商品同作为交换价值的货币对立着。另一方面，对立的双方都是商品，也就是说，都是使用价值和价值的统一。但这种差别的统一按相反的方向表现在两极中的每一极上，并且由此同时表现出它们的相互关系。商品实际上是使用价值，它的价值存在只是观念地表现在价格上，价格使商品同对立着的金发生关系，把金当作自己的实际的价值形态。反之，金这种物质只是充当价值化身，充当货币。因此金实际上是交换价值。

商品交换过程是在两个互相对立、互为补充的形态变化中完成的：从商品转化为货币，又从货币转化为商品。商品形态变化的两个因素同时就是商品占有者的两种行为，一种是卖，把商品换成货币，一种是买，把货币换成商品，这两种行为的统一就是：为买而卖。

因此，商品的交换过程是在下列的形式变换中完成的：

商品—货币—商品

W—G—W

从物质内容来说，这个运动是 W—W，是商品换商品，是社会劳动的物质变换，这种物质变换的结果一经达到，过程本身也就结束。

W—G。商品的第一形态变化或卖。商品价值从商品体跳到金体上，像我在别处说过的，是商品的惊险的跳跃。这个跳跃如果不成功，摔坏的不是商品，但一定是商品占有者。社会分工使商品占有者的劳动成为单方面的，又使他的需要成为多方面的。正因为这样，他的产品对他来说仅仅是交换价值。这个产品只有在货币上，才取得一般的社会公认的等价形式，而货币又在别人的口袋里。为了把货币吸引出来，商品首先应当对于货币占有者是使用价值，商品可能是一种新的劳动方式的产品，它声称要去满足一种新产生的需要，或者想靠它自己去唤起一种需要。一种特殊的劳动操作，昨天还是同一个商品生产者许多职能中的一种职能，今天就可能脱离这种联系，独立起来，从而把它的局部产品当作独立商品送到市场上去。这个分离过程的条件可能已经成熟，或者可能尚未成熟。某种产品今天满足一种社会需要，明天就可能全部地或部分地被一种类似的产品排挤掉。即使某种劳动，例如我们这位织麻布者的劳动，是社会分工的特许的一部分，这也决不能恰好使他的 20 码麻布的使用价值得到了保证。社会对麻布的需要，像对其他各种东西的需要一样，是有限度的，如果他的竞争者已经满足了这种需要，我们这位朋友的产品就成为多余的、过剩的，因而是无用的了。但是我们这位织麻布者决不是到市场去送礼的。我们就假定他的产品的使用价值得到了证明，因而商品会把货币吸引出来。但现在要问：它能吸引多少货币呢？当然，答案已经由商品的价格即商品价值量的指数预示了。我们把商品占有者可能发生的纯粹主观的计算错误撇开，因为这种错误在市场上马上可以得到客观的纠正。假定他耗费在他的产品上的只是平均社会必要劳动时间。因此，商品的价格只是对象化在商品中的社会劳动量的货币名称。但是，织麻布业的以往可靠的生产条件，没有经过我们这位织麻布者的许可而在他的背后发生了变化。同样多的劳动时间，昨天还确实是生产一码麻布的社会必要劳动时间，今天就不是了。货币占有者会非常热心地用我们这位朋友的各个竞争者定出的价格来说明这一点。我们这位朋友真是不幸，世上竟有很多织麻布者。最后，假定市场上的每一块麻布都只包含社会必要劳动时间。即使这样，这些麻布的总数所包含的已耗费的劳动时间仍然可能过多。如果市场的胃口不能以每码 2 先令的正常价格吞下麻布的总量，这就证明，在全部社会劳动时间中，以织麻布的形式耗费的时间太多了。其结果就像每一个织布者花在他个人的产品上的时间都超过了社会必要劳动时间一样。在市场上，全部麻布只是当作一个商品，每一块麻布只是当作这个商品的相应部分。事实上，每一码的价值也只是同种人类劳动的同一的社会规定的量的化身。

分工使劳动产品转化为商品，因而使它转化为货币成为必然的事情。同时，分工使这种转化能否成功成为偶然的事情。但是在这里应当纯粹地考察现象，因此假定这种现象是正常进行的。其实，只要这种现象发生，就是说，只要商品不是卖不出去，就总会发生商品的形式变换，尽管在这种形式变换中，实体——价值量——可能在不正常的场合亏损或增加。

G—W。商品的第二形态变化，或最终的形态变化：买。因为货币是其他一切商品的转换形态，或者说，是它们普遍让渡的产物，所以它是绝对可以让渡的商品。

G—W，即买，同时就是卖，即 W—G；因此，一个商品的后一形态变化，同时就是另一商品的前一形态变化。

商品形态变化的两个相反的运动阶段组成一个循环：商品形式，商品形式的抛弃，商品形式的复归。当然，在这里，商品本身具有对立的规定。对它的占有者来说，它在起点是非使用价值，在终点是使用价值。同样，货币先表现为商品转化成的固定的价值结晶，然后又作为商品的单纯等价形式而消失。

组成一个商品的循环的两个形态变化，同时是其他两个商品的相反的局部形态变化。同一个商品（麻布）开始它自己的形态变化的系列，又结束另一个商品（小麦）的总形态变化。商品在它的第一个转化中，即在出卖时，一身扮演这两种角色。而当它作为金蛹结束自己的生涯的时候，它同时又结束第三个商品的第一形态变化。可见，每个商品的形态变化系列所形成的循环，同其他商品的循环不可分割地交错在一起。这全部过程就表现为商品流通。

商品流通不仅在形式上，而且在实质上不同于直接的产品交换。在这里，一方面，我们看到，商品交换怎样打破了直接的产品交换的个人的和地方的限制，发展了人类劳动的物质变换。另一方面，整整一系列不受当事人控制的天然的社会联系发展起来了。

因此，与直接的产品交换不同，流通过程在使用价值换位和转手之后并没有结束。货币并不因为它最终从一个商品的形态变化系列中退出来而消失。它不断地沉淀在商品空出来的流通位置上。

有一种最愚蠢不过的教条：商品流通必然造成买和卖的平衡，因为每一次卖同时就是买，反过来也是一样。如果这是指实际完成的卖的次数等于买的次数，那是毫无意义的同义反复。但这种教条是要证明，卖者会把自己的买者带到市场上来。没有人买，也就没有人能卖。但谁也不会因为自己已经卖，就得马上买。流通所以能够打破产品交换的时间、空间和个人的限制，正是因为它把这里存在的换出自己的劳动产品和换进别人的劳动产品这二者之间的直接的同一性，分裂成卖和买这二者之间的对立。说互相对立的独立过程形成内部的统一，那也就是说，它们的内部统一是运动于外部的对立中。当内部不独立（因为互相补充）的过程的外部独立化达到一定程度时，统一就要强制地通过危机显示出来。这些形式包含着危机的可能性，但仅仅是可能性。这种可能性要发展为现实，必须有整整一系列的关系，从简单商品流通的观点来看，这些关系还根本不存在。

作为商品流通的中介，货币取得了流通手段的职能。

(b) 货币的流通

商品流通直接赋予货币的运动形式，就是货币不断地离开起点，就是货币从一个商品占有者手里转到另一个商品占有者手里，或者说，就是货币流通（currency，cours de la monnaie）。

货币流通表示同一个过程的不断的、单调的重复。商品总是在卖者方面，货币总是作为购买手段在买者方面。货币作为购买手段执行职能，是在它实现商品的价格的时候。而货币在实现商品的价格的时候，把商品从卖者手里转到买者手里，同时自己也从买者手里离开，到了卖者手里，以便再去同另一种商品重复同样的过程。

每一个商品在流通中走第一步，即进行第一次形式变换，就退出流通，而总有新的商品进入流通。相反，货币作为流通手段却不断地留在流通领域，不断地在那里流动。于是产生了一个问题，究竟有多少货币不断地被流通领域吸收。

在一个国家里，每天都发生大量的、同时发生的、因而在空间上并行的单方面的商品形态变化，换句话说，一方面单是卖，另一方面单是买。商品在自己的价格上已经等于一定的想象的货币量。因为这里所考察的直接的流通形式总是使商品和货币作为物体彼此对立着，商品在卖的一极，货币在买的一极，所以，商品世界的流通过程所需要的流通手段量，已经由商品的价格总额决定了。

流通手段量决定于待实现的商品价格总额。如果我们再假设每一种商品的价格都是既定的，显然，商品价格总额就决定于流通中的商品量。

假设商品量已定，流通货币量就随着商品价格的波动而增减。流通货币量之所以增减，是因为商品的价格总额随着商品价格的变动而增减。为此，完全不需要所有商品的价格同时上涨或跌落。只要若干主要商品的价格在一种情况下上涨，或在另一种情况下跌落，就足以提高或降低全部流通商品的待实现的价格总额，从而使进入流通的货币增加或减少。无论商品价格的变动是反映实际的价值变动，或只是反映市场价格的波动，流通手段量所受的影响都是相同的。

同一些货币在一定时间内的流通次数可以用来计量货币流通的速度。例如，假定上述4种商品的流通过程持续1天。这样，待实现的价格总额为8镑，同一些货币1天的流通次数是4次，流通的货币量是2镑，或者就一定时间的流通过程来说是：$\frac{\text{商品价格总额}}{\text{同名货币的流通次数}}=$执行流通手段职能的货币量。这个规律是普遍适用的。

可见，在每一段时期内执行流通手段职能的货币的总量，一方面取决于流通的商品世界的价格总额，另一方面取决于这个商品世界的互相对立的流通过程流动的快慢，这种流动决定着同一些货币能够实现价格总额的多大部分。但是，商品的价格总额又决定于每种商品的数量和价格。这三个因素，即价格的变动、流通的商品量、货币的流通速度，可能按不同的方向和不同的比例变动，因此，待实现的价格总额以及受价格总额制约的流通手段量，也可能有多种多样的组合。

(c) 铸币。价值符号

从货币作为流通手段的职能中产生出货币的铸币形式。在商品的价格或货币名称中想象地表现出来的金重量，必须在流通中作为同名的金块或铸币同商品相对立。正像确立价格标准一样，铸造硬币也是国家的事。

金币在流通中受到磨损，有的磨损得多，有的磨损得少。金的名称和金的实体，名义含量和实际含量，开始了它们的分离过程。同名的金币具有了不同的价值，因为重量不同了。作为流通手段的金同作为价格标准的金偏离了，因此，金在实现商品的价格时不再是该商品的真正等价物。

既然货币流通本身使铸币的实际含量同名义含量分离，使铸币的金属存在同它的职能存在分离，那么在货币流通中就隐藏着一种可能性：可以用其他材料做的记号或用象征来代替金属货币执行铸币的职能。铸造重量极小的金币或银币在技术上有困难，而且起初是较贱的金属而不是较贵的金属（是银不是金，是铜不是银）充当价值尺度，因而在它们被较贵的金属赶下宝座之前曾一直作为货币流通，这些事实历史地说明了银记号和铜记号可以扮演金币替身的角色。这些记号在铸币流通最快因而磨损最快的商品流通领域中，即在极小额的买卖不断重复进行的领域中代替了金。为了不让金的这些侍从篡夺金本身的位置，法律规定一个极小的比例，只有在这个比例内，它们代替金来支付才能强人接受。

银记号或铜记号的金属含量是由法律任意规定的。它们在流通中比金币磨损得还要快。因此，它们的铸币职能实际上与它们的重量完全无关，就是说，与价值完全无关。金的铸币存在同它的价值实体完全分离了。因此，相对地说没有价值的东西，例如纸票，就能代替金来执行铸币的职能。在金属货币记号上，这种纯粹的象征性质还在一定程度上隐藏着。但在纸币上，这种性质就暴露无遗了。

国家把印有1镑、5镑等等货币名称的纸票从外部投入流通过程。只要这些纸票确实是代替同名的金额来流通，它们的运动就只反映货币流通本身的规律。纸币流通的特殊规律只能从纸币是金的代表这种关系中产生。这一规律简单说来就是：纸币的发行限于它象征地代表的金（或银）的实际流通的数量。如果今天一切流通渠道中的纸币已达到这些渠道所能吸收货币的饱和程度，那么明天这些渠道就会因商品流通的波动而发生泛滥。一切限度都消失了。不过，如果纸币超过了自己的限度，即超过了能够流通的同名的金币量，那么，撇开有信用扫地的危险不说，它在商品世界仍然只是代表由商品世界的内在规律所决定的那个金量，即它所能代表的那个金量。

纸币是金的符号或货币符号。纸币同商品价值的关系只不过是：商品价值观念地表现在一个金量上，这个金量则由纸象征地可感觉地体现出来。纸币只有代表金量（金量同其他一切商品量一样，也是价值量），才是价值符号。

3. 货币

作为价值尺度并因而以自身或通过代表作为流通手段来执行职能的商品，是货币。因此，金（或银）是货币。金作为货币执行职能，一方面是在这样的场合：它必须以其金体（或银体）出现，因而作为货币商品出现，就是说，它不像在充当价值尺度时那样纯粹是观念的，也不像在充当流通手段时那样可以用别的东西来代表；另一方面是在这样的场合：它的职能——不论由它亲自执行，还是由它的代表执行——使它固定成为唯一的价值形态，成为交换价值的惟一适当的存在，而与其他一切仅仅作为使用价值的商品相对立。

(a) *货币贮藏*

两种对立的商品形态变化的不断循环，或卖与买的不息转换，表现在不停的货币流通上。只要商品的形态变化系列一中断，卖之后没有继之以买，货币就会停止流动，由铸币转化为货币。

随着商品流通本身的最初发展，把第一形态变化的产物，商品的转化形态或它的金蛹保留在自己手中的必要性和欲望也发展起来了。出售商品不是为了购买商品，而是为了用货币形式来代替商品形式。这一形式变换从物质变换的单纯中介变成了目的本身。商品的转换形态受到阻碍，不能再作为商品的绝对可以让渡的形态或作为只是转瞬即逝的货币形式而起作用。于是货币硬化为贮藏货币，商品出售者成为货币贮藏者。

在商品流通的初期，只是使用价值的多余部分转化为货币。这样，金和银自然就成为这种多余部分或财富的社会表现。在有些民族中，与传统的自给自足的生产方式相适应，需要范围是固定封闭的，在这些民族中，这种素朴的货币贮藏形式就永恒化了。

随着商品生产的进一步发展，每一个商品生产者都必须握有这个物的神经，这个“社会的抵押品”。他的需要不断更新，并促使他不断购买别人的商品，而他生产和出售自己的商品是要费时间的，并且带有偶然性。他要买而不卖，就必须在以前曾经卖而不买。这种做法要普遍实行，似乎是自相矛盾的。但是，贵金属在它的产地直接同其他商品交换。没有继之以买的卖，不过是贵金属在一切商品占有者中间进一步分配的中介。因此，在交易的各个点上，有不同数量的金银贮藏。自从有可能把商品当作交换价值来保持，或把交换价值当作商品来保持以来，求金欲就产生了。随着商品流通的扩展，货币——财富的随时可用的绝对社会形式——的权力增大了。

除直接的贮藏形式以外，还有一种美的贮藏形式，即占有金银制的商品。它是与资产阶级社会的财富一同增长的。这样，一方面，形成了一个日益扩大的金银市场，这个市场不以金银的货币职能为转移，另一方面，也形成了一个潜在的货币供应源泉，这个源泉特别在社会大风暴时期涌现出来。

货币贮藏在金属流通的经济中执行着种种不同的职能。它的第一个职能是从金银铸币的流通条件中产生的。我们已经知道，随着商品流通在范围、价格和速度方面的经常变动，流通的货币量也不断增减。因此，这个量必须能伸缩。有时货币必须当作铸币被吸收，有时铸币必须当作货币被排斥。为了使实际流通的货币量总是同流通领域的饱和程度相适应，一个国家的现有的金银量必须大于执行铸币职能的金银量。这个条件是靠货币的贮藏形式来实现的。货币贮藏的蓄水池，对于流通中的货币来说，既是排水渠，又是引水渠；因此，流通中的货币永远不会溢出它的流通的渠道。

(b) 支付手段

随着商品流通的发展，使商品的让渡同商品价格的实现在时间上分离开来的关系也发展起来。这里我们只举出其中一些最简单的关系也就够了。一种商品需要的生产时间较长，另一些商品需要的生产时间较短。不同的商品的生产与不同的季节有关。一个商品的产地就是它的市场所在地，另一个商品要旅行到远方的市场去。因此，一个商品占有者可以在另一个商品占有者作为买者出现之前，作为卖者出现。当同样一些交易总是在同一些人中间反复进行时，商品的出售条件就按照商品的生产条件来调节。另一方面，某些种类的商品例如房屋的使用权是出卖一定期限的。买者只是在期满时才真正取得了商品的使用价值。因而他先购买商品，后对商品支付。一个商品占有者出售他现有的商品，而另一个商品占有者却只是作为货币的代表或作为未来货币的代表来购买这种商品。卖者成为债权人，买者成为债务人。由于商品的形态变化或商品的价值形式的发展在这里起了变化，货币也就取得了另一种职能。货币成了支付手段。

现在我们回到商品流通领域来。等价物——商品和货币——不再同时出现在卖的过程的两极上。现在，第一，货币在决定所卖商品的价格上执行价值尺度的职能。由契约规定的所卖商品的价格，计量买者的债务，即买者到期必须支付的货币额。第二，货币执行观念的购买手段的职能。虽然货币只是存在于买者支付货币的承诺中，但它使商品的转手实现了。只是当支付日期到来时，支付手段才真正进入流通，就是说，从买者手里转到卖者手里。流通手段转化为贮藏货币，是因为流通过程在第一阶段中断，或商品的转化形态退出了流通。支付手段进入流通，但这是在商品已经退出流通之后。货币不再是过程的中介。卖者把商品转化为货币，是为了通过货币来满足某种需要，货币贮藏者把商品转化为货币，是为了以货币形式保存商品，欠债的买者把商品转化为货币，则是为了能够支付。如果他不支付，他的财产就会被强制拍卖。因此，现在由于流通过程本身的关系所产生的一种社会必要性，商品的价值形态即货币就成了卖的目的本身。

货币作为支付手段的职能包含着一个直接的矛盾。在各种支付互相抵消时，货币就只是在观念上执行计算货币或价值尺度的职能。而在必须进行实际支付时，货币又不是充当流通手段，不是充当物质变换的仅仅转瞬即逝的中介形式，而是充当社会劳动的单个化身，充当交换价值的独立存在，充当绝对商品。这种矛盾在生产危机和商业危机中称为货币危机①的那一时刻暴露得特别明显。这种货币危机只有在一个接一个的支付的锁链和抵消支付的人为制度获得充分发展的地方，才会发生。当这一机构整个被打乱的时候，不问其原因如何，货币就会突然直接地从计算货币的纯粹观念形态转变成坚硬的货币。这时，它是不能由平凡的商品来代替的。商品的使用价值变得毫无价值，而商品的价值在它自己的价值形式面前消失了。昨天，资产者还被繁荣所陶醉，怀着启蒙的骄傲，宣称货币是空虚的幻想。只有商品才是货币。今天，他们在世界市场上到处叫嚷，只有货币才是商品！他们的灵魂渴求货币这惟一的财富，就像鹿渴求清水一样。在危机时期，商品和它的价值形态（货币）之间的对立发展成绝对矛盾。因此，货币的表现形式在这里也是无关紧要的。不管是用金支付，还是用银行券这样的信用货币支付，货币荒都是一样的。

现在我们来考察一定时期内的流通货币的总额。假定流通手段和支付手段的流通速度是已知的，这个总额就等于待实现的商品价格总额加上到期的支付总额，减去彼此抵消的支付，最后减去同一货币交替地时而作为流通手段、时而作为支付手段执行职能的流通次数。例如，一个农民卖谷物得到 2 镑，在这里，这 2 镑起着流通手段的作用。他在支付日把这 2 镑用来支付织布者先前交给他的麻布。这时，这 2 镑执行支付手段的职能。接着织布者又拿现金去买圣经，于是这 2 镑又重新执行流通手段的职能，如此等等。

信用货币是直接从货币作为支付手段的职能中产生的。由出售商品得到的债券本身又因债权的转移而流通。另一方面，随着信用事业的扩大，货币作为支付手段的职能也在扩大。作为支付手段的货币取得了它特有的各种存在形式，并以这些形式占据了大规模交易的领域，而金银铸币则主要被挤到小额贸易的领域中去。

在商品生产达到一定水平和规模时，货币作为支付手段的职能就越出商品流通领域。

① 本文所谈的货币危机是任何普遍的生产危机和商业危机的一个特殊阶段，应同那种也称为货币危机的特种危机区分开来。后一种货币危机可以单独产生，只是对工业和商业发生反作用。这种危机的运动中心是货币资本，因此它的直接范围是银行、交易所和金融。（马克思在第 3 版上加的注）

货币变成契约上的一般商品。地租、赋税等等由实物交纳转化为货币支付。

在每个国家，都规定一定的总的支付期限。从支付手段的流通速度的规律中可以看出，一切周期性的支付（不问其起因如何）所必需的支付手段量，与支付期限的长短成反比。

由于充当支付手段的货币的发展，就必须积累货币，以便到期偿还债务。随着资产阶级社会的发展，作为独立的致富形式的货币贮藏消失了，而作为支付手段准备金的形式的货币贮藏却增长了。

(c) 世界货币

货币一越出国内流通领域，便失去了在这一领域内获得的价格标准、铸币、辅币和价值符号等地方形式，又恢复原来的贵金属块的形式。在世界贸易中，商品普遍地展开自己的价值。因此，在这里，商品独立的价值形态，也作为世界货币与商品相对立。只有在世界市场上，货币才充分地作为这样一种商品执行职能，这种商品的自然形式同时就是抽象人类劳动的直接的社会实现形式。货币的存在方式与货币的概念相适合了。

世界货币作为一般支付手段、一般购买手段和一般财富的绝对社会化身执行职能。它的最主要的职能，是作为支付手段平衡国际贸易差额。由此产生重商主义体系的口号——贸易差额！金银充当国际购买手段，主要是在各国间通常的物质变换的平衡突然遭到破坏的时候。最后，它们充当财富的绝对社会化身是在这样的场合：不是要买或是要支付，而是要把财富从一个国家转移到另一个国家，同时，商品市场的行情或者要达到的目的本身，不容许这种转移以商品形式实现。

每个国家，为了国内流通，需要有准备金，为了世界市场的流通，也需要有准备金。因此，货币贮藏的职能，一部分来源于货币作为国内流通手段和国内支付手段的职能，一部分来源于货币作为世界货币的职能。在后一种职能上，始终需要实在的货币商品，真实的金和银。

21 世纪 经济学系列教材

第二篇

货币转化为资本

第四章　货币转化为资本

1. 资本的总公式

商品流通是资本的起点。商品生产和发达的商品流通，即贸易，是资本产生的历史前提。世界贸易和世界市场在16世纪揭开了资本的现代生活史。

作为货币的货币和作为资本的货币的区别，首先只是在于它们具有不同的流通形式。

商品流通的直接形式是W—G—W，商品转化为货币，货币再转化为商品，为买而卖。但除这一形式外，我们还看到具有不同特点的另一形式G—W—G，货币转化为商品，商品再转化为货币，为卖而买。在运动中通过这后一种流通的货币转化为资本，成为资本，而且按它的使命来说，已经是资本。

W—G—W和G—W—G这两个循环从一开始就不同，是由于同样两个对立的流通阶段具有相反的次序。简单商品流通以卖开始，以买结束；作为资本的货币的流通以买开始，以卖结束。作为运动的起点和终点的，在前一场合是商品，在后一场合是货币。在整个过程中起中介作用的，在前一形式是货币，在后一形式则是商品。

在W—G—W这个流通中，货币最后转化为充当使用价值的商品。于是，货币就最终花掉了。而在G—W—G这个相反的形式中，买者支出货币，却是为了作为卖者收入货币。他购买商品，把货币投入流通，是为了通过出卖这同一商品，从流通中再取回货币。他拿出货币时，就蓄意要重新得到它。因此，货币只是被预付出去。

在W—G—W循环中，始极是一种商品，终极是另一种商品，后者退出流通，转入消费。因此，这一循环的最终目的是消费，是满足需要，总之，是使用价值。相反，G—W—G循环是从货币一极出发，最后又返回同一极。因此，这一循环的动机和决定目的是交换价值本身。

G—W—G过程所以有内容，不是因为两极有质的区别（二者都是货币），而只是因为它们有量的不同。最后从流通中取出的货币，多于起初投入的货币。例如，用100镑买的棉花卖100镑+10镑，即110镑。因此，这个过程的完整形式是G—W—G′。其中的G′=G+ΔG，即等于原预付货币额加上一个增殖额。我把这个增殖额或超过原价值的余额叫做剩余价值（surplus value）。可见，原预付价值不仅在流通中保存下来，而且在流通中改变了自己的价值量，加上了一个剩余价值，或者说增殖了。正是这种运动使价值转化为资本。

简单商品流通——为买而卖——是达到流通以外的最终目的，占有使用价值，满足需要的手段。相反，作为资本的货币的流通本身就是目的，因为只是在这个不断更新的运动中才有价值的增殖。因此，资本的运动是没有限度的。

作为这一运动的有意识的承担者，货币占有者变成了资本家。他这个人，或不如说他的钱袋，是货币的出发点和复归点。这种流通的客观内容——价值增殖——是他的主观目的；只有在越来越多地占有抽象财富成为他的活动的惟一动机时，他才作为资本家或作为人格化的、有意志和意识的资本执行职能。他的目的也不是取得一次利润，而只是谋取利润的无休止的运动。这种绝对的致富欲，这种价值追逐狂，是资本家和货币贮藏者所共有的，不过货币贮藏者是发狂的资本家，资本家是理智的货币贮藏者。

为卖而买，或者说得完整些，为了贵卖而买，即G—W—G′，似乎只是一种资本即商人资本所特有的形式。但产业资本也是这样一种货币，它转化为商品，然后通过商品的出售再转化为更多的货币。在买和卖的间歇，即在流通领域以外发生的行为，丝毫不会改变这种运动形式。最后，在生息资本的场合，G—W—G′的流通简化地表现为没有中介的结果，表现为一种简练的形式，G—G′，表现为等于更多货币的货币，比本身价值更大的价值。

因此，G—W—G′事实上是直接在流通领域内表现出来的资本的总公式。

2. 劳动力的买和卖

要转化为资本的货币的价值变化，不可能发生在这个货币本身上，因为货币作为购买手段和支付手段，只是实现它所购买或所支付的商品的价格，而它如果停滞在自己原来的形式上，它就凝固为价值量不变的化石了。同样，在流通的第二个行为即商品的再度出卖上，也不可能发生这种变化，因为这一行为只是使商品从自然形式再转化为货币形式。因此，这种变化必定发生在第一个行为G—W中所购买的商品上，但不是发生在这种商品的价值上，因为互相交换的是等价物，商品是按它的价值支付的。因此，这种变化只能从这种商品的使用价值本身，即从这种商品的消费中产生。要从商品的消费中取得价值，我们的货币占有者就必须幸运地在流通领域内即在市场上发现这样一种商品，它的使用价值本身具有成为价值源泉的独特属性，因此，它的实际消费本身就是劳动的对象化，从而是价值的创造。货币占有者在市场上找到了这样一种独特的商品，这就是劳动能力或劳动力。

我们把劳动力或劳动能力，理解为一个人的身体即活的人体中存在的、每当他生产某种使用价值时就运用的体力和智力的总和。

但是，要使货币占有者在市场上找到作为商品的劳动力，就必须具备各种条件。劳动力占有者要把劳动力当作商品出卖，必须是自己的劳动能力、自己人身的自由所有者。劳动力占有者和货币占有者在市场上相遇，彼此作为身份平等的商品占有者发生关系，所不同的只是一个是买者，一个是卖者，因此双方是在法律上平等的人。这种关系要保持下去，劳动力所有者就必须始终把劳动力只出卖一定时间，因为他要是把劳动力一下子全部卖光，他就出卖了自己，就从自由人转化为奴隶，就是说，他在让渡自己的劳动力时不放弃自己对它的所有权。

货币占有者要在市场上找到作为商品的劳动力，第二个基本条件就是：劳动力占有者没有可能出卖有自己的劳动对象化在其中的商品。货币占有者要把货币转化为资本，就必须在商品市场上找到自由的工人。这里所说的自由，具有双重意义：一方面，工人是自由人，能够把自己的劳动力当作自己的商品来支配，另一方面，他没有别的商品可以出卖，自由得一无所有，没有任何实现自己的劳动力所必需的东西。只有当生产资料和生活资料的占有者在市场上找到出卖自己劳动力的自由工人的时候，资本才产生；而单是这一历史条件就包含着一部世界史。因此，资本一出现，就标志着社会生产过程的一个新时代。

现在应该进一步考察这个独特商品——劳动力。同一切其他商品一样，劳动力也具有价值。这个价值是怎样决定的呢？

同任何其他商品的价值一样，劳动力的价值也是由生产从而再生产这种独特物品所必要的劳动时间决定的。劳动力的生产要以活的个体的存在为前提。假设个体已经存在，劳动力的生产就是这个个人本身的再生产或维持。活的个人要维持自己，需要有一定量的生活资料。因此，生产劳动力所必要的劳动时间，可以归结为生产这些生活资料所必要的劳动时间，或者说，劳动力的价值，就是维持劳动力占有者所必要的生活资料的价值。但是，劳动力只有在劳动中才能发挥出来。而劳动力的发挥即劳动，耗费人的一定量的肌肉、神经、脑等等，这些消耗必须重新得到补偿。劳动力所有者今天进行了劳动，他必须明天也能够在同样的精力和健康条件下重复同样的过程。因此，生活资料的总和应当足以使劳动者个人能够在正常生活状况下维持自己。由于一个国家的气候和其他自然特点不同，食物、衣服、取暖、居住等等自然需要本身也就不同。另一方面，所谓必不可少的需要的范围，和满足这些需要的方式一样，本身是历史的产物，因此多半取决于一个国家的文化水平，其中主要取决于自由工人阶级是在什么条件下形成的，从而它有哪些习惯和生活要求。因此，和其他商品不同，劳动力的价值规定包含着一个历史的和道德的要素。但是，在一定的国家，在一定的时期，必要生活资料的平均范围是一定的。

劳动力所有者是会死的。因损耗和死亡而退出市场的劳动力，至少要不断由同样数目的新劳动力来补充。因此，生产劳动力所必要的生活资料的总和，包括工人的补充者即工人子女的生活资料，只有这样，这种独特的商品占有者的种族才能在商品市场上永远延续下去。

为改变一般人的本性，使它获得一定劳动部门的技能和技巧，成为发达的和专门的劳动力，就要有一定的教育或训练，而这又得花费或多或少的商品等价物。劳动力的教育费用随着劳动力性质的复杂程度而不同。因此，这种教育费用——对于普通劳动力来说是微乎其微的——包括在生产劳动力所耗费的价值总和中。

劳动力的价值可以归结为一定量生活资料的价值。因此，它也随着这些生活资料的价值即生产这些生活资料所需要的劳动时间量的改变而改变。

一部分生活资料，如食品、燃料等等，每天都有新的消耗，因而每天都必须有新的补充。另一些生活资料，如衣服、家具等等，可以使用较长的时期，因而只是经过较长的时期才需要补充。有些商品要每天购买或支付，有些商品要每星期购买或支付，还有些商品要每季度购买或支付，如此等等。但不管这些支出的总和在例如一年当中怎样分配，都必须由每天的平均收入来补偿。假如生产劳动力每天所需要的商品量＝A，每星期所需要的商品量＝B，每季度所需要的商品量＝C，其他等等，那么这些商品每天的平均需要量＝$\frac{(365A+52B+4C+\text{其他等等})}{365}$。假定平均每天所需要的这个商品量包含6小时社会劳动，那么每天对象化在劳动力中的就是半天的社会平均劳动，或者说，每天生产劳动力所需要的是半个工作日。每天生产劳动力所需要的这个劳动量，构成劳动力的日价值，或每天再生产出的劳动力的价值。假定半天的社会平均劳动又表现为3先令或1塔勒的金量，那么1塔勒就是相当于劳动力日价值的价格。如果劳动力占有者按每天1塔勒出卖劳动力，劳动力的出售价格就等于劳动力的价值，而且根据我们的假定，一心要把自己的塔勒转化为资本的货币占有者是支付这个价值的。

劳动力价值的最低限度或最小限度，是劳动力的承担者即人每天得不到就不能更新他的生命过程的那个商品量的价值，也就是维持身体所必不可少的生活资料的价值。假如劳动力的价格降到这个最低限度，那就降到劳动力的价值以下，因为这样一来，劳动力就只能在萎缩的状态下维持和发挥。但是，每种商品的价值都是由提供标准质量的该种商品所需要的劳动时间决定的。

劳动力这种独特商品的特性，使劳动力的使用价值在买者和卖者缔结契约时还没有在实际上转到买者手中。和其他任何商品的价值一样，它的价值在它进入流通以前就已确定，因为在劳动力的生产上已经耗费了一定量的社会劳动，但它的使用价值只是在以后的力的表现中才实现。因此，力的让渡和力的实际表现即力作为使用价值的存在，在时间上是互相分开的。在资本主义生产方式占统治地位的一切国家里，给劳动力支付报酬，是在劳动力按购买契约所规定的时间发挥作用以后，例如是在每周的周末。因此，到处都是工人把劳动力的使用价值预付给资本家；工人在得到买者支付他的劳动力价格以前，就让买者消费他的劳动力，因此，到处都是工人给资本家以信贷。

现在我们知道了，货币占有者付给劳动力这种独特商品的占有者的价值是怎样决定的。货币占有者在交换中得到的使用价值，在劳动力的实际使用即消费过程中才表现出来。这个过程所必需的一切物品，如原料等等，是由货币占有者在商品市场上买来并且按十足的价格支付的。劳动力的消费过程，同时就是商品和剩余价值的生产过程。让我们同货币占有者和劳动力占有者一道，离开这个嘈杂的、表面的、有目共睹的领域，跟随他们两人进入门上挂着“非公莫入”牌子的隐蔽的生产场所吧！在那里，不仅可以看到资本是怎样进行生产的，而且还可以看到资本本身是怎样被生产出来的。赚钱的秘密最后一定会暴露出来。

劳动力的买和卖是在流通领域或商品交换领域的界限以内进行的，这个领域确实是天赋人权的真正伊甸园。那里占统治地位的只是自由、平等、所有权和边沁[①]。自由！因为商品例如劳动力的买者和卖者，只取决于自己的自由意志。他们是作为自由的、在法律上平等的人缔结契约的。契约是他们的意志借以得到共同的法律表现的最后结果。平等！因为他们彼此只是作为商品占有者发生关系，用等价物交换等价物。所有权！因为每一个人都只支配自己的东西。边沁！因为双方都只顾自己。使他们连在一起并发生关系的惟一力量，是他们的利己心，是他们的特殊利益，是他们的私人利益。正因为人人只顾自己，谁也不管别人，所以大家都是在事物的前定和谐下，或者说，在全能的神的保佑下，完成着互惠互利、共同有益、全体有利的事业。

一离开这个简单流通领域或商品交换领域，——庸俗的自由贸易论者用来判断资本和雇佣劳动的社会的那些观点、概念和标准就是从这个领域得出的，——就会看到，我们的剧中人的面貌已经起了某些变化。原来的货币占有者作为资本家，昂首前行；劳动力占有者作为他的工人，尾随于后。一个笑容满面，雄心勃勃；一个战战兢兢，畏缩不前，像在市场上出卖了自己的皮一样，只有一个前途——让人家来鞣。

① 边沁是功利主义的代表人物之一，对他来说，个人利益是一切行动的动力。各个人的正确理解的利益也就是社会的利益。

第三篇

绝对剩余价值的生产

第五章　劳动过程和价值增殖过程

1. 劳动过程

劳动力的使用就是劳动本身。劳动过程首先要撇开每一种特定的社会的形式来加以考察。

劳动首先是人和自然之间的过程，是人以自身的活动来中介、调整和控制人和自然之间的物质变换的过程。人自身作为一种自然力与自然物质相对立。为了在对自身生活有用的形式上占有自然物质，人就使他身上的自然力——臂和腿、头和手运动起来。当他通过这种运动作用于他身外的自然并改变自然时，也就同时改变他自身的自然。他使自身的自然中蕴藏着的潜力发挥出来，并且使这种力的活动受他自己控制。劳动过程结束时得到的结果，在这个过程开始时就已经在劳动者的表象中存在着，即已经观念地存在着。他不仅使自然物发生形式变化，同时他还在自然物中实现自己的目的，这个目的是他所知道的，是作为规律决定着他的活动的方式和方法的，他必须使他的意志服从这个目的。但是这种服从不是孤立的行为。除了从事劳动的那些器官紧张之外，在整个劳动时间内还需要有作为注意力表现出来的有目的的意志，而且，劳动的内容及其方式和方法越是不能吸引劳动者，劳动者越是不能把劳动当作他自己体力和智力的活动来享受，就越需要这种意志。

劳动过程的简单要素是：有目的的活动或劳动本身，劳动对象和劳动资料。

土地（在经济学上也包括水）最初以食物，现成的生活资料供给人类，它未经人的协助，就作为人类劳动的一般对象而存在。已经被以前的劳动可以说滤过的劳动对象，我们称为原料。例如，已经开采出来正在洗的矿石。一切原料都是劳动对象，但并非任何劳动对象都是原料。劳动对象只有在它已经通过劳动而发生变化的情况下，才是原料。

劳动资料是劳动者置于自己和劳动对象之间、用来把自己的活动传导到劳动对象上去的物或物的综合体。劳动者利用物的机械的、物理的和化学的属性，以便把这些物当作发挥力量的手段，依照自己的目的作用于其他的物。劳动者直接掌握的东西，不是劳动对象，而是劳动资料（这里不谈采集果实之类的现成的生活资料，在这种场合，劳动者身体的器官是惟一的劳动资料）。劳动资料的使用和创造，虽然就其萌芽状态来说已为某几种动物所固有，但是这毕竟是人类劳动过程独有的特征，所以富兰克林给人下的定义是制造工具的动物。动物遗骸的结构对于认识已经绝种的动物的机体有重要的意义，劳动资料的遗骸对于判断已经消亡的经济的社会形态也有同样重要的意义。各种经济时代的区别，不在于生产什么，而在于怎样生产，用什么劳动资料生产。劳动资料不仅是人类劳动力发展的测量器，而且是劳动借以进行的社会关系的指示器。在劳动资料本身中，机械性的劳动资料（其总和可称为生产的骨骼系统和肌肉系统）远比只是充当劳动对象的容器的劳动资料（如管、桶、篮、罐等，其总和一般可称为生产的脉管系统）更能显示一个社会生产时代的具有决定意义的特征。

广义地说，除了那些把劳动的作用传达到劳动对象、因而以这种或那种方式充当活动的传导体的物以外，劳动过程的进行所需要的一切物质条件也都算作劳动过程的资料。它们不直接加入劳动过程，但是没有它们，劳动过程就不能进行，或者只能不完全地进行。土地本身又是这类一般的劳动资料，因为它给劳动者提供立足之地，给他的劳动过程提供活动场所。这类劳动资料中有的已经经过劳动的改造，例如厂房、运河、道路等等。

可见，在劳动过程中，人的活动借助劳动资料使劳动对象发生预定的变化。过程消失在产品中。它的产品是使用价值，是经过形式变化而适合人的需要的自然物质。劳动与劳动对象结合在一起。劳动对象化了，而对象被加工了。在劳动者方面曾以动的形式表现出来的东西，现在在产品方面作为静的属性，以存在的形式表现出来。劳动者纺纱，产品就是纺成品。

如果整个过程从其结果的角度，从产品的角度加以考察，那么劳动资料和劳动对象二者表现为生产资料，劳动本身则表现为生产劳动。

劳动消费它自己的物质要素，即劳动对象和劳动资料，因而是消费过程。这种生产消费与个人消费的区别在于：后者把产品当作活的个人的生活资料来消费，而前者把产品当作劳动即活的个人发挥作用的劳动力的生活资料来消费。因此，个人消费的产物是消费者本身，生产消费的结果是与消费者不同的产品。

劳动过程，就我们在上面把它描述为它的简单的、抽象的要素来说，是制造使用价值的有目的的活动，是为了人类的需要而对自然物的占有，是人和自然之间的物质变换的一般条件，是人类生活的永恒的自然条件，因此，它不以人类生活的任何形式为转移，倒不如说，它为人类生活的一切社会形式所共有。

劳动过程，就它是资本家消费劳动力的过程来说，显示出两个特殊现象。

工人在资本家的监督下劳动，他的劳动属于资本家。资本家进行监视，使劳动正常进行，使生产资料用得合乎目的，即原料不浪费，劳动工具受到爱惜，也就是使劳动工具的损坏只限于在劳动中它被使用时损耗的必要程度。

其次，产品是资本家的所有物，而不是直接生产者工人的所有物。

2. 价值增殖过程

产品——资本家的所有物——是一种使用价值，如棉纱、皮靴等等。在这里，所以要生产使用价值，是因为而且只是因为使用价值是交换价值的物质基质，是交换价值的承担者。我们的资本家所关心的是下述两点。第一，他要生产具有交换价值的使用价值，要生产用来出售的物品，商品。第二，他要使生产出来的商品的价值，大于生产该商品所需要的各种商品即生产资料和劳动力——为了购买它们，他已在商品市场上预付了宝贵的货币——的价值总和。他不仅要生产使用价值，而且要生产价值，不仅要生产价值，而且要生产剩余价值。正如商品本身是使用价值和价值的统一一样，商品生产过程必定是劳动过程和价值形成过程的统一。

现在我们就把生产过程作为价值形成过程来考察。

我们知道，每个商品的价值都是由物化在该商品的使用价值中的劳动的量决定的，是由生产该商品的社会必要劳动时间决定的。这一点也适用于作为劳动过程的结果而归我们的资本家所有的产品。因此，首先必须计算对象化在这个产品中的劳动。

假定这个产品是棉纱。

生产棉纱，首先要有原料，例如 10 磅棉花，而棉花的价值是多少，在这里先用不着探究，因为资本家已经在市场上按照棉花的价值例如 10 先令把它购买了，在棉花的价格中，生产棉花所需要的劳动已经表现为一般社会劳动。我们再假定，棉花加工时消耗的纱锭量代表纺纱用掉的一切其他劳动资料，价值为 2 先令。如果 12 先令的金额是 24 个劳动小时或 2 个工作日的产物，那么首先可以得出，2 个工作日对象化在棉纱中。

棉花改变了它的形状，被消耗的纱锭量完全消失了，但我们不应该受这种情况的迷惑。如果 40 磅棉纱的价值＝40 磅棉花的价值＋1 个纱锭的价值，也就是说，如果生产这个等式两边的产品需要同样的劳动时间，那么按照一般的价值规律，10 磅棉纱就是 10 磅棉花和$\frac{1}{4}$个纱锭的等价物。在这种情况下，同一劳动时间一次体现在使用价值棉纱中，另一次体现在使用价值棉花和纱锭中。因此，价值无论表现在棉纱、纱锭或者棉花中，都是一样的。纱锭和棉花不再相安无事地并存着，而是在纺纱过程中结合在一起，这种结合改变了它们的使用形式，把它们转化为棉纱。但这种情况不会影响到它们的价值，就像它们通过简单的交换而换成等价物棉纱一样。

生产棉花所需要的劳动时间，是生产以棉花为原料的棉纱所需要的劳动时间的一部分，因而包含在棉纱中。生产纱锭所需要的劳动时间也是如此，因为没有纱锭的磨损或消费，棉花就不能纺成纱。

因此，生产资料即棉花和纱锭的表现为 12 先令价格的价值，是棉纱价值或产品价值的组成部分。

现在要考察纺纱工人本身的劳动加在棉花上的价值部分。

在考察劳动过程时，谈的是使棉花转化为棉纱的有目的的活动。在其他一切条件不变的情况下，劳动越合乎目的，棉纱就越好。纺纱工人的劳动是一种和其他生产劳动不同的特殊生产劳动。这种区别在主体方面和客体方面都表现出来，就是说，表现在纺纱的特殊目的，它的特殊操作方式，它的生产资料的特殊性质，它的产品的特殊使用价值上。就纺纱工人的劳动是价值的源泉来说，这里涉及的不再是劳动的质，即劳动的性质和内容，而只是劳动的量。劳动的量是容易计算的。我们假定纺纱劳动是简单劳动，是社会平均劳动。以后我们会知道，相反的假定也不会对问题有丝毫影响。

在劳动过程中，劳动不断由动的形式转为存在形式，由运动形式转为对象性形式。一小时终了时，纺纱运动就表现为一定量的棉纱，于是一定量的劳动，即一个劳动小时，对象化在棉花中。我们说劳动小时，也就是纺纱工人的生命力在一小时内的耗费，因为在这里，纺纱劳动只有作为劳动力的耗费，而不是作为纺纱这种特殊劳动才具有意义。

在这里具有决定意义的是，在过程的进行中，即在棉花转化为棉纱时，消耗的只是社会必要劳动时间。如果在正常的即平均的社会的生产条件下，一个劳动小时内 a 磅棉花应该转化为 b 磅棉纱，那么，只有把 12×a 磅棉花转化为 12×b 磅棉纱的工作日，才当作 12 小时工作日。因为只有社会必要劳动时间才算是形成价值的劳动时间。

在劳动力出卖时，曾假定它的日价值＝3 先令，在 3 先令中体现了 6 个劳动小时，而这也就是生产出工人每天平均的生活资料量所需要的劳动量。现在，如果我们的纺纱工人在 1 个劳动小时内把 $1\frac{2}{3}$ 磅棉花转化为 $1\frac{2}{3}$ 磅棉纱，他在 6 小时内就会把 10 磅棉花转化为 10 磅棉纱。因此，在纺纱过程中，棉花吸收了 6 个劳动小时。这个劳动时间表现为 3 先令金额。这样，由于纺纱本身，棉花就被加上了 3 先令的价值。

现在我们来看看产品即 10 磅棉纱的总价值。在这 10 磅棉纱中对象化了 $2\frac{1}{2}$ 个工作日：2 日包含在棉花和纱锭量中，$\frac{1}{2}$ 日是在纺纱过程中被吸收的。这个劳动时间表现为 15 先令金额。因此，同 10 磅棉纱的价值相一致的价格是 15 先令，1 磅棉纱的价格是 1 先令 6 便士。

我们的资本家愣住了。产品的价值等于预付资本的价值。预付的价值没有增殖，没有产生剩余价值，因此，货币没有转化为资本。但是，包含在劳动力中的过去劳动和劳动力所能提供的活劳动，劳动力一天的维持费和劳动力一天的耗费，是两个完全不同的量。前者决定它的交换价值，后者构成它的使用价值。维持一个工人 24 小时的生活只需要半个工作日，这种情况并不妨碍工人劳动一整天。因此，劳动力的价值和劳动力在劳动过程中的价值增殖，是两个不同的量。资本家购买劳动力时，正是看中了这个价值差额。劳动力能制造棉纱或皮靴的有用属性，只是一个必要条件，因为劳动必须以有用的形式耗费，才能形成价值。但是，具有决定意义的，是这个商品独特的使用价值，即它是价值的源泉，并且是大于它自身的价值的源泉。这就是资本家希望劳动力提供的独特的服务。在这里，他是按照商品交换的各个永恒规律行事的。事实上，劳动力的卖者，和任何别的商品的卖者一样，实现劳动力的交换价值而让渡劳动力的使用价值。他不交出后者，就不能取得前者。劳动力的使用价值即劳动本身不归它的卖者所有，正如已经卖出的油的使用价值不归油商所有一样。货币占有者支付了劳动力的日价值，因此，劳动力一天的使用即一天的劳动就归他所有。劳动力维持一天只费半个工作日，而劳动力却能发挥作用或劳动一整天，因此，劳动力使用一天所创造的价值比劳动力自身一天的价值大一倍。这种情况对买者是一种特别的幸运，对卖者也决不是不公平。

我们的资本家早就预见到了这种情况，这正是他发笑的原因。因此，工人在工场中遇到的，不仅是 6 小时而且是 12 小时劳动过程所必需的生产资料。如果 10 磅棉花吸收 6 个劳动小时，转化为 10 磅棉纱，那么 20 磅棉花就会吸收 12 个劳动小时，转化为 20 磅棉纱。我们来考察一下这个延长了的劳动过程的产品。现在，在这 20 磅棉纱中对象化了 5 个工作日，其中 4 个工作日对象化在已消耗的棉花和纱锭量中，1 个工作日是在纺纱过程中被棉花吸收的。5 个工作日用金来表现是 30 先令，或 1 镑 10 先令。因此这就是 20 磅棉纱的价格。1 磅棉纱仍然和以前一样值 1 先令 6 便士。但是，投入劳动过程的商品的价值总和是 27 先令。棉纱的价值是 30 先令。产品的价值比为了生产产品而预付的价值增长了 $\frac{1}{9}$。27 先令转化为 30 先令，带来了 3 先令的剩余价值。戏法终于变成了。货币转化为资本了。

问题的一切条件都履行了，商品交换的各个规律也丝毫没有违反。等价物换等价物。作为买者，资本家对每一种商品——棉花、纱锭和劳动力——都按其价值支付。然后他做了任何别的商品购买者所做的事情。他消费它们的使用价值。劳动力的消费过程（同时是商品的生产过程）提供的产品是 20 磅棉纱，价值 30 先令。资本家在购买商品以后，现在又回到市场上来出售商品。他卖棉纱是 1 先令 6 便士一磅，既不比它的价值贵，也不比它的价值贱。然而他从流通中取得的货币比原先投入流通的货币多 3 先令。他的货币转化为资本的这整个过程，既在流通领域中进行，又不在流通领域中进行。它是以流通为中介，因为它以在商品市场上购买劳动力为条件。它不在流通中进行，因为流通只是为价值增殖过程作准备，而这个过程是在生产领域中进行的。所以，“在这个最美好的世界上，一切都十全十美”。

如果我们现在把价值形成过程和价值增殖过程比较一下，就会知道，价值增殖过程不外是超过一定点而延长了的价值形成过程。如果价值形成过程只持续到这样一点，即资本所支付的劳动力价值恰好为新的等价物所补偿，那就是单纯的价值形成过程。如果价值形成过程超过这一点而持续下去，那就成为价值增殖过程。

其次，如果我们把价值形成过程和劳动过程比较一下，就会知道，劳动过程的实质在于生产使用价值的有用劳动。在这里，运动只是从质的方面来考察，从它的特殊的方式和方法，从目的和内容方面来考察。在价值形成过程中，同一劳动过程只是表现出它的量的方面。

但是，劳动只是在生产使用价值所耗费的时间是社会必要时间的限度内才被计算。这里包含下列各点。劳动力应该在正常的条件下发挥作用。如果纺纱机在纺纱业中是社会上通用的劳动资料，那就不能让工人使用手摇纺车。他所用的棉花也应该是正常质量的棉花，而不应该是经常断头的坏棉花。否则，在这两种情况下，他生产一磅棉纱所耗费的劳动时间就会超过社会必要劳动时间，而这些超过的时间并不形成价值或货币。再一个条件，就是劳动力本身的正常性质。劳动力在它被使用的专业中，必须具有在该专业占统治地位的平均的熟练程度、技巧和速度。而我们的资本家在劳动市场上也买到了正常质量的劳动力。这种劳动力必须以通常的平均的紧张程度，以社会上通常的强度来耗费。资本家小心翼翼地注视着这一点，正如他小心翼翼地注视着不让有一分钟不劳动而白白浪费掉一样。

作为劳动过程和价值形成过程的统一，生产过程是商品生产过程；作为劳动过程和价值增殖过程的统一，生产过程是资本主义生产过程，是商品生产的资本主义形式。

第六章 不变资本和可变资本

劳动过程的不同因素在产品价值的形成上起着不同的作用。

工人把一定量的劳动——撇开他的劳动所具有的特定的内容、目的和技术性质不说——加到劳动对象上，也就把新价值加到劳动对象上。另一方面我们发现，被消耗的生产资料的价值又成了产品价值的组成部分，例如，棉花和纱锭的价值包含在棉纱的价值中。可见，生产资料的价值由于转移到产品上而被保存下来。这种转移是在生产资料转化为产品时发生的，是在劳动过程中发生的。它是以劳动为中介的。然而它是怎样进行的呢？

工人并不是在同一时间内劳动两次：一次由自己的劳动把价值加到棉花上；另一次保存棉花的旧价值，或者说，把他所加工的棉花和使用的纱锭的价值转移到产品棉纱上。他只是由于加进新价值而保存了旧价值。但是，把新价值加到劳动对象上和把旧价值保存在产品中，是工人在同一时间内达到的两种完全不同的结果（虽然工人在同一时间内只劳动一次），因此很明显，这种结果的二重性只能用他的劳动本身的二重性来解释。在同一时间内，劳动就一种属性来说必然创造价值，就另一种属性来说必然保存或转移价值。

工人保存被用掉的生产资料的价值，或者说，把它们作为价值组成部分转移到产品上去，并不是由于他们加进一般劳动，而是由于这种追加劳动的特殊的有用性质，由于它的特殊的生产形式。劳动作为这种有目的的生产活动，纺纱、织布、打铁，只要同生产资料接触，就使它们复活，赋予它们活力，使它们成为劳动过程的因素，并且同它们结合为产品。

他通过自己的劳动加进价值，并不是由于他的劳动是纺纱劳动或木匠劳动，而是由于他的劳动是一般的抽象的社会劳动；他加进一定的价值量，并不是因为他的劳动具有特殊的有用的内容，而是因为他的劳动持续了一定的时间。因此，纺纱工人的劳动，就它的抽象的一般的属性来说，作为人类劳动力的耗费，把新价值加到棉花和纱锭的价值上；而就它的具体的特殊的有用的属性来说，作为纺纱的过程，把这些生产资料的价值转移到产品上，从而把这些价值保存在产品中。由此就产生了劳动在同一时间内所得出的结果的二重性。

新价值的加进，是由于劳动的单纯的量的追加；生产资料的旧价值在产品中的保存，是由于所追加的劳动的质。同一劳动由于它的二重性造成的这种二重作用，清楚地表现在不同的现象上。

生产资料只有在劳动过程中丧失掉存在于旧的使用价值形态中的价值，才把价值转移到新形态的产品上。它们在劳动过程中所能丧失的最大限度的价值量，显然是以它们进入劳动过程时原有的价值量为限，或者说，是以生产它们自身所需要的劳动时间为限。因此，生产资料加到产品上的价值决不可能大于同它们所参加的劳动过程无关而具有的价值。

这个价值被保存下来，但不是因为在劳动过程中对这个价值本身进行了操作，而是因为这个价值原先借以存在的那种使用价值虽然消失，但只是消失在另一种使用价值之中。因此，生产资料的价值是再现在产品的价值中，确切地说，不是再生产出来。所生产出来的是旧交换价值借以再现的新使用价值。

劳动过程的主观因素，即发挥作用的劳动力，却不是这样。当劳动通过它的有目的的形式把生产资料的价值转移到产品上并保存下来的时候，它的运动的每时每刻都形成追加的价值，形成新价值。假设生产过程在工人生产出他自己的劳动力价值的等价物以后就停下来，例如，他劳动 6 小时加进 3 先令价值。这个价值是产品价值超过其中由生产资料价值构成的部分而形成的余额。它是在这个过程中产生的惟一的新价值，是产品中由这个过程本身生产的惟一的价值部分。当然，它只是补偿资本家在购买劳动力时预付的，工人自身在生活资料上花费的货币。就已花费的 3 先令来说，这 3 先令的新价值只是表现为再生产。但它是真正再生产出来的，不像生产资料的价值只是表面上再生产出来的。在这里，一个价值用另一个价值来补偿是通过创造新价值来实现的。

然而我们已经知道，劳动过程在只是再生产出劳动力价值的等价物并把它加到劳动对象上以后，还越过这一点继续下去。为再生产出这一等价物，6 小时就够了，但是劳动过程不是持续 6 小时，而是比如说持续 12 小时。这样，劳动力发挥作用的结果，不仅再生产出劳动力自身的价值，而且生产出一个超额价值。这个剩余价值就是产品价值超过消耗掉的产品形成要素即生产资料和劳动力的价值而形成的余额。

我们叙述了劳动过程的不同因素在产品价值的形成中所起的不同作用，事实上也就说明了资本的不同组成部分在资本本身的价值增殖过程中所执行的不同职能。

转变为生产资料即原料、辅助材料、劳动资料的那部分资本，在生产过程中并不改变自己的价值量。因此，我把它称为不变资本部分，或简称为不变资本。

相反，转变为劳动力的那部分资本，在生产过程中改变自己的价值。它再生产自身的等价物和一个超过这个等价物而形成的余额，剩余价值。这个剩余价值本身是可以变化的，是可大可小的。这部分资本从不变量不断转化为可变量。因此，我把它称为可变资本部分，或简称为可变资本。资本的这两个组成部分，从劳动过程的角度看，是作为客观因素和主观因素，作为生产资料和劳动力相区别的；从价值增殖过程的角度看，则是作为不变资本和可变资本相区别的。

同原料的价值一样，已经用在生产过程中的劳动资料即机器等等的价值，也可以发生变动，因此它们转给产品的那部分价值也会发生变动。例如，由于一种新发明，同种机器可由较少的劳动耗费再生产出来，那么旧机器就要或多或少地贬值，因而转移到产品上去的价值也要相应地减少。

生产资料的价值变动，虽然也会对已经进入生产过程的生产资料产生影响，但不会改变生产资料作为不变资本的性质。同样，不变资本和可变资本之间的比例的变动也不会影响它们在职能上的区别。

第七章　剩余价值率

劳动力的剥削程度

预付资本 C 在生产过程中生出的剩余价值，或预付资本价值 C 的增殖额，首先表现为产品价值超过产品的各种生产要素的价值总和而形成的余额。

资本C分为两部分，一部分是为购买生产资料而支出的货币额c，另一部分是为购买劳动力而支出的货币额v；c代表转化为不变资本的价值部分，v代表转化为可变资本的价值部分。因此，最初是C=c+v，例如，预付资本500镑$=\overset{c}{\overbrace{410\text{镑}}}+\overset{v}{\overbrace{90\text{镑}}}$。在生产过程结束时得到商品，它的价值$=\overbrace{c+v}+m$（m是剩余价值），例如，$\overset{c}{\overbrace{410\text{镑}}}+\overset{v}{\overbrace{90\text{镑}}}+\overset{m}{\overbrace{90\text{镑}}}$。原来的资本C变为C′，由500镑变为590镑。二者的差额=m，即90镑剩余价值。

实际上我们已经知道，剩余价值只是v这个转变为劳动力的资本部分发生价值变化的结果，因此，v+m=v+Δv（v加v的增长额）。但是现实的价值变化和价值变化的比率却是被这样的事实掩盖了：由于资本可变组成部分的增加，全部预付资本也增加了。全部预付资本以前是500，现在变成了590。可见，要对这个过程进行纯粹的分析，必须把产品价值中只是再现不变资本价值的那一部分完全抽去，就是说，必须使不变资本c=0。

于是，预付资本就从c+v简化为v，产品价值$\overbrace{c+v}+m$就简化为价值产品$\overbrace{v+m}$。假定价值产品=180镑，代表整个生产过程期间流动的劳动，我们从中扣除90镑可变资本的价值，就可得到90镑剩余价值。90镑（m）这个数字在这里表示所生产的剩余价值的绝对量。剩余价值的相对量，即可变资本价值增殖的比率，显然由剩余价值同可变资本的比率来决定，或者用$\frac{m}{v}$来表示。在上述例子中，它是$\frac{90}{90}=100\%$。我把可变资本的这种相对的价值增殖或剩余价值的相对量，称为剩余价值率。

因为工人在生产劳动力日价值（如3先令）的工作日部分内，只是生产资本家已经支付的劳动力价值的等价物，就是说，只是用新创造的价值来补偿预付的可变资本的价值，所以，这种价值的生产只是表现为再生产。因此，我把进行这种再生产的工作日部分称为必要劳动时间，把在这部分时间内耗费的劳动称为必要劳动。① 这种劳动对工人来说所以必要，是因为它不以他的劳动的社会的形式为转移。这种劳动对资本和资本世界来说所以必要，是因为工人的经常存在是它们的基础。

劳动过程的第二段时间，工人超出必要劳动的界限做工的时间，虽然耗费工人的劳动，耗费劳动力，但并不为工人形成任何价值。这段时间形成剩余价值，剩余价值以从无生有的全部魅力引诱着资本家。我把工作日的这部分称为剩余劳动时间，把这段时间内耗费的劳动称为剩余劳动（surplus labour）。把价值看作只是劳动时间的凝结，只是对象化的劳动，这对于认识价值本身具有决定性的意义，同样，把剩余价值看作只是剩余劳动时间的凝结，只是对象化的剩余劳动，这对于认识剩余价值也具有决定性的意义。使各种经济的社会形态例如奴隶社会和雇佣劳动的社会区别开来的，只是从直接生产者身上，劳动者身上，榨取这种剩余劳动的形式。

因为可变资本的价值等于它所购买的劳动力的价值，因为这个劳动力的价值决定工作

---

① 我们在本书的前面一直是用“必要劳动时间”这个词泛指生产一般商品的社会必要劳动时间。从现在起，我们也用这个词指生产独特的商品即劳动力的必要劳动时间。用同一术语表示不同的意思是容易发生误会的，但这种现象在任何科学中都不能完全避免。

日的必要部分，而剩余价值又由工作日的剩余部分决定，所以从这里可以得出结论：剩余价值和可变资本之比等于剩余劳动和必要劳动之比，或者说，剩余价值率$\frac{m}{v}=\frac{\text{剩余劳动}}{\text{必要劳动}}$。这两个比率把同一种关系表现在不同的形式上：一种是对象化劳动的形式，另一种是流动劳动的形式。

因此，剩余价值率是劳动力受资本剥削的程度或工人受资本家剥削的程度的准确表现。

第八章　工作日

工作日的界限

我们用a——b线表示必要劳动时间的持续或长度，假定是6小时。再假定劳动分别超过ab线1小时、3小时、6小时不等，我们就得到3条不同的线：

工作日Ⅰ
a————————b—c

工作日Ⅱ
a————————b————c

工作日Ⅲ
a————————b————————c

这3条线表示三种不同的工作日：七小时工作日、九小时工作日和十二小时工作日。延长线bc表示剩余劳动的长度。因为工作日等于ab+bc，即ac，所以它随着可变量bc一同变化。因为ab是已定的，所以bc与ab之比总是可以计算出来的。它在工作日Ⅰ中是$\frac{1}{6}$，在工作日Ⅱ中是$\frac{3}{6}$，在工作日Ⅲ中是$\frac{6}{6}$。又因为$\frac{\text{剩余劳动时间}}{\text{必要劳动时间}}$这个比率决定剩余价值率，所以已知这两段线之比，就可以知道剩余价值率。

所以，工作日不是一个不变量，而是一个可变量。它的一部分固然是由不断再生产工人本身所必需的劳动时间决定的，但是它的总长度随着剩余劳动的长度或持续时间而变化。因此，工作日是可以确定的，但是它本身是不定的。

另一方面，工作日虽然不是固定的量，而是流动的量，但是它只能在一定的界限内变动。不过它的最低界限是无法确定的。当然，假定延长线bc或剩余劳动=0，我们就得出一个最低界限，即工人为维持自身而在一天当中必须从事必要劳动的那部分时间。但是在资本主义生产方式的基础上，必要劳动始终只能是工人的工作日的一部分，因此，工作日决不会缩短到这个最低限度。可是工作日有一个最高界限。它不能延长到超出某个一定的界限。这个最高界限取决于两点。第一是劳动力的身体界限。一个人在24小时的自然日内只能支出一定量的生命力。正像一匹马天天干活，每天也只能干8小时。这种力每天必须有一部分时间休息、睡觉，人还必须有一部分时间满足身体的其他需要，如吃饭、盥洗、穿衣等等。除了这种纯粹身体的界限之外，工作日的延长还碰到道德界限。工人必须有时间满足精神需要和社会需要，这些需要的范围和数量由一般的文化状况决定。因此，工作日是在身体界限和社会界限之内变动的。但是这两个界限都有极大的弹性，有极大的变动余地。例如我们看到有 8 小时、10 小时、12 小时、14 小时、16 小时、18 小时的工作日，也就是有各种各样长度的工作日。

资本家按照劳动力的日价值购买了劳动力。劳动力在一个工作日内的使用价值归资本家所有。因此，资本家有权要工人在一日之内为他做工。但什么是一个工作日呢？当然比一个自然的生活日短。短多少呢？关于这个极限，即工作日的必要界限，资本家有他自己的看法。作为资本家，他只是人格化的资本。他的灵魂就是资本的灵魂。而资本只有一种生活本能，这就是增殖自身，创造剩余价值，用自己的不变部分即生产资料吮吸尽可能多的剩余劳动。资本是死劳动，它像吸血鬼一样，只有吮吸活劳动才有生命，吮吸的活劳动越多，它的生命就越旺盛。工人劳动的时间就是资本家消费他所购买的劳动力的时间。

可见，资本家是以商品交换规律作根据的。他和任何别的买者一样，力图从他的商品的使用价值中取得尽量多的利益。

我们看到，撇开弹性很大的界限不说，商品交换的性质本身没有给工作日规定任何界限，因而没有给剩余劳动规定任何界限。资本家要坚持他作为买者的权利，他尽量延长工作日，如果可能，就把一个工作日变成两个工作日。另一方面，这个已经卖出的商品的独特性质给它的买者规定了一个消费的界限，并且工人也要坚持他作为卖者的权利，他要求把工作日限制在一定的正常量内。于是这里出现了二律背反，权利同权利相对抗，而这两种权利都同样是商品交换规律所承认的。在平等的权利之间，力量就起决定作用。所以，在资本主义生产的历史上，工作日的正常化过程表现为规定工作日界限的斗争，这是全体资本家即资本家阶级和全体工人即工人阶级之间的斗争。

第四篇

相对剩余价值的生产

第十章 相对剩余价值的概念

工作日的一部分只是生产出资本所支付的劳动力价值的等价物。到现在为止，工作日的这一部分被看作不变量，而在一定的生产条件下，在社会现有的经济发展阶段上，它实际上也是这样的。在这个必要劳动时间之外，工人还能劳动 2 小时、3 小时、4 小时、6 小时等。剩余价值率和工作日的长度就取决于这个延长的量。如果必要劳动时间是不变的，那么相反，整个工作日是可变的。现在假定有一个工作日，它的长度以及它的必要劳动和剩余劳动的划分是已定的。例如 ac 线 a ——————————— b——c 代表一个十二小时工作日，ab 段代表 10 小时必要劳动，bc 段代表 2 小时剩余劳动。现在，如果没有 ac 的进一步延长，或者说不依靠 ac 的进一步延长，怎样才能增加剩余价值的生产呢？也就是说，怎样才能延长剩余劳动呢？

尽管工作日的界限 ac 已定，看来 bc 仍然可以延长，不过不是越过它的终点 c（同时也是工作日 ac 的终点）延长，而是由它的起点 b 以相反的方向向 a 端推移而延长。假定在 a ——————————b′—b——c 中，b′—b 等于 bc 的一半，或一个劳动小时。如果在一个十二小时工作日 ac 中，b 移到 b′，bc 就延长到 b′c，剩余劳动就增加了一半，从 2 小时增加到 3 小时，虽然工作日仍旧是 12 小时。但是很明显，如果必要劳动不同时从 ab 缩短到 ab′，从 10 小时缩短到 9 小时，要使剩余劳动这样从 bc 延长到 b′c，从 2 小时延长到 3 小时是不可能的。必要劳动的缩短要与剩余劳动的延长相适应，或者说，工人实际上一直为自己耗费的劳动时间的一部分，要转化为资本家耗费的劳动时间。这里，改变的不是工作日的长度，而是工作日中必要劳动和剩余劳动的划分。

在工作日长度已定的情况下，剩余劳动的延长必然是由于必要劳动时间的缩短，而不是相反，必要劳动时间的缩短是由于剩余劳动的延长。就我们的例子来说，劳动力的价值必需在实际上降低$\frac{1}{10}$，必要劳动时间才能减少$\frac{1}{10}$，从 10 小时减到 9 小时，从而剩余劳动从 2 小时延长到 3 小时。

在研究我们上面考察的那种形式的剩余价值的生产时，我们曾假定生产方式是既定的。而现在，对于由必要劳动转化为剩余劳动而生产剩余价值来说，资本占有历史上遗留下来的或者说现存形态的劳动过程，并且只延长它的持续时间，就绝对不够了。它必须变革劳动过程的技术条件和社会条件，从而变革生产方式本身，以提高劳动生产力，通过提高劳动生产力来降低劳动力的价值，从而缩短再生产劳动力价值所必要的工作日部分。

我把通过延长工作日而生产的剩余价值，叫作绝对剩余价值；相反，我把通过缩短必要劳动时间、相应地改变工作日的两个组成部分的量的比例而生产的剩余价值，叫作相对剩余价值。

要使劳动力的价值降低，生产力的提高必须扩展到这样一些产业部门，这些部门的产品决定劳动力的价值，就是说，它们或者属于日常生活资料的范围，或者能够代替这些生活资料。但是，商品的价值不仅取决于使商品取得最终形式的那种劳动的量，而且还取决于该商品的生产资料所包含的劳动量。例如，皮靴的价值不仅取决于鞋匠的劳动，而且还取决于皮革、蜡、线等等的价值。因此，那些为生产必要生活资料提供不变资本物质要素（劳动资料和劳动材料）的产业部门中生产力的提高，以及它们的商品相应的便宜，也会降低劳动力的价值。相反，那些既不提供必要生活资料、也不为制造必要生活资料提供生产资料的生产部门中生产力的提高，不会影响劳动力的价值。

变得便宜的商品当然只是相应地，即只是按照该商品在劳动力的再生产中所占的比例，降低劳动力的价值。例如，衬衫是一种必要生活资料，但只是许多种必要生活资料中的一种。这种商品变得便宜只会减少工人购买衬衫的支出。但是必要生活资料的总和是由各种商品、各个特殊产业部门的产品构成的，每一种这样的商品的价值总是劳动力价值的一个相应部分。劳动力价值随着它的再生产所必要的劳动时间的缩短而降低，这种必要劳动时间的全部缩短等于所有这些特殊生产部门中这种劳动时间缩短的总和。在这里我们把这个总结果看成好像是每个个别场合的直接结果和直接目的。当一个资本家提高劳动生产力来使例如衬衫便宜的时候，他决不是必然抱有相应地降低劳动力的价值，从而减少必要劳动时间的目的；但是，只要他最终促成这个结果，他也就促成一般剩余价值率的提高。必须把资本的一般的、必然的趋势同这种趋势的表现形式区别开来。

为了理解相对剩余价值的生产，只根据已经得出的结果，要作如下的说明。

如果一个劳动小时用金量来表示是 6 便士或$\frac{1}{2}$先令，一个十二小时工作日就会生产出 6 先令的价值。假定在一定的劳动生产力的条件下，在这 12 个劳动小时内制造 12 件商品；每件商品用掉的生产资料、原料等的价值是 6 便士。在这种情况下，每件商品花费 1 先令，即 6 便士是生产资料的价值，6 便士是加工时新加进的价值。现在假定有一个资本家使劳动生产力提高一倍，在一个十二小时工作日中不是生产 12 件这种商品，而是生产 24 件。在生产资料的价值不变的情况下，每件商品的价值就会降低到 9 便士，即 6 便士是生产资料的价值，3 便士是最后的劳动新加进的价值。生产力虽然提高一倍，一个工作日仍然同从前一样只创造 6 先令新价值，不过这 6 先令新价值现在分散在增加了一倍的产品上。因此分摊在每件产品上的不是这个总价值的$\frac{1}{12}$，而只是$\frac{1}{24}$，不是6便士，而是3便士，也就是说，在生产资料转化为产品时，就每件产品来说，现在加到生产资料上的，不像从前那样是整整一个劳动小时，而是半个劳动小时。现在，这个商品的个别价值低于它的社会价值，就是说，这个商品所花费的劳动时间，少于在社会平均条件下生产的大宗同类商品所花费的劳动时间。每件商品平均花费1先令，或者说，代表2小时社会劳动；在生产方式发生变化以后，它只花费9便士，或者说，只包含$1\frac{1}{2}$个劳动小时。但是商品的现实价值不是它的个别价值，而是它的社会价值，就是说，它的现实价值不是用生产者在个别场合生产它所实际花费的劳动时间来计量，而是用生产它所必需的社会劳动时间来计量。因此，如果采用新方法的资本家按1先令这个社会价值出售自己的商品，那么他的商品就是超出它的个别价值3便士出售，这样，他就实现了3便士的超额剩余价值。

然而，甚至在这种场合，剩余价值生产的增加也是靠必要劳动时间的缩短和剩余劳动的相应延长。一个十二小时工作日的产品价值是20先令。其中12先令属于只是再现的生产资料的价值。因此，剩下的8先令是体现一个工作日的价值的货币表现。这个货币表现比同类社会平均劳动的货币表现要多，因为12小时的同类社会平均劳动只表现为6先令。生产力特别高的劳动起了自乘的劳动的作用，或者说，在同样的时间内，它所创造的价值比同种社会平均劳动要多。但是我们的资本家仍然和从前一样，只用5先令支付劳动力的日价值。因此工人现在要再生产这个价值，用不着像过去那样需要10小时，而只需要$7\frac{1}{2}$小时。这样，他的剩余劳动就增加了$2\frac{1}{2}$小时，他生产的剩余价值就从1先令增加到3先令。可见，采用改良的生产方式的资本家，比同行业的其余资本家在一个工作日中占有更大的部分作为剩余劳动。他个别地所做的，就是资本全体在生产相对剩余价值的场合所做的。但是另一方面，当新的生产方式被普遍采用，因而比较便宜地生产出来的商品的个别价值和它的社会价值之间的差额消失的时候，这个超额剩余价值也就消失。价值由劳动时间决定这同一规律，既会使采用新方法的资本家感觉到，他必须低于商品的社会价值来出售自己的商品，又会作为竞争的强制规律，迫使他的竞争者也采用新的生产方式。因此，只有当劳动生产力的提高扩展到同生产必要生活资料有关的生产部门，以致使属于必要生活资料范围、从而构成劳动力价值要素的商品变得便宜时，一般剩余价值率才会最终受到这一整个过程的影响。

商品的价值与劳动生产力成反比。劳动力的价值也是这样，因为它是由商品价值决定的。相反，相对剩余价值与劳动生产力成正比。它随着生产力提高而提高，随着生产力降低而降低。在货币价值不变的情况下，一个十二小时社会平均工作日总是生产6先令的价值产品，而不管这个价值额以怎样的比例分割为劳动力价值的等价物和剩余价值。但是，如果由于生产力的提高，每天的生活资料的价值，从而劳动力的日价值，从5先令下降到3先令，那么剩余价值就从1先令增加到3先令。再生产劳动力的价值，从前需要10个劳动小时，现在只需要6个劳动小时。有4个劳动小时空了出来，可以并入剩余劳动的范围。因此，提高劳动生产力来使商品便宜，并通过商品便宜来使工人本身便宜，是资本的内在的冲动和经常的趋势。

在资本主义生产条件下，通过发展劳动生产力来节约劳动，目的决不是为了缩短工作日。它的目的只是为了缩短生产一定量商品所必要的劳动时间。工人在他的劳动的生产力提高时，1 小时内例如会生产出等于过去 10 倍的商品，从而每件商品需要的劳动时间只是过去的$\frac{1}{10}$，这决不能阻止他仍旧得劳动 12 小时，并且在 12 小时内生产 1 200 件商品，而不是以前的 120 件商品。

第五篇

绝对剩余价值和相对剩余价值的生产

第十四章　绝对剩余价值和相对剩余价值

劳动过程最初是抽象地，撇开它的各种历史形式，作为人和自然之间的过程来考察的。在那里曾指出："如果整个劳动过程从其结果的角度加以考察，那么劳动资料和劳动对象二者表现为生产资料，劳动本身则表现为生产劳动。"还补充说："这个从简单劳动过程的观点得出的生产劳动的定义，对于资本主义生产过程是绝对不够的。"在这里要进一步阐述这个问题。

就劳动过程是纯粹个人的劳动过程来说，同一劳动者是把后来彼此分离开来的一切职能结合在一起的。劳动过程把脑力劳动和体力劳动结合在一起了。后来它们分离开来，直到处于敌对的对立状态。产品从个体生产者的直接产品转化为社会产品，转化为总体工人即结合劳动人员的共同产品。总体工人的各个成员较直接地或者较间接地作用于劳动对象。因此，随着劳动过程的协作性质本身的发展，生产劳动和它的承担者即生产工人的概念也就必然扩大。为了从事生产劳动，现在不一定要亲自动手；只要成为总体工人的一个器官，完成他所属的某一种职能就够了。上面从物质生产性质本身中得出的关于生产劳动的最初的定义，对于作为整体来看的总体工人始终是正确的。但是，对于总体工人中的每一单个成员来说，就不再适用了。

但是，另一方面，生产劳动的概念缩小了。资本主义生产不仅是商品的生产，它实质上是剩余价值的生产。工人不是为自己生产，而是为资本生产。因此，工人单是进行生产已经不够了。他必须生产剩余价值。只有为资本家生产剩余价值或者为资本的自行增殖服务的工人，才是生产工人。如果可以在物质生产领域以外举一个例子，那么，一个教员只有当他不仅训练孩子的头脑，而且还为校董的发财致富劳碌时，他才是生产工人。校董不把他的资本投入香肠工厂，而投入教育工厂，这并不使事情有任何改变。因此，生产工人的概念决不只包含活动和效果之间的关系，工人和劳动产品之间的关系，而且还包含一种特殊社会的、历史地产生的生产关系。这种生产关系把工人变成资本增殖的直接手段。所以，成为生产工人不是一种幸福，而是一种不幸。古典政治经济学一直把剩余价值的生产看作生产工人的决定性的特征。因此，古典政治经济学对生产工人所下的定义，随着它对剩余价值性质的看法的改变而改变。例如，重农学派认为，只有农业劳动才是生产劳动，因为只有农业劳动才提供剩余价值。在重农学派看来，剩余价值只存在于地租形式中。

绝对剩余价值的生产构成资本主义制度的一般基础，并且是相对剩余价值生产的起点。就相对剩余价值的生产来说，工作日一开始就分成必要劳动和剩余劳动这两个部分。为了延长剩余劳动，就要通过比较少的时间生产出工资的等价物的各种方法来缩短必要劳动。绝对剩余价值的生产只同工作日的长度有关；相对剩余价值的生产使劳动的技术过程和社会组织发生彻底的革命。

因此，相对剩余价值的生产以特殊的资本主义的生产方式为前提；这种生产方式连同它的方法、手段和条件本身，最初是在劳动在形式上从属于资本的基础上自发地产生和发展的。劳动对资本的这种形式上的从属，又让位于劳动对资本的实际上的从属。

至于各种中间形式，在这里只要提一下就够了。在这些中间形式中，剩余劳动不是用直接强制的办法从生产者那里榨取的，生产者也没有在形式上从属于资本。资本在这里还没有直接支配劳动过程。在那些用古老传统的生产方式从事手工业或农业的独立生产者的身旁，有高利贷者或商人，有高利贷资本或商业资本，他们像寄生虫似地吮吸着这些独立生产者。这种剥削形式在一个社会内占统治地位，就排斥资本主义的生产方式，不过另一方面，这种剥削形式又可以成为通向资本主义生产方式的过渡，例如中世纪末期的情况就是这样。

对于绝对剩余价值的生产来说，只要劳动在形式上从属于资本就够了，例如，只要从前为自己劳动或者作为行会师傅的帮工的手工业者变成受资本家直接支配的雇佣工人就够了；另一方面却可以看到，生产相对剩余价值的方法同时也是生产绝对剩余价值的方法。无限度地延长工作日正是表现为大工业的特有的产物。

从一定观点看来，绝对剩余价值和相对剩余价值之间的区别似乎完全是幻想的。相对剩余价值是绝对的，因为它以工作日超过工人本身生存所必要的劳动时间的绝对延长为前提。绝对剩余价值是相对的，因为它以劳动生产率发展到能够把必要劳动时间限制为工作日的一个部分为前提。但是，如果注意一下剩余价值的运动，这种表面上的同一性就消失了。在资本主义生产方式一旦确立并成为普遍的生产方式的情况下，只要涉及剩余价值率的提高，绝对剩余价值和相对剩余价值之间的差别就可以感觉到了。

如果工人需要用他的全部时间来生产维持他自己和他的家庭所必要的生活资料，那么他就没有时间来无偿地为第三者劳动。没有一定程度的劳动生产率，工人就没有这种可供支配的时间，而没有这种剩余时间，就不可能有剩余劳动，从而不可能有资本家，而且也不可能有奴隶主，不可能有封建贵族，一句话，不可能有大占有者阶级。

因此，可以说剩余价值有一个自然基础。只有当人类通过劳动摆脱了最初的动物状态，从而他们的劳动本身已经在一定程度上社会化的时候，一个人的剩余劳动成为另一个人的生存条件的关系才会出现。在文化初期，已经取得的劳动生产力很低，但是需要也很低，需要是同满足需要的手段一同发展的，并且是依靠这些手段发展的。其次，在这个文化初期，社会上依靠他人劳动来生活的那部分人的数量，同直接生产者的数量相比，是微不足道的。随着社会劳动生产力的增进，这部分人也就绝对地和相对地增大起来。此外，资本关系就是在作为一个长期发展过程的产物的经济土壤之上产生的。作为资本关系的基础和起点的现有的劳动生产率，不是自然的恩惠，而是几十万年历史的恩惠。

撇开社会生产的形态的发展程度不说，劳动生产率是同自然条件相联系的。这些自然条件都可以归结为人本身的自然（如人种等等）和人的周围的自然。外界自然条件在经济上可以分为两大类：生活资料的自然富源，例如土壤的肥力，鱼产丰富的水域等等；劳动资料的自然富源，如奔腾的瀑布、可以航行的河流、森林、金属、煤炭等等。在文化初期，第一类自然富源具有决定性的意义；在较高的发展阶段，第二类自然富源具有决定性的意义。

第六篇

工　资

第十七章　劳动力的价值或价格转化为工资

在资产阶级社会的表面上，工人的工资表现为劳动的价格，表现为对一定量劳动支付的一定量货币。在这里，人们说劳动的价值，并把它的货币表现叫作劳动的必要价格或自然价格。另一方面，人们说劳动的市场价格，也就是围绕着劳动的必要价格上下波动的价格。

但什么是商品的价值呢？这就是耗费在商品生产上的社会劳动的对象形式。我们又用什么来计量商品的价值量呢？用它所包含的劳动量来计量。那么，比如说，一个十二小时工作日的价值是由什么决定的呢？是由十二小时工作日中包含的 12 个劳动小时决定的；这是无谓的同义反复。

劳动要作为商品在市场上出卖，无论如何必须在出卖以前就已存在。但是，如果工人能使他的劳动独立存在，他出卖的就是商品，而不是劳动。

撇开这些矛盾不说，货币即对象化劳动同活劳动的直接交换，也会或者消灭那个正是在资本主义生产的基础上才自由展开的价值规律，或者消灭那种正是以雇佣劳动为基础的资本主义生产本身。举例来说，假定一个十二小时工作日表现为 6 先令的货币价值。或者是等价物相交换，这样，工人以 12 小时劳动获得 6 先令。他的劳动的价格就会等于他的产品的价格。在这种情形下，他没有为他的劳动的购买者生产剩余价值，这 6 先令不转化为资本，资本主义生产的基础就会消失，然而正是在这个基础上，工人才出卖他的劳动，而他的劳动也才成为雇佣劳动。或者工人在 12 小时劳动中获得的少于 6 先令，就是说，少于 12 小时劳动。12 小时劳动同 10 小时劳动、6 小时劳动等等相交换。不等量的这种相等，不仅消灭了价值规定。这种自我消灭的矛盾甚至根本不可能当作规律来阐明或表述。

从劳动分为对象化劳动和活劳动这一形式上的区别而引出较多量劳动同较少量劳动相

交换，这是徒劳无益的。因为商品的价值不是由实际对象化在商品中的劳动量来决定，而是由生产该商品所必要的活劳动的量来决定，所以这种做法就更加荒谬了。

实际上，在商品市场上同货币占有者直接对立的不是劳动，而是工人。工人出卖的是他的劳动力。当工人的劳动实际上开始了的时候，它就不再属于工人了，因而也就不再能被工人出卖了。劳动是价值的实体和内在尺度，但是它本身没有价值。

现在，我们首先来考察一下，劳动力的价值和价格是怎样表现为它的转化形式，即表现为工资的。

我们知道，劳动力的日价值是根据工人的一定的寿命来计算的，而同工人的一定的寿命相适应的是一定长度的工作日。假定，一个普通工作日是 12 小时，劳动力的日价值是 3 先令，而这 3 先令是体现了 6 个劳动小时的价值的货币表现。如果工人获得了 3 先令，他就获得了他的在 12 小时内执行职能的劳动力的价值。现在如果劳动力的这个日价值当作日劳动的价值来表现，那就会得出这样一个公式：12 小时的劳动有 3 先令价值。这样一来，劳动力的价值就决定劳动的价值，或者用货币来表现，就决定劳动的必要价格。如果劳动力的价格同它的价值相偏离，那么劳动的价格也就会同它的所谓价值相偏离。

既然劳动的价值只是劳动力的价值的不合理的用语，那么不言而喻，劳动的价值必定总是小于劳动的价值产品，因为资本家总是使劳动力执行职能的时间超过再生产劳动力本身的价值所需要的时间。在上述例子中，在 12 小时内执行职能的劳动力的价值是 3 先令，为了再生产这一价值，劳动力需要执行职能 6 小时。可是劳动力的价值产品是 6 先令，因为劳动力实际上执行职能 12 小时，而劳动力的价值产品不是由劳动力本身的价值来决定的，而是由劳动力执行职能的时间长短来决定的。这样，我们就会得到一个一看就是荒谬的结果：创造 6 先令价值的劳动有 3 先令价值。

其次，我们看到，体现工作日的有酬部分即 6 小时劳动的 3 先令价值，表现为包含 6 小时无酬劳动在内的整个十二小时工作日的价值或价格。于是，工资的形式消灭了工作日分为必要劳动和剩余劳动、分为有酬劳动和无酬劳动的一切痕迹。全部劳动都表现为有酬劳动。在徭役劳动下，服徭役者为自己的劳动和为地主的强制劳动在空间上和时间上都是明显地分开的。在奴隶劳动下，连奴隶只是用来补偿他本身的生活资料的价值的工作日部分，即他实际上为自己劳动的工作日部分，也表现为为主人的劳动。他的全部劳动都表现为无酬劳动。相反地，在雇佣劳动下，甚至剩余劳动或无酬劳动也表现为有酬劳动。在奴隶劳动下，所有权关系掩盖了奴隶为自己的劳动，而在雇佣劳动下，货币关系掩盖了雇佣工人的无代价劳动。

因此可以懂得，为什么劳动力的价值和价格转化为工资形式，即转化为劳动本身的价值和价格，具有决定性的重要意义。这种表现形式掩盖了现实关系，正好显示出它的反面。工人和资本家的一切法的观念，资本主义生产方式的一切神秘性，这一生产方式所产生的一切自由幻觉，庸俗经济学的一切辩护遁词，都是以这个表现形式为依据的。

第七篇

资本的积累过程

第二十一章 简单再生产

不管生产过程的社会的形式怎样，生产过程必须是连续不断的，或者说，必须周而复始地经过同样一些阶段。一个社会不能停止消费，同样，它也不能停止生产。因此，每一个社会生产过程，从经常的联系和它不断更新来看，同时也就是再生产过程。

生产的条件同时也就是再生产的条件。任何一个社会，如果不是不断地把它的一部分产品再转化为生产资料或新生产的要素，就不能不断地生产，即再生产。

生产具有资本主义的形式，再生产也就具有同样的形式。在资本主义生产方式下，劳动过程只表现为价值增殖过程的一种手段，同样，再生产也只表现为把预付价值作为资本即作为自行增殖的价值来再生产的一种手段。某个人之所以扮演资本家的经济角色，只是因为他的货币不断地执行资本的职能。比如说，如果100镑预付货币额在今年转化为资本，生产了20镑剩余价值，那么，在明年及以后各年它必须重复同样的活动。剩余价值作为资本价值的周期增加额或处在过程中的资本的周期果实，取得了来源于资本的收入的形式。

如果这种收入只是充当资本家的消费基金，或者说，它周期地获得，也周期地消费掉，那么，在其他条件不变的情况下，这就是简单再生产。虽然简单再生产只是生产过程在原来规模上的重复，但是这种单纯的重复或连续，赋予这个过程以某些新的特征，或者不如说，消除它仅仅作为孤立过程所具有的虚假特征。

生产过程是以购买一定时间的劳动力作为开端的，每当劳动的售卖期限届满，从而一定的生产期间（如一个星期，一个月等等）已经过去，这种开端就又更新。但是，工人只是在自己的劳动力发挥了作用，把它的价值和剩余价值实现在商品上以后，才得到报酬。因此，工人既生产了我们暂时只看作资本家的消费基金的剩余价值，也生产了付给他自己报酬的基金即可变资本，而后者是在它以工资形式流回到工人手里之前生产的，只有当他不断地再生产这种基金的时候，他才被雇用。

当然，资本家用货币把这个商品价值支付给工人。但这些货币不过是劳动产品的转化形式。当工人把一部分生产资料转化为产品的时候，他以前的一部分产品就再转化为货币。工人今天的劳动或下半年的劳动是用他上星期的劳动或上半年的劳动来支付的。只要我们不是考察单个资本家和单个工人，而是考察资本家阶级和工人阶级，货币形式所造成的错觉就会立即消失。

下面的情况是可能的：资本家曾经一度依靠某种与无酬的他人劳动无关的原始积累而成为货币占有者，因而能够作为劳动力的购买者进入市场。然而，资本主义生产过程的单纯连续或者说简单再生产，还会引起其他一些特殊的变化，这些变化不仅影响资本的可变部分，而且影响整个资本。

如果1 000镑资本周期地（例如每年）创造剩余价值200镑，而这些剩余价值每年又都被消费掉，那就很清楚，同一过程重复5年以后，所消费的剩余价值量＝5×200，也就是等于原预付资本价值1 000镑。如果年剩余价值只是部分地被消费掉，例如只消费掉一半，那么，在生产过程重复10年以后，也会产生同样的结果，因为10×100＝1 000。总之，预付资本价值除以每年所消费的剩余价值，就可以求出，经过若干年或者说经过若干个再生产期间，原预付资本就会被资本家消费掉，因而消失了。资本家认为，他所消费的是他人无酬劳动的产品即剩余价值，而保存了原资本价值，但这种看法绝对不能改变事实。经过若干年以后，资本家占有的资本价值就等于他在这若干年不付等价物而占有的剩余价值额，而他所消费的价值额就等于原有资本价值。他的原有资本的任何一个价值原子都不复存在了。

因此，撇开一切积累不说，生产过程的单纯连续或者说简单再生产，经过一个或长或短的时期以后，必然会使任何资本都转化为积累的资本或资本化的剩余价值。即使资本在进入生产过程的时候是资本使用者本人挣得的财产，它迟早也要成为不付等价物而被占有的价值，成为无酬的他人劳动的货币形式或其他形式上的化身。

工人的消费有两种。在生产本身中他通过自己的劳动消费生产资料，并把生产资料转化为价值高于预付资本价值的产品。这是他的生产消费。同时这也是购买他的劳动力的资本家对他的劳动力的消费。另一方面，工人把购买他的劳动力而支付给他的货币用于生活资料：这是他的个人消费。可见，工人的生产消费和个人消费是完全不同的。在前一种消费下，工人起资本动力的作用，属于资本家；在后一种消费下，他属于自己，在生产过程以外执行生活职能。前一种消费的结果是资本家的生存，后一种消费的结果是工人自己的生存。

只要我们考察的不是单个资本家和单个工人，而是资本家阶级和工人阶级，不是孤立的商品生产过程，而是在社会范围内不断进行的资本主义生产过程，情况就不同了。当资本家把自己一部分资本转变为劳动力时，他就由此增殖了自己的总资本。他一举两得。他不仅从他由工人那里取得的东西中，而且从他给工人的东西中获取利益。用来交换劳动力的资本转化为生活资料，这种生活资料的消费是为了再生产现有工人的肌肉、神经、骨骼、脑髓和生出新的工人。因此，工人阶级的个人消费，在绝对必要的限度内，只是把资本用来交换劳动力的生活资料再转化为可供资本重新剥削的劳动力。这种消费是资本家最不可少的生产资料即工人本身的生产和再生产。可见，工人的个人消费，不论在工场、工厂等以内或以外，在劳动过程以内或以外进行，总是资本生产和再生产的一个要素，正像擦洗机器，不论在劳动过程中或劳动过程的一定间歇进行，总是生产和再生产的一个要素一样。

因此，资本主义生产过程在本身的进行中，再生产出劳动力和劳动条件的分离。这样，它就再生产出剥削工人的条件，并使之永久化。它不断迫使工人为了生活而出卖自己的劳动力，同时不断使资本家能够为了发财致富而购买劳动力。现在资本家和工人作为买者和卖者在商品市场上相对立，已经不再是偶然的事情了。过程本身必定把工人不断地当作自己劳动力的卖者投回商品市场，同时又把工人自己的产品不断地变成资本家的购买手段。

可见，资本主义生产过程，在联系中加以考察，或作为再生产过程加以考察时，不仅生产商品，不仅生产剩余价值，而且还生产和再生产资本关系本身：一方面是资本家，另一方面是雇佣工人。

第二十二章　剩余价值转化为资本

1. 规模扩大的资本主义生产过程。商品生产所有权规律转变为资本主义占有规律

我们以前考察了剩余价值怎样从资本产生，现在我们考察资本怎样从剩余价值产生。把剩余价值当作资本使用，或者说，把剩余价值再转化为资本，叫作资本积累。

资本价值最初是以货币形式预付的；相反，剩余价值一开始就作为总产品的一定部分的价值而存在。如果总产品卖出去，转化为货币，那么资本价值就又取得了自己最初的形式，而剩余价值则改变了自己最初的存在方式。但是从这时候起，资本价值和剩余价值二者都成了货币额，并且以完全相同的方式重新转化为资本。资本家把这二者都用来购买商品，以便能够重新开始制造自己的产品，而这次是在扩大规模上进行的。但是，他要买到这些商品，就必须在市场上找到这些商品。

要积累，就必须把一部分剩余产品转化为资本。但是，如果不是出现了奇迹，能够转化为资本的，只是在劳动过程中可使用的物品，即生产资料，以及工人用以维持自身的物品，即生活资料。所以，一部分年剩余劳动必须用来制造追加的生产资料和生活资料，它们要超过补偿预付资本所需的数量。总之，剩余价值所以能转化为资本，只是因为剩余产品（它的价值就是剩余价值）已经包含了新资本的物质组成部分。

但要使这些组成部分真正执行资本的职能，资本家阶级还需要追加劳动。如果从外延方面或内涵方面都不能增加对已经就业的工人的剥削，那就必须雇用追加的劳动力。而资本主义生产的机制也已经考虑到了这一点，因为它把工人阶级当作靠工资过活的阶级再生产出来，让他们的通常的工资不仅够用来维持自己，而且还够用来进行繁殖。资本只要把工人阶级每年向它提供的各种年龄的追加劳动力同已经包含在年产品中的追加生产资料合并起来，剩余价值向资本的转化就完成了。具体说来，积累就是资本以不断扩大的规模进

行的再生产。

10 000镑原有资本带来2 000镑剩余价值，这些剩余价值资本化了；新的2 000镑资本又带来400镑剩余价值；这个剩余价值又资本化了，于是转化为第二个追加资本，又带来80镑新的剩余价值，依此类推。

我们在这里撇开资本家自己所消费的那部分剩余价值不说。追加资本是同原有资本合并，还是同它分开而独立增殖；是由积累它的同一资本家使用，还是转入别的资本家手中，这些我们暂时也不必过问。

第一个追加资本2 000镑的积累的前提，是资本家所预付的、由于他的“最初劳动”而属于他的10 000镑价值额。而第二个追加资本400镑的前提，只能是第一个追加资本2 000镑的先行积累，400镑就是这2 000镑的资本化的剩余价值。现在，对过去无酬劳动的所有权，成为现今以日益扩大的规模占有活的无酬劳动的唯一条件。资本家积累的越多，他就越能更多地积累。

既然构成第一个追加资本的剩余价值，是用一部分原资本购买劳动力的结果，而这种购买符合商品交换的规律，从法律上看来，这种购买的前提不外是工人自由地支配自己的能力，而货币或商品的占有者自由地支配属于他的价值；既然第二个追加资本等等不过是第一个追加资本的结果，因而是前一种关系的结果；既然每一次交易始终符合商品交换的规律，资本家总是购买劳动力，工人总是出卖劳动力，甚至可以假定这种交易是按劳动力的实际价值进行的；那么很明显，以商品生产和商品流通为基础的占有规律或私有权规律，通过它本身的、内在的、不可避免的辩证法转变为自己的直接对立物。表现为最初活动的等价物交换，已经变得仅仅在表面上是交换，因为，第一，用来交换劳动力的那部分资本本身只是不付等价物而占有的他人劳动产品的一部分；第二，这部分资本不仅必须由它的生产者即工人来补偿，而且在补偿时还要加上新的剩余额。这样一来，资本家和工人之间的交换关系，仅仅成为属于流通过程的一种表面现象，成为一种与内容本身无关的并只是使它神秘化的形式。劳动力的不断买卖是形式。其内容则是，资本家用他总是不付等价物而占有的他人的已经对象化的劳动的一部分，来不断再换取更大量的他人的活劳动。现在，所有权对于资本家来说，表现为占有他人无酬劳动或它的产品的权利，而对于工人来说，则表现为不能占有自己的产品。所有权和劳动的分离，成了似乎是一个以它们的同一性为出发点的规律的必然结果。

因此，不论资本主义占有方式好像同最初的商品生产规律如何矛盾，但这种占有方式的产生决不是由于这些规律遭到违反，相反地，是由于这些规律得到应用。

交换规律只要求彼此出让的商品的交换价值相等。这一规律甚至从来就要求商品的使用价值各不相同，并且同它们的消费毫无关系，因为消费只是在买卖结束和完成以后才开始的。

可见，货币最初转化为资本，是完完全全符合商品生产的经济规律以及由此产生的所有权的。尽管这样，这种转化仍然有以下的结果：

(1) 产品属于资本家，而不属于工人；

(2) 这一产品的价值除包含预付资本的价值外，还包含剩余价值，后者要工人耗费劳动，而不要资本家耗费任何东西，但它却成为资本家的合法财产；

（3）工人保持了自己的劳动力，只要找到买者就可以重新出卖。

简单再生产仅仅是这种最初的活动的周期反复。货币总是一次又一次地重新转化为资本。因此，规律并没有遭到违反，相反地，只是得到不断发生作用的机会。

如果简单再生产为规模扩大的再生产，为积累所代替，事情也还是一样。在前一种情况下，资本家花费了全部剩余价值，在后一种情况下，他只消费了剩余价值的一部分，而把其余部分转化为货币。

剩余价值是资本家的财产，它从来不属于别人。资本家把剩余价值预付在生产上，完全像他最初进入市场的那一天一样，是从他自己的基金中预付的。至于这一次他的基金是由他的工人的无酬劳动产生的这一事实，和问题绝对无关。

一旦劳动力由工人自己作为商品自由出卖，这种结果就是不可避免的。但只有从这时起，商品生产才普遍化，才成为典型的生产形式；只有从这时起，每一个产品才一开始就是为卖而生产，而生产出来的一切财富都要经过流通。商品生产按自己本身内在的规律越是发展成为资本主义生产，商品生产的所有权规律也就越是转变为资本主义的占有规律。

2. 几种同剩余价值分为资本和收入的比例无关但决定积累量的情况：劳动力的剥削程度；劳动生产力；所使用的资本和所消费的资本之间差额的扩大；预付资本的量

假设剩余价值分为资本和收入的比例已定，积累的资本量显然取决于剩余价值的绝对量。决定剩余价值量的一切情况也影响着积累的量。

我们记得，剩余价值率首先取决于劳动力的剥削程度。在论述剩余价值的生产的那几篇里，我们总是假定工资至少和劳动力的价值相等。但是，把工资强行压低到这一价值以下，在实际运动中起着极为重要的作用，因此我们不能不对这一点略加考察。在一定限度内，这实际上是把工人的必要消费基金转化为资本的积累基金。

总的结论是：资本一旦合并了形成财富的两个原始要素——劳动力和土地，它便获得了一种扩张的能力，这种能力使资本能把它的积累的要素扩展到超出似乎是由它本身的大小所确定的范围，即超出由体现资本存在的、已经生产的生产资料的价值和数量所确定的范围。

资本积累的另一个重要的因素是社会劳动生产率的水平。

随着劳动生产力的提高，表现一定价值从而一定量剩余价值的产品量也会提高。因此，在剩余产品分为收入和追加资本的比例保持不变的情况下，资本家的消费可以增加，而积累基金并不减少。积累基金的相对量甚至可以靠牺牲消费基金而增加，而由于商品变得便宜，资本家享用的消费仍和过去相等甚至比过去还多。但是我们已经知道，工人之变得便宜，从而剩余价值率的增加，是同劳动生产率的提高携手并进的，即使在实际工资提高的情况下也是如此。

随着资本的增长，所使用的资本和所消费的资本之间的差额也在增大。换句话说，劳动资料如建筑物、机器、排水管、役畜以及各种器械的价值量和物质量都会增加，这些劳动资料在或长或短的一个时期里，在不断反复进行的生产过程中，用自己的整体执行职能，或者说，为达到某种有用的效果服务，而它们本身却是逐渐损耗的，因而是一部分一部分地丧失自己的价值，也就是一部分一部分地把自己的价值转移到产品中去。这些劳动资料越是作为产品形成要素发生作用而不把价值加到产品中去，也就是说，它们越是整个地被使用而只是部分地被消费，那么，它们就越是像我们在上面说过的自然力如水、蒸汽、空气、电力等等那样，提供无偿的服务。被活劳动抓住并赋予生命的过去劳动的这种无偿服务，会随着积累规模的扩大而积累起来。

在劳动力的剥削程度已定的情况下，剩余价值量就取决于同时被剥削的工人人数，而工人人数和资本的量是相适应的，虽然它们的比例是变动着的。所以，资本由于连续的积累而增加得越多，分为消费基金和积累基金的价值额也就增加得越多。因此，资本家既能过更优裕的生活，又能更加“禁欲”。最后，生产的规模越是随着预付资本量一同扩大，生产的全部发条也就运作得越是有力。

第二十三章　资本主义积累的一般规律

1. 资本构成不变时，对劳动力的需求随积累的增长而增长

我们在这一章要研究资本的增长对工人阶级的命运产生的影响。在这种研究中，最重要的因素就是资本的构成和它在积累过程进行中所起的变化。

资本的构成要从双重的意义上来理解。从价值方面来看，资本的构成是由资本分为不变资本和可变资本的比率，或者说，分为生产资料的价值和劳动力的价值即工资总额的比率来决定的。从在生产过程中发挥作用的物质方面来看，每一个资本都分为生产资料和活的劳动力；这种构成是由所使用的生产资料量和为使用这些生产资料而必需的劳动量之间的比率来决定的。我把前一种构成叫作资本的价值构成，把后一种构成叫作资本的技术构成。二者之间有密切的相互关系。为了表达这种关系，我把由资本技术构成决定并且反映技术构成变化的资本价值构成，叫作资本的有机构成。凡是简单地说资本构成的地方，始终应当理解为资本的有机构成。

投入一定生产部门的许许多多单个资本，在构成上或多或少是不同的。把这些资本的一个个构成加以平均，就得出这个生产部门的总资本的构成。最后，把一切生产部门的平均构成加以总平均，就得出一个国家的社会资本的构成，我们以下要谈的归根到底只是这种构成。

资本的增长包含它的可变组成部分，即转变为劳动力的组成部分的增长。转化为追加资本的剩余价值总要有一部分再转化为可变资本，或追加的劳动基金。假定资本的构成不变，也就是说，为了推动一定量的生产资料或不变资本始终需要同量劳动力，同时其他情况也不变，那么，对劳动的需求和工人的生存基金，显然按照资本增长的比例而增长，而且资本增长得越快，它们也增长得越快。因为资本每年都生产出剩余价值，其中的一部分每年都并入原资本，因为这种增殖额本身随着已经执行职能的资本的规模的扩大每年都在增长，最后，因为在致富欲的刺激下，例如，在由于新发展起来的社会需求而开辟了新的市场、新的投资领域等等的情况下，只要改变剩余价值或剩余产品分为资本和收入的比例，积累的规模就能突然扩大，所以，资本的积累需要，能够超过劳动力或工人人数的增加，对工人的需要，能够超过工人的供给，这样一来，工资就会提高。只要上述假定一直

不变，这种情况最终一定会发生。因为雇用的工人一年比一年多，所以迟早必定会出现这样的时候：积累的需要开始超过通常的劳动供给，于是工资提高。在整个 15 世纪和 18 世纪上半叶，在英国就可以听到这方面的怨言。但是这些多少有利于雇佣工人的维持和繁殖的情况，丝毫不会改变资本主义生产的基本性质。简单再生产不断地再生产出资本关系本身：一方面是资本家，另一方面是雇佣工人；同样，规模扩大的再生产或积累再生产出规模扩大的资本关系：一极是更多的或更大的资本家，另一极是更多的雇佣工人。劳动力必须不断地作为价值增殖的手段并入资本，不能脱离资本，它对资本的从属关系只是由于它时而卖给这个资本家，时而卖给那个资本家才被掩盖起来，所以，劳动力的再生产实际上是资本本身再生产的一个因素。因此，资本的积累就是无产阶级的增加。

在以上所假定的对工人最有利的积累条件下，工人对资本的从属关系是采取可以忍受的，或者如伊登所说的“安适和宽松的”形式。随着资本的增长，这种关系不是更为加强，而只是更为扩大，也就是说，资本的剥削和统治的范围只是随着它本身的规模和它的臣民人数的增大而扩大。在工人自己所生产的日益增加的并且越来越多地转化为追加资本的剩余产品中，会有较大的部分以支付手段的形式流回到工人手中，使他们能够扩大自己的享受范围，有较多的衣服、家具等消费基金，并且积蓄一小笔货币准备金。但是，吃穿好一些，待遇高一些，特有财产多一些，不会消除奴隶的从属关系和对他们的剥削，同样，也不会消除雇佣工人的从属关系和对他们的剥削。由于资本积累而提高的劳动价格，实际上不过表明，雇佣工人为自己铸造的金锁链已经够长够重，容许把它略微放松一点。购买劳动力，不是为了用它的服务或它的产品来满足买者的个人需要。买者的目的是增殖他的资本。生产剩余价值或赚钱，是这个生产方式的绝对规律。劳动力只有在它会把生产资料当作资本来保存，把自身的价值当作资本再生产出来，并且以无酬劳动提供追加资本的源泉的情况下，才能够卖出去。所以，劳动力的出卖条件不管对工人怎样有利，总要使劳动力不断地再出卖，使财富作为资本不断地扩大再生产。我们已经知道，工资按其本性来说，要求工人不断地提供一定数量的无酬劳动。由资本积累而引起的劳动价格的提高不外是下列两种情况之一：

一种情况是，劳动价格继续提高，因为它的提高不会妨碍积累的进展。

在这种情况下，很显然，无酬劳动的减少决不会妨碍资本统治的扩大。另一种情况是，积累由于劳动价格的提高而削弱，因为利润的刺激变得迟钝了。积累减少了。但是随着积累的减少，使积累减少的原因，即资本和可供剥削的劳动力之间的不平衡，也就消失了。所以，资本主义生产过程的机制会自行排除它暂时造成的障碍。劳动价格重新降到适合资本增殖需要的水平，而不管这个水平现在是低于、高于还是等于工资提高前的正常水平。

作为所谓“自然人口规律”的基础的资本主义生产规律，可以简单地归结如下：资本、积累同工资率之间的关系，不外是转化为资本的无酬劳动和为推动追加资本所必需的追加劳动之间的关系。因此，这决不是两个彼此独立的量，即资本量和工人人口数量之间的关系；相反地，归根到底这只是同一工人人口所提供的无酬劳动和有酬劳动之间的关系。如果工人阶级提供的并由资本家阶级所积累的无酬劳动量增长得十分迅速，以致只有大大追加有酬劳动才能转化为资本，那么，工资就会提高，而在其他一切情况不变时，无酬劳动就会相应地减少。可见，劳动价格的提高被限制在这样的界限内，这个界限不仅使资本主义制度的基础不受侵犯，而且还保证资本主义制度的规模扩大的再生产。

2. 在积累和伴随积累的积聚的进程中资本可变部分相对减少

一旦资本主义制度的一般基础奠定下来，在积累过程中就一定会出现一个时刻，那时社会劳动生产率的发展成为积累的最强有力的杠杆。

如果撇开土壤肥力等等自然条件，撇开单独地进行劳动的独立生产者的技能（这种技能更多地表现在质量即制品的优劣上，而不是表现在数量即制品的多寡上），那么，社会劳动生产率的水平就表现为一个工人在一定时间内，以同样的劳动力强度使之转化为产品的生产资料的相对量。工人用来进行劳动的生产资料的量，随着工人的劳动生产率的增长而增长。在这里，这些生产资料起着双重作用。一些生产资料的增长是劳动生产率增长的结果，另一些生产资料的增长是劳动生产率增长的条件。但是，不管是条件还是结果，只要生产资料的量比并入生产资料的劳动力相对增长，这就表示劳动生产率的增长。因而，劳动生产率的增长，表现为劳动的量比它所推动的生产资料的量相对减少，或者说，表现为劳动过程的主观因素的量比它的客观因素的量相对减少。

资本技术构成的这一变化，即生产资料的量比推动它的劳动力的量相对增长，又反映在资本的价值构成上，即资本价值的不变组成部分靠减少它的可变组成部分而增加。不管我们比较的是同一国家的不同经济时代，还是同一时代的不同国家。只代表所耗费的生产资料价值或资本不变部分的那个价格要素的相对量，同积累的增进成正比；用来支付劳动或代表资本可变部分的另一价格要素的相对量，一般同积累的增进成反比。

不过，资本可变部分比不变部分的相对减少，或资本价值构成的变化，只是近似地表示出资本的物质组成部分构成上的变化。例如，目前投入纺纱业的资本价值中，不变资本占$\frac{7}{8}$，可变资本占$\frac{1}{8}$，而在18世纪初不变资本占$\frac{1}{2}$，可变资本占$\frac{1}{2}$，但是，目前一定量纺纱劳动在生产中所消费的原料、劳动资料等等的量却比18世纪初要多几百倍。原因很简单：随着劳动生产率的增长，不仅劳动所消费的生产资料的量增大了，而且生产资料的价值比生产资料的量也相对地减小了。这样一来，生产资料的价值绝对地增长了，但不是同它的量按比例增长。因此，不变资本和可变资本之间的差额的增大，同不变资本转变成的生产资料的量和可变资本转变成的劳动力的量之间的差额的增大相比，要慢得多。随着后一个差额的增长，前一个差额也增长，但是增长的程度较小。

然而，积累的增进虽然使资本可变部分的相对量减少，但是决不因此排斥它的绝对量的增加。假定资本价值起初分为50%的不变资本和50%的可变资本，后来分为80%的不变资本和20%的可变资本。如果原有资本在此期间从例如6 000镑增加到18 000镑，那么，它的可变组成部分也要增加$\frac{1}{5}$。这个可变部分原来是3 000镑，现在是3 600镑。但是，要使对劳动的需求提高20%，以前只需资本增加20%就够了，现在则要求原有资本增加为三倍。

每一单个资本都是生产资料的或大或小的积聚，并且相应地指挥着一支或大或小的劳动军。每一个积累都成为新的积累的手段。这种积累随着执行资本职能的财富数量的增多而扩大这种财富在单个资本家手中的积聚，从而扩大大规模生产和特殊的资本主义的生产方法的基础。社会资本的增长是通过许多单个资本的增长来实现的。假定其他一切条件不变，各单个资本，以及与之相联的生产资料的积聚，会按照它们各自在社会总资本中所占份额的比例而增长。同时，从原资本上会分出枝杈来，作为新的独立资本执行职能。在这方面，资本家家庭内部的分产起着重大作用。因此，随着资本的积累，资本家的人数也多少有所增加。这种直接以积累为基础的或不如说和积累等同的积聚，有两个特征。第一，在其他条件不变的情况下，社会生产资料在单个资本家手中积聚的增进，受社会财富增长程度的限制。第二，社会资本中固定在每个特殊生产部门的部分，分在许多资本家身上，他们作为独立的和互相竞争的商品生产者彼此对立着。所以，积累和伴随积累的积聚不仅分散在许多点上，而且执行职能的资本的增长还同新资本的形成和旧资本的分裂交错在一起。因此，积累一方面表现为生产资料和对劳动的支配权的不断增长的积聚，另一方面，表现为许多单个资本的互相排斥。

社会总资本这样分散为许多单个资本，或它的各部分间的互相排斥，又遇到各部分间的互相吸引的反作用。这已不再是生产资料和对劳动的支配权的简单的、和积累等同的积聚。这是已经形成的各资本的积聚，是它们的个体独立性的消灭，是资本家剥夺资本家，是许多小资本转化为少数大资本。这一过程和前一过程不同的地方就在于，它仅仅以已经存在的并且执行职能的资本在分配上的变化为前提，因而，它的作用范围不受社会财富的绝对增长或积累的绝对界限的限制。资本所以能在这里，在一个人手中膨胀成很大的量，是因为它在那里，在许多人手中丧失了。这是不同于积累和积聚的本来意义的集中。

资本的这种集中或资本吸引资本的规律，不可能在这里加以阐述。简单地提一些事实就够了。竞争斗争是通过使商品便宜来进行的。在其他条件不变时，商品的便宜取决于劳动生产率，而劳动生产率又取决于生产规模。因此，较大的资本战胜较小的资本。其次，我们记得，随着资本主义生产方式的发展，在正常条件下经营某种行业所需要的单个资本的最低限量提高了。因此，较小的资本挤到那些大工业还只是零散地或不完全地占领的生产领域中去。在那里，竞争的激烈程度同互相竞争的资本的多少成正比，同互相竞争的资本的大小成反比。竞争的结果总是许多较小的资本家垮台，他们的资本一部分转入胜利者手中，一部分归于消灭。除此而外，一种崭新的力量——信用事业，随同资本主义的生产而形成起来。起初，它作为积累的小小的助手不声不响地挤了进来，通过一根根无形的线把那些分散在社会表面上的大大小小的货币资金吸引到单个的或联合的资本家手中；但是很快它就成了竞争斗争中的一个新的可怕的武器；最后，它转化为一个实现资本集中的庞大的社会机构。

随着资本主义生产和积累的发展，竞争和信用——集中的两个最强有力的杠杆，也以同样的程度发展起来。同时，积累的增进又使可以集中的材料即单个资本增加，而资本主义生产的扩大，又替那些要有资本的预先集中才能建立起来的强大工业企业，一方面创造了社会需要，另一方面创造了技术手段。因此，现在单个资本的互相吸引力和集中的趋势比以往任何时候都更加强烈。虽然集中运动的相对广度和强度在一定程度上由资本主义财富已经达到的数量和经济机构的优越程度来决定，但是集中的进展决不取决于社会资本的实际增长量。这正是集中和积聚——它不过是规模扩大的再生产的另一种表现——特别不同的地方，集中可以通过单纯改变既有资本的分配，通过单纯改变社会资本各组成部分的量的组合来实现。资本所以能在这里，在一个人手中增长成巨大的量，是因为它在那里，在许多单个人的手中被夺走了。在一个社会里，只有当社会总资本或者合并在惟一的资本家手中，或者合并在惟一的资本家公司手中的时候，集中才算达到极限。

集中补充了积累的作用，使工业资本家能够扩大自己的经营规模。不论经营规模的扩大是积累的结果，还是集中的结果；不论集中是通过吞并这条强制的途径来实现，——在这种场合，某些资本成为对其他资本的占压倒优势的引力中心，打破其他资本的个体内聚力，然后把各个零散的碎片吸引到自己方面来，——还是通过建立股份公司这一比较平滑的办法把许多已经形成或正在形成的资本溶合起来，经济作用总是一样的。工业企业规模的扩大，对于更广泛地组织许多人的总体劳动，对于更广泛地发展这种劳动的物质动力，也就是说，对于使分散的、按习惯进行的生产过程不断地变成社会结合的、用科学处理的生产过程来说，到处都成为起点。

不过很明显，积累同仅仅要求改变社会资本各组成部分的量的组合的集中比较起来，是一个极缓慢的过程。假如必须等待积累使某些单个资本增长到能够修建铁路的程度，那么恐怕直到今天世界上还没有铁路。但是，集中通过股份公司转瞬之间把这件事完成了。

3. 相对过剩人口或产业后备军的累进生产

资本积累最初只是表现为资本的量的扩大，但是以上我们看到，它是通过资本构成不断发生质的变化，通过减少资本的可变组成部分来不断增加资本的不变组成部分而实现的。

因为对劳动的需求，不是由总资本的大小决定的，而是由总资本可变组成部分的大小决定的，所以它随着总资本的增长而递减，而不像以前假定的那样，随着总资本的增长而按比例增加。对劳动的需求，同总资本量相比相对地减少，并且随着总资本量的增长以递增的速度减少。总资本的可变组成部分的相对减少随着总资本的增长而加快，而且此总资本本身的增长还要快这一事实，在另一方面却相反地表现为，好像工人人口的绝对增长总是比可变资本即工人人口的就业手段增长得快。事实是，资本主义积累不断地并且同它的能力和规模成比例地生产出相对的，即超过资本增殖的平均需要的，因而是过剩的或追加的工人人口。

就社会总资本来考察，时而它的积累运动引起周期的变化，时而这个运动的各个因素同时分布在各个不同的生产部门。在某些部门，由于单纯的积聚①，资本的构成发生变化而资本的绝对量没有增长；在有些部门，资本的绝对增长同它的可变组成部分或它所吸收的劳动力的绝对减少结合在一起；在另一些部门，资本时而在一定的技术基础上持续增长，并按照它增长的比例吸引追加的劳动力，时而发生有机的变化，资本的可变组成部分缩小；在一切部门中，资本可变部分的增长，从而就业工人人数的增长，总是同过剩人口的激烈波动，同过剩人口的暂时产生结合在一起，而不管这种产生采取排斥就业工人这个较明显的形式，还是采取使追加的工人人口难于被吸入它的通常水道这个不大明显但作用相同的形式。随着已经执行职能的社会资本量的增长及其增长程度的提高，随着生产规模

① 第3版和经恩格斯审校的英文版中是：集中。——编者注

和所使用的工人人数的扩大，随着他们劳动的生产力的发展，随着财富的一切源流的更加广阔和更加充足，资本对工人的更大的吸引力和更大的排斥力互相结合的规模也不断扩大，资本有机构成和资本技术形式的变化速度也不断加快，那些时而同时地时而交替地被卷入这些变化的生产部门的范围不断增大。因此，工人人口本身在生产出资本积累的同时，也以日益扩大的规模生产出使他们自身成为相对过剩人口的手段。这就是资本主义生产方式所特有的人口规律，事实上，每一种特殊的、历史的生产方式都有其特殊的、历史地发生作用的人口规律。抽象的人口规律只存在于历史上还没有受过人干涉的动植物界。

过剩的工人人口是积累或资本主义基础上的财富发展的必然产物，但是这种过剩人口反过来又成为资本主义积累的杠杆，甚至成为资本主义生产方式存在的一个条件。过剩的工人人口形成一支可供支配的产业后备军，它绝对地从属于资本，就好像它是由资本出钱养大的一样。过剩的工人人口不受人口实际增长的限制，为不断变化的资本增殖需要创造出随时可供剥削的人身材料。

现代工业这种独特的生活过程，我们在人类过去的任何时代都是看不到的，即使在资本主义生产的幼年时期也不可能出现。那时资本构成的变化还极其缓慢。因此，对劳动的需求的增长，总的说来是同资本的积累相适应的。

4. 相对过剩人口的各种存在形式。资本主义积累的一般规律

相对过剩人口是形形色色的。每个工人在半失业或全失业的时期，都属于相对过剩人口。工业周期阶段的更替使相对过剩人口具有显著的、周期反复的形式，因此，相对过剩人口时而在危机时期急剧地表现出来，时而在营业呆滞时期缓慢地表现出来。如果撇开这些形式不说，那么，过剩人口经常具有三种形式：流动的形式、潜在的形式和停滞的形式。

在现代工业的中心——工厂、制造厂、冶金厂、矿山等等，工人时而被排斥，时而在更大的规模上再被吸引，因此总的说来，就业人数是增加的，虽然增加的比率同生产规模相比不断缩小。在这里，过剩人口处于流动的形式。

资本主义生产一旦占领农业，或者依照它占领农业的程度，对农业工人人口的需求就随着在农业中执行职能的资本的积累而绝对地减少，而且对人口的这种排斥不像在非农业的产业中那样，会由于更大规模的吸引而得到补偿。因此，一部分农村人口经常准备着转入城市无产阶级或制造业无产阶级的队伍，经常等待着有利于这种转化的条件。（这里所说的制造业是指一切非农业的产业。）因此，相对过剩人口的这一源泉是长流不息的。但是，它不断地流向城市是以农村本身有经常潜在的过剩人口为前提的，这种过剩人口的数量只有在排水渠开放得特别大的时候才能看得到。因此，农业工人的工资被压到最低限度，他总是有一只脚陷在需要救济的赤贫的泥潭里。

第三类相对过剩人口，停滞的过剩人口，形成现役劳动军的一部分，但是就业极不规则。因此，它为资本提供了一个贮存着可供支配的劳动力的取之不竭的蓄水池。

最后，相对过剩人口的最底层陷于需要救济的赤贫的境地。撇开流浪者、罪犯和妓女，一句话，撇开真正的流氓无产阶级不说，这个社会阶层由三类人组成。第一类是有劳动能力的人。他们的人数每当危机发生时就增大，每当营业复苏时就减少。第二类是孤儿和需要救济的贫民的子女。第三类是衰败的、流落街头的、没有劳动能力的人。属于这一

类的，主要是因分工而失去灵活性以致被淘汰的人，还有超过工人正常年龄的人，最后还有人数日益增多的工业牺牲者，如残废者、病人等等。需要救济的赤贫形成现役劳动军的残疾院和产业后备军的死荷重①。

社会的财富即执行职能的资本越大，它的增长的规模和能力越大，从而无产阶级的绝对数量和他们的劳动生产力越大，产业后备军也就越大。可供支配的劳动力同资本的膨胀力一样，是由同一些原因发展起来的。因此，产业后备军的相对量和财富的力量一同增长。但是同现役劳动军相比，这种后备军越大，常备的过剩人口也就越多，他们的贫困同他们所受的劳动折磨成反比②。最后，工人阶级中贫苦阶层和产业后备军越大，官方认为需要救济的贫民也就越多。这就是资本主义积累的绝对的、一般的规律。像其他一切规律一样，这个规律的实现也会由于各种各样的情况而有所变化，不过对这些情况的分析不属于这里的范围。

第二十四章　所谓原始积累

1. 原始积累的秘密

我们已经知道，货币怎样转化为资本，资本怎样产生剩余价值，剩余价值又怎样产生更多的资本。但是，资本积累以剩余价值为前提，剩余价值以资本主义生产为前提，而资本主义生产又以商品生产者握有较大量的资本和劳动力为前提。因此，这整个运动好像是在一个恶性循环中兜圈子，要脱出这个循环，就只有假定在资本主义积累之前有一种“原始”积累，这种积累不是资本主义生产方式的结果，而是它的起点。

这种原始积累在政治经济学中所起的作用，同原罪在神学中所起的作用几乎是一样的。大家知道，在真正的历史上，征服、奴役、劫掠、杀戮，总之，暴力起着巨大的作用。事实上，原始积累的方法决不是田园诗式的东西。

创造资本关系的过程，只能是劳动者和他的劳动条件的所有权分离的过程，这个过程一方面使社会的生活资料和生产资料转化为资本，另一方面使直接生产者转化为雇佣工人。因此，所谓原始积累只不过是生产者和生产资料分离的历史过程。这个过程所以表现为“原始的”，因为它形成资本及与之相适应的生产方式的前史。

在原始积累的历史中，对正在形成的资本家阶级起过推动作用的一切变革，都是历史上划时代的事情；但是首要的因素是：大量的人突然被强制地同自己的生存资料分离，被当作不受法律保护的无产者抛向劳动市场。对农业生产者即农民的土地的剥夺，形成全部过程的基础。这种剥夺的历史在不同的国家带有不同的色彩，按不同的顺序、在不同的历史时代通过不同的阶段。只有在英国，它才具有典型的形式，因此我们拿英国作例子。

2. 资本主义积累的历史趋势

资本的原始积累，即资本的历史起源，究竟是指什么呢？既然它不是奴隶和农奴直接

---

① “死荷重”是运输业的用语，指运输工具自身的重量。——编者注

② 马克思亲自校订过的法文版中是：“成正比”。——编者注

转化为雇佣工人，因而不是单纯的形式变换，那么它就只是意味着直接生产者的被剥夺，即以自己劳动为基础的私有制的解体。

私有制作为社会的、集体的所有制的对立物，只是在劳动资料和劳动的外部条件属于私人的地方才存在。但是私有制的性质，却依这些私人是劳动者还是非劳动者而有所不同。私有制在最初看来所表现出的无数色层，只不过反映了这两极间的各种中间状态。

劳动者对他的生产资料的私有权是小生产的基础，而小生产又是发展社会生产和劳动者本人的自由个性的必要条件。诚然，这种生产方式在奴隶制度、农奴制度以及其他从属关系中也是存在的。但是，只有在劳动者是自己使用的劳动条件的自由私有者，农民是自己耕种的土地的自由私有者，手工业者是自己运用自如的工具的自由私有者的地方，它才得到充分发展，才显示出它的全部力量，才获得适当的典型的形式。

这种生产方式必然要被消灭，而且已经在消灭。它的消灭，个人的分散的生产资料转化为社会的积聚的生产资料，从而多数人的小财产转化为少数人的大财产，广大人民群众被剥夺土地、生活资料、劳动工具，——人民群众遭受的这种可怕的残酷的剥夺，形成资本的前史。这种剥夺包含一系列的暴力方法，其中我们只考察了那些具有划时代意义的资本原始积累的方法。对直接生产者的剥夺，是用最残酷无情的野蛮手段，在最下流、最龌龊、最卑鄙和最可恶的贪欲的驱使下完成的。靠自己劳动挣得的私有制，即以各个独立劳动者与其劳动条件相结合为基础的私有制，被资本主义私有制，即以剥削他人的但形式上是自由的劳动为基础的私有制所排挤。

一旦这一转化过程使旧社会在深度和广度上充分瓦解，一旦劳动者转化为无产者，他们的劳动条件转化为资本，一旦资本主义生产方式站稳脚跟，劳动的进一步社会化，土地和其他生产资料的进一步转化为社会地使用的即公共的生产资料，从而对私有者的进一步剥夺，就会采取新的形式。现在要剥夺的已经不再是独立经营的劳动者，而是剥削许多工人的资本家了。

这种剥夺是通过资本主义生产本身的内在规律的作用，即通过资本的集中进行的。一个资本家打倒许多资本家。随着这种集中或少数资本家对多数资本家的剥夺，规模不断扩大的劳动过程的协作形式日益发展，科学日益被自觉地应用于技术方面，土地日益被有计划地利用，劳动资料日益转化为只能共同使用的劳动资料，一切生产资料因作为结合的、社会的劳动的生产资料使用而日益节省，各国人民日益被卷入世界市场网，从而资本主义制度日益具有国际的性质。随着那些掠夺和垄断这一转化过程的全部利益的资本巨头不断减少，贫困、压迫、奴役、退化和剥削的程度不断加深，而日益壮大的、由资本主义生产过程本身的机制所训练、联合和组织起来的工人阶级的反抗也不断增长。资本的垄断成了与这种垄断一起并在这种垄断之下繁盛起来的生产方式的桎梏。生产资料的集中和劳动的社会化，达到了同它们的资本主义外壳不能相容的地步。这个外壳就要炸毁了。资本主义私有制的丧钟就要响了。剥夺者就要被剥夺了。

从资本主义生产方式产生的资本主义占有方式，从而资本主义的私有制，是对个人的、以自己劳动为基础的私有制的第一个否定。但资本主义生产由于自然过程的必然性，造成了对自身的否定。这是否定的否定。这种否定不是重新建立私有制，而是在资本主义时代的成就的基础上，也就是说，在协作和对土地及靠劳动本身生产的生产资料的共同占有的基础上，重新建立个人所有制。

以个人自己劳动为基础的分散的私有制转化为资本主义私有制，同事实上已经以社会的生产经营为基础的资本主义所有制转化为社会所有制比较起来，自然是一个长久得多、艰苦得多、困难得多的过程。前者是少数掠夺者剥夺人民群众，后者是人民群众剥夺少数掠夺者。

第二卷

资本的流通过程

第一篇

资本形态变化及其循环

第一章　货币资本的循环

资本的循环过程经过三个阶段；根据第一卷的叙述，这些阶段形成如下的序列：

第一阶段：资本家作为买者出现于商品市场和劳动市场；他的货币转化为商品，或者说，经历 G—W 这个流通行为。

第二阶段：资本家用购买的商品从事生产消费。他作为资本主义商品生产者进行活动；他的资本经历生产过程。结果产生了一种商品，这种商品的价值大于它的生产要素的价值。

第三阶段：资本家作为卖者回到市场；他的商品转化为货币，或者说，经历 W—G 这个流通行为。

因此，货币资本循环的公式是：G—W…P…W′—G′。在这个公式中，虚线表示流通过程的中断，W′和 G′表示由剩余价值增大了的 W 和 G。

Ⅰ．第一阶段　G—W

G—W 表示一个货币额转化为一个商品额；对买者来说，是他的货币转化为商品，对卖者来说，则是他们的商品转化为货币。使一般商品流通的这个行为同时成为单个资本的独立循环中一个职能上确定的阶段的，首先不是行为的形式，而是它的物质内容，是那些和货币换位的商品的特殊使用性质。这一方面是生产资料，另一方面是劳动力，即商品生产的物的因素和人的因素。它们的特性，自然要与所生产物品的种类相适应。如果我们用 A 表示劳动力，用 Pm 表示生产资料，那么所要购买的商品额 W＝A＋Pm，或者简单地说，就是 $W<\begin{matrix}A\\P_m\end{matrix}$。

但是，$G—W<\begin{matrix}A\\P_m\end{matrix}$除了表示G所转化成的商品额有这种质的分割外，还表示一种最具有特征的量的关系。

我们知道，劳动力的价值或价格，是以工资的形式，即作为一个包含剩余劳动的劳动量的价格，支付给把劳动力当作商品出卖的劳动力所有者的；例如，假定劳动力的日价值＝3马克，即5小时劳动的产物，那么，这个金额就会在买者和卖者之间的契约上，表现为比方说10小时劳动的价格或工资。如果这种契约是和50个工人订的，那么，他们在一日中一共要对买者提供500个劳动小时，其中二分之一，即250个劳动小时＝25个10小时的工作日，完全是由剩余劳动构成的。要购买的生产资料的数量和规模，必须足以使这个劳动量得到充分的利用。

因此，$G—W<\begin{matrix}A\\P_m\end{matrix}$不仅表示一种质的关系：一定的货币额，比如说422镑，转化为互相适应的生产资料和劳动力；它还表示一种量的关系，即用在劳动力A上面的货币部分和用在生产资料Pm上面的货币部分的量的关系。这种量的关系一开始就是由一定数量的工人所要耗费的超额即剩余劳动的量决定的。

例如，一个纺纱厂50个工人的周工资等于50镑，如果由一周3 000小时的劳动（其中1 500小时是剩余劳动）转化为纱的生产资料的价值是372镑，那就必须在生产资料上耗费372镑。

$G—W<\begin{matrix}A\\P_m\end{matrix}$一经完成，买者就不仅支配着生产一种有用物品所必需的生产资料和劳动力。他支配着一种比补偿劳动力价值所必需的劳动力使用权更大的劳动力的使用权，或者说，支配着一个比补偿劳动力价值所必需的劳动量更大的劳动量；同时还支配着使这个劳动量实现或对象化所必需的生产资料。因此，他支配的各种因素所能生产的物品，比这种物品的生产要素有更大的价值，或者说，是一个包含剩余价值的商品量。因此，他以货币形式预付的价值，现在处在一种实物形式中，在这种形式中，它能够作为会生出剩余价值（表现为商品）的价值来实现。换句话说，它处在具有创造价值和剩余价值的能力的生产资本的状态或形式中。我们把这种形式的资本称为P。

但是，P的价值＝A＋Pm的价值＝转化为A和Pm的G。G和P是同一个资本价值，只是处在不同的存在方式上，就是说，G是货币状态或货币形式的资本价值——货币资本。

因此，$G—W<\begin{matrix}A\\P_m\end{matrix}$或它的一般形式G—W，即商品购买的总和，这个一般商品流通的行为，作为资本的独立循环过程的阶段来看，同时又是资本价值由货币形式到生产形式的转化，或者简单地说，是由货币资本到生产资本的转化。可见，在这里首先考察的循环公式中，货币表现为资本价值的第一个承担者，因而货币资本表现为资本预付的形式。

G—A是货币资本转化为生产资本的一个具有特征性质的因素，因为它是以货币形式预付的价值得以实际转化为资本，转化为生产剩余价值的价值的本质条件。G—Pm所以必要，只是为了实现在G—A中购买的劳动量。

资本家和雇佣工人的阶级关系，当他们在G—A（从工人方面看是A—G）行为中互相对立时，就已经存在了，就已经作为前提肯定了。这是买和卖，是货币关系，但这种买和卖的前提是：买者是资本家，卖者是雇佣工人。而这种关系所以会发生，是因为劳动力实现的条件——生活资料和生产资料——已经作为他人的财产而和劳动力的所有者相分离了。

问题的实质，在这里作为 $G—W<\begin{matrix}A\\Pm\end{matrix}$ 行为的基础的，是分配。所谓分配，不是通常意义上的消费资料的分配，而是生产要素本身的分配，其中物的因素集中在一方，劳动力则与物的因素相分离，处在另一方。

因此，在 G—A 行为能成为一般社会行为以前，生产资料即生产资本的物的部分，就必须已经作为生产资料，作为资本，和工人相对立。

因此，不言而喻，只有在已经发展的资本主义生产的基础上，货币资本循环的公式，$G—W\cdots P\cdots W'—G'$，才是资本循环的当然形式，因为它是以雇佣工人阶级的社会规模的存在作为前提的。既然实现 $G—W\cdots P\cdots W'—G'$ 这一过程的首要前提是雇佣工人阶级的经常存在，所以，这个公式已经包含生产资本形式的资本，从而也包含生产资本的循环的形式。

Ⅱ. 第二阶段　生产资本的职能

$G—W<\begin{matrix}A\\Pm\end{matrix}$ 的直接结果，是以货币形式预付的资本价值的流通的中断。通过从货币资本到生产资本的转化，资本价值取得了一种实物形式，这种形式的资本价值不能继续流通，而必须进入消费，即进入生产消费。劳动力的使用，劳动，只能在劳动过程中实现。资本家不能再把工人当作商品出售，因为工人不是资本家的奴隶，并且资本家买到的仅仅是在一定时间内对他的劳动力的使用。另一方面，资本家只能这样来使用劳动力，就是通过劳动力把生产资料作为商品形成要素来使用。因此，第一阶段的结果是进入第二阶段，即资本的生产阶段。

运动表现为 $G—W<\begin{matrix}A\\Pm\end{matrix}\cdots P$，这里的虚线表示：资本流通被中断，而资本的循环过程在继续，资本从商品流通领域进入生产领域。因此，不论生产的社会形式如何，劳动者和生产资料始终是生产的因素。但是，二者在彼此分离的情况下只在可能性上是生产因素。凡要进行生产，它们就必须结合起来。实行这种结合的特殊方式和方法，使社会结构区分为各个不同的经济时期。在当前考察的场合，自由工人和他的生产资料的分离，是既定的出发点，并且我们已经看到，二者在资本家手中是怎样和在什么条件下结合起来的——就是作为他的资本的生产的存在方式结合起来的。因此，形成商品的人的要素和物的要素这样结合起来一同进入的现实过程，即生产过程，本身就成为资本的一种职能，成为资本主义的生产过程。

生产资本在执行职能时，消耗它自己的组成部分，使它们转化为一个具有更高价值的产品量。因为劳动力仅仅作为生产资本的一个器官发生作用，所以，劳动力的剩余劳动所产生的产品价值超过产品形成要素价值的余额，也是资本的果实。劳动力的剩余劳动，是资本的无偿劳动，因而它为资本家形成剩余价值，一个无须他花费任何等价物的价值。因此，产品不只是商品，而且是包含着剩余价值的商品。它的价值＝P＋M，等于生产这种商品所耗费的生产资本的价值P，加上这个生产资本产生的剩余价值M。假定这宗商品是10 000磅纱，生产这些纱所消耗的生产资料的价值是372镑，所消耗的劳动力的价值是50镑。纺纱工人在纺纱过程中把通过他们的劳动而耗费的生产资料的价值372镑转移到纱上，同时又提供了一个相当于他们消耗的劳动的新价值，比如说，128镑。因此，10 000磅纱是一个500镑价值的承担者。

Ⅲ．第三阶段　W′－G′

商品，作为直接由生产过程本身产生的已经增殖的资本价值的职能存在形式，就成了商品资本。

10 000磅纱的价值，第一，包含已经消耗的生产资本P的价值，其中不变部分＝372镑，可变部分＝50镑，二者之和＝422镑，＝8 440磅纱。但生产资本P的价值等于W，等于它的形成要素的价值，即在G—W阶段上处于卖者手中与资本家对立的商品的价值。——第二，这些纱的价值，还包含78镑的剩余价值＝1 560磅纱。因此，作为10 000磅纱的价值表现的W＝W＋ΔW，W加上W的增殖额（＝78镑），我们把这个增殖额叫做w，因为现在它和原有价值W处在同一个商品形式上。10 000磅纱的价值＝500镑，也就是＝W＋w＝W′。

现在，W′的职能是一切商品产品的职能：转化为货币，卖掉，经历流通阶段W—G。

如果我们把用货币表现的w叫做g，那么，W′－G′＝(W＋w)－(G＋g)，因此，G—W…P…W′—G′这一循环，用详细的形式表示，就是$G—W<\begin{matrix}A\\Pm\end{matrix}$…P…(W＋w)－(G＋g)。

Ⅳ．总循环

现在让我们来考察总运动G—W…P…W′—G′，或它的详细形式$G—W<\begin{matrix}A\\Pm\end{matrix}$…P…W′(W＋w)－G′(G＋g)。在这里，资本表现为一个价值，它经过一系列互相联系的、互为条件的转化，经过一系列的形态变化，而这些形态变化也就形成总过程的一系列阶段。在这些阶段中，两个属于流通领域，一个属于生产领域。在每个这样的阶段中，资本价值都处在和不同的特殊职能相适应的不同形态上。在这个运动中，预付的价值不仅保存了，而且增长了，它的量增加了。最后，在终结阶段，它回到总过程开始时它原有的形式。因此，这个总过程是循环过程。

资本价值在它的流通阶段所采取的两种形式，是货币资本的形式和商品资本的形式；它属于生产阶段的形式，是生产资本的形式。在总循环过程中采取而又抛弃这些形式并在每一个形式中执行相应职能的资本，就是产业资本。这里所说的产业，包括任何按资本主义方式经营的生产部门。

因此，在这里，货币资本，商品资本，生产资本，并不是指这样一些独立的资本种类，这些独立的资本种类的职能形成同样独立的、彼此分离的营业部门的内容。在这里，它们只是指产业资本的特殊的职能形式，产业资本是依次采取所有这三种形式的。

资本的循环，只有不停顿地从一个阶段转入另一个阶段，才能正常进行。如果资本在第一阶段 G—W 停顿下来，货币资本就会凝结为贮藏货币；如果资本在生产阶段停顿下来，一方面生产资料就会搁置不起作用，另一方面劳动力就会处于失业状态；如果资本在最后阶段 W′—G′停顿下来，卖不出去而堆积起来的商品就会把流通的流阻塞。

另一方面，理所当然的是，循环本身当然又要求资本在各个循环阶段中在一定的时间内固定下来。在每一个阶段中，产业资本都被束缚在一定的形式上：货币资本，生产资本，商品资本。产业资本只有在完成一种和它的当时的形式相适应的职能之后，才取得可以进入一个新的转化阶段的形式。

有一些独立的产业部门，那里的生产过程的产品不是新的物质的产品，不是商品。在这些产业部门中，经济上重要的，只有交通工业，它或者是真正的货客运输业，或者只是消息、书信、电报等等的传递。

但是，运输业所出售的东西，就是场所的变动本身。它产生的效用，是和运输过程即运输业的生产过程不可分离地结合在一起的。旅客和货物是和运输工具一起运行的，而运输工具的运行，它的场所变动，也就是它所进行的生产过程。这种效用只能在生产过程中被消费；它不是一种和生产过程不同的，只有在生产出来之后才作为交易品执行职能，作为商品来流通的使用物。但是，这种效用的交换价值，和任何其他商品的交换价值一样，都是由其中消耗的生产要素（劳动力和生产资料）的价值加上运输工人的剩余劳动所创造的剩余价值决定的。至于这种效用的消费，它也是和其他商品完全一样的。如果它是个人消费的，那么，它的价值就和消费一起消失；如果它是生产消费的，从而它本身就是处于运输中的商品的一个生产阶段，那么，它的价值就作为追加价值转移到商品本身中去。

产业资本是惟一的这样一种资本存在方式，在这种存在方式中，资本的职能不仅是占有剩余价值或剩余产品，而且同时是创造剩余价值或剩余产品。因此，产业资本决定了生产的资本主义性质；产业资本的存在，包含着资本家和雇佣工人之间的阶级对立的存在。随着产业资本支配社会的生产，技术和劳动过程的社会组织就会发生变革，从而社会的经济历史类型也会发生变革。那几种在产业资本以前，在已成过去的或正在衰落的社会生产状态中就已出现的资本，不仅要从属于产业资本，而且要改变其职能机制来和产业资本相适应，而且只能在产业资本的基础上运动，从而要和它们的这个基础同生死共存亡。

可见，资本的循环过程是流通和生产的统一，包含二者在内。因为 G—W 和 W′—G′这两个阶段都是流通行为，所以资本流通是一般商品流通的一部分。但是，作为不仅属于流通领域而且属于生产领域的资本循环的职能上确定的段落、阶段，资本是在一般商品流通之内完成自己特有的循环的。一般商品流通，在第一阶段，使资本取得能够执行生产资本职能的形态；在第二阶段，使它抛弃它不能重新进行循环的商品职能，同时为它创造一种可能，使它自己特有的资本循环同资本中增加的剩余价值的流通分离开来。

因此，货币资本的循环，是产业资本循环的最片面、从而最明显和最典型的表现形式；产业资本的目的和动机——价值增殖，赚钱和积累——表现得最为醒目（为贵卖而买）。因为第一阶段是 G—W，所以也表明生产资本的组成部分来自商品市场，同样也表明资本主义生产过程都受流通、商业制约。货币资本的循环不仅是商品生产；这种循环本身只有通过流通才能进行，它是以流通为前提的。这一点已经很清楚，因为属于流通的形式G是预付资本价值的最初的纯粹的形式，而在其他两种循环形式中则不是这样。

第二章 生产资本的循环

生产资本循环的总公式是：P…W′—G′—W…P。这个循环表示生产资本职能的周期更新，也就是表示再生产，或者说，表示资本的生产过程是增殖价值的再生产过程；它不仅表示剩余价值的生产，而且表示剩余价值的周期再生产；它表示，处在生产形式上的产业资本不是执行一次职能，而是周期反复地执行职能，因此，过程的重新开始，已由起点本身规定了。

在这个形式上，有两点是显而易见的。

第一，在第一种形式G…G′中，生产过程，即P的职能，使货币资本的流通中断，只是表现为G—W和W′—G′这两个阶段之间的中介；而在这里，产业资本的总流通过程，它在流通阶段的全部运动，只是作为始极使循环开始的生产资本，和作为终极以同一形式即以循环重新开始的形式使循环结束的生产资本这二者之间的中断，从而只是二者之间的中介。真正的流通，只是表现为周期更新的和通过更新而连续进行的再生产的中介。

第二，总流通表现的形式和它在货币资本循环中具有的形式相反。在货币资本的循环中，撇开价值规定不说，总流通的形式是G—W—G（G—W．W—G）；在生产资本的循环中，同样撇开价值规定不说，总流通的形式却是W—G—W（W—G．G—W），所以是简单商品流通的形式。

产业资本在生产领域只能存在于和一般生产过程，从而也和非资本主义的生产过程相适应的构成中，同样，它在流通领域也只能存在于两种和流通领域相适应的形式，即商品形式和货币形式中。但是，各种生产要素的总和从一开始就表现为生产资本，因而生产过程本身也表现为产业资本的生产职能，同样，货币和商品也表现为同一产业资本的流通形式，因而，它们的职能也表现为产业资本的流通职能，这些职能或者是生产资本的职能的先导，或者是从生产资本的职能产生。在这里，货币职能和商品职能所以同时又是货币资本的职能和商品资本的职能，只是由于它们作为产业资本在循环过程不同阶段上所要完成的职能的形式是互相联系的。因此，企图从货币和商品的资本性质得出表明货币所以是货币，商品所以是商品的特征的那些特有属性和职能，是错误的；反过来，企图从生产资本采取的生产资料这一存在方式得出生产资本的属性，同样是错误的。

第三章 商品资本的循环

商品资本循环的总公式是：

W′—G′—W…P…W′。

W′不仅表现为前面两种循环的产物，而且表现为它们的前提。

如果再生产按扩大的规模进行，终点的W′就大于起点的W′，因此，终点的W′应当用W″来表示。

第三个形式和前两个形式的区别如下：第一，在这里，是以包含两个对立阶段的总流通来开始循环，而在形式Ⅰ中，流通为生产过程所中断，在形式Ⅱ中，包含两个互相补充阶段的总流通，只表现为再生产过程的中介，因此是P…P之间的中介运动。在G…G′中，流通形式是G—W…W′—G′=G—W—G。在P…P中则相反，流通形式却是W′—G′. G—W=W—G—W。在W′…W′中，流通形式与后一个形式相同。

第二，在循环Ⅰ和Ⅱ的反复中，即使终点的G′和P′是更新的循环的起点，它们产生时的形式也会消失。G′=G+g和P′=P+p重新作为G和P开始新的过程。但是在形式Ⅲ中，即使循环以相同的规模更新，起点W也必须用W′来表示，而这是由于下面的原因。在形式Ⅰ中，只要G′本身开始新的循环，它就作为货币资本G，作为以货币形式预付的待增殖的资本价值执行职能。预付的货币资本的量由于在第一个循环中实行的积累而增加，变得更大了。但不论预付的货币资本的量是422镑还是500镑，都不会改变它表现为单纯的资本价值这种情况。G′不再作为已经增殖的即包含剩余价值的资本，不再作为资本关系而存在。它要在过程中才自行增殖。P…P′也是这样；P′总是要作为P，作为要生产剩余价值的资本价值继续执行职能，使循环更新。——相反，商品资本的循环不是以资本价值开始，而是以商品形式上增大了的资本价值开始，因而它一开始就不仅包含商品形式的资本价值的循环，而且包含剩余价值的循环。因此，如果简单再生产以这种形式进行，在终点就会出现一个和起点上一样大的W′。如果一部分剩余价值进入资本循环，在终点出现的虽然不是W′，而是W″，一个更大的W′，但下一个循环会再次以W′开始，不过和前一个循环相比，那是一个更大的W′，它用更大的已经积累的资本价值，因此也是用较大的新生产的剩余价值，开始它的新的循环。在所有情况下，W′总是作为一个商品资本（=资本价值+剩余价值）来开始循环。

在W′…W′形式中，全部商品产品的消费是资本本身循环正常进行的条件。全部个人消费包括工人的个人消费和剩余产品中非积累部分的个人消费。因此，消费是全部——个人的消费和生产的消费——作为条件进入W′的循环。

第四章　循环过程的三个公式

如果用Ck代表总流通过程，这三个公式可以表示如下：

（Ⅰ）G—W…P…W′—G′

（Ⅱ）P…Ck…P

（Ⅲ）Ck…P(W′)。

如果我们对这三个形式进行概括，那么，过程的所有前提都表现为过程的结果，表现为过程本身所产生的前提。每一个因素都表现为出发点、经过点和复归点。总过程表现为生产过程和流通过程的统一；生产过程成为流通过程的中介，反之亦然。

所有这三个循环都有一个共同点：价值增殖是决定目的，是动机。

产业资本的连续进行的现实循环，不仅是流通过程和生产过程的统一，而且是它的所有三个循环的统一。但是，它之所以能够成为这种统一，只是由于资本的每个不同部分能够依次经过相继进行的各个循环阶段，从一个阶段转到另一个阶段，从一种职能形式转到另一种职能形式，因而，只是由于产业资本作为这些部分的整体同时处在各个不同的阶段和职能中，从而同时经过所有这三个循环。在这里，每一部分的相继进行，是由各部分的并列存在即资本的分割所决定的。因此，在实行分工的工厂体系内，产品不断地处在它的形成过程的各个不同阶段上，同时又不断地由一个生产阶段转到另一个生产阶段。因为单个产业资本代表着一定的量，而这个量又取决于资本家的资金，并且对每个产业部门来说都有一定的最低限量，所以资本的分割必须按一定的比例数字进行。现有资本的量决定生产过程的规模，而生产过程的规模又决定同生产过程并列执行职能的商品资本和货币资本的量。但是，决定生产连续性的并列存在之所以可能，只是由于资本的各部分依次经过各个不同阶段的运动。并列存在本身只是相继进行的结果。例如，如果对资本的一部分来说 W′—G′停滞了，商品卖不出去，那么，这一部分的循环就会中断，它的生产资料的补偿就不能进行；作为 W′继续从生产过程中出来的各部分，在职能变换中就会被它们的先行部分所阻止。如果这种情况持续一段时间，生产就会受到限制，整个过程就会停止。相继进行一停滞，就使并列存在陷于混乱。在一个阶段上的任何停滞，不仅会使这个停滞的资本部分的总循环，而且会使整个单个资本的总循环发生或大或小的停滞。

过程采取的下一个形式，是各个阶段相继进行的形式，因而，资本过渡到一个新阶段，是由它离开另一个阶段所决定的。因此，每一个特殊循环都有资本的一种职能形式作为它的出发点和复归点。另一方面，总过程实际上又是三个循环的统一，这三个循环是过程的连续性借以表现的不同形式。总循环对资本的每一种职能形式来说，都表现为它的特有的循环，并且每一个这种循环都决定着总过程的连续性；一种职能形式的循环决定着另一种职能形式的循环。总生产过程同时就是再生产过程，从而是总生产过程的每一个要素的循环——这对总生产过程来说，特别是对社会资本来说，是一个必要的条件。资本的各个不同部分依次经过各个不同的阶段和职能形式。因此，每一种职能形式虽然其中表现出来的总是资本的另一个部分，但都和其他职能形式同时经过它自己的循环。资本的一部分，一个不断变动、不断再生产出来的部分，作为要转化为货币的商品资本而存在；另一部分作为要转化为生产资本的货币资本而存在；第三部分则作为要转化为商品资本的生产资本而存在。所有这三种形式的经常存在，正是由总资本经过这三个阶段的循环而造成的。

因此，资本作为整体是同时地、在空间上并列地处在它的各个不同阶段上。但是，每一个部分都不断地依次由一个阶段过渡到另一个阶段，由一种职能形式过渡到另一种职能形式，从而依次在一切阶段和一切职能形式中执行职能。因此，这些形式都是流动的形式，它们的同时性是以它们的相继进行为中介的。每一种形式都跟随在另一种形式之后，而又发生在它之前，因而，一个资本部分回到一种形式，是由另一个部分回到另一种形式而决定的。每一个部分都不断进行着它自己的循环，然而处在这种形式中的总是资本的另一个部分，而这些特殊的循环只是形成总过程的各个同时存在而又依次进行的要素。

只有在三个循环的统一中，才能实现总过程的连续性，而不致发生上述的中断。社会总资本始终具有这种连续性，而它的过程始终是三个循环的统一。

资本作为自行增殖的价值，不仅包含着阶级关系，包含着建立在劳动作为雇佣劳动而存在的基础上的一定的社会性质。它是一种运动，是一个经过各个不同阶段的循环过程，这个过程本身又包含循环过程的三种不同的形式。因此，它只能理解为运动，而不能理解为静止物。

第二篇

资本周转

第七章　周转时间和周转次数

一定资本的总流通时间，等于它的流通时间和它的生产时间之和。

单个资本家投在任何一个生产部门的总资本价值，在完成它的运动的循环后，就重新处在它的原来的形式上，并且能够重复同一过程。这个价值要作为资本价值永久保持和增殖，就必须重复这个过程。单个循环在资本的生活中只形成一个不断重复的段落，也就是一个周期。在 $G\cdots G'$ 这个周期的末尾，资本重新处在货币资本的形式上，这个货币资本重新通过包括资本再生产过程或价值增殖过程在内的形式转化序列。在 $P\cdots P$ 这个周期的末尾，资本重新处在生产要素的形式上，这些生产要素形成资本的更新的循环的前提。资本的循环，不是当作孤立的过程，而是当作周期性的过程时，叫作资本的周转。这种周转的持续时间，由资本的生产时间和资本的流通时间之和决定。这个时间之和形成资本的周转时间。

假定我们用 U 表示周转时间的计量单位——年，用 u 表示一定资本的周转时间，用 n 表示资本的周转次数，那么 $n=\frac{U}{u}$。举例来说，如果周转时间 u 等于 3 个月，那么 $n=\frac{12}{3}=4$；资本在一年中完成 4 次周转，或者说，周转 4 次。如果 u＝18 个月，那么 $n=\frac{12}{18}=\frac{2}{3}$，或者说，资本在一年内只完成它的周转时间的 $\frac{2}{3}$。如果资本的周转时间等于几年，那么，它就要用一年的倍数来计算。

第八章　固定资本和流动资本

Ⅰ. 形式区别

一部分不变资本和它帮助形成的产品相对立，保持着它进入生产过程时的一定的使用形式。因此，它在一个或长或短的期间内，在不断反复的劳动过程中，总是反复地执行着相同的职能。例如厂房、机器等，总之，凡是称作劳动资料的东西，都是这样。这部分不变资本，按照它在丧失使用价值时丧失掉的交换价值的比例，把价值转给产品。这种生产资料把多少价值转给或转移到它帮助形成的产品中去，要根据平均计算来决定，即根据它执行职能的平均持续时间来计量。这个持续时间，从生产资料进入生产过程时起，到它完全损耗，不能使用，而必须用同一种新的物品来替换或再生产时为止。

因此，这部分不变资本——真正的劳动资料——的特征是：

一部分资本是以不变资本的形式即生产资料的形式预付的。生产资料在它保持着进入劳动过程时的独立使用形式的期间，作为劳动过程的因素执行职能。完成的产品，从而已经转化为产品的产品形成要素，脱离生产过程，作为商品从生产领域转移到流通领域。相反，劳动资料一进入生产领域，就不再离开。它的职能把它牢牢地限制在那里。一部分预付资本价值，被固定在这个由劳动资料在生产过程中的职能所决定的形式上。在劳动资料执行职能并因而损耗时，劳动资料的一部分价值转移到产品中，另一部分则仍旧固定在劳动资料中，因而仍旧固定在生产过程中。这样固定的价值不断地减少，一直到劳动资料不能再用；因此它的价值在一个或长或短的期间内，分配在由一系列不断反复的劳动过程产生的一批产品中。但是，只要它还起劳动资料的作用，就是说，只要它还不需要由同一种新的物品来替换，就总是有不变资本价值固定在它里面，而与此同时另一部分原来固定在它里面的价值则转移到产品中，从而作为商品储备的组成部分进行流通。劳动资料越耐用，它的损耗越缓慢，不变资本价值固定在这个使用形式上的时间就越长。但是，不管耐用的程度如何，劳动资料转移的价值份额总是和它的全部职能时间成反比。如果有两台价值相等的机器，一台 5 年磨损掉，另一台 10 年磨损掉，那么，前者在同一时间内转移的价值就是后者的两倍。

固定在劳动资料上的这部分资本价值，和其他任何部分一样要进行流通。我们曾经一般地说过，全部资本价值是处在不断流通之中，因此从这个意义上说，一切资本都是流动资本。但这里考察的这个资本部分的流通是独特的流通。首先，这个资本部分不是在它的使用形式上进行流通，进行流通的只是它的价值，并且这种流通是逐步地、一部分一部分进行的，和从它那里转移到作为商品进行流通的产品中去的价值相一致。在它执行职能的全部时间内，它的价值总有一部分固定在它里面，和它帮助生产的商品相对立，保持着自己的独立。由于这种特性，这部分不变资本取得了固定资本的形式。在生产过程中预付的资本的其他一切物质组成部分，则与此相反，形成流动资本。

一部分生产资料——即这样一些辅助材料，它们在劳动资料执行职能时由劳动资料本身消费掉，例如煤炭由蒸汽机消费掉；或者对过程只起协助作用，例如照明用的煤气等等——在物质上不加入产品。不过它们的价值形成产品价值的一部分。产品在它本身的流通中，也使这部分生产资料的价值流通。在这一点上，它们和固定资本是相同的。但是，它们在所参加的每一个劳动过程中被全部消费掉，因此对每一个新的劳动过程来说，必须全部用同一种新的物品来替换。它们在执行职能时不保持自己的独立的使用形式。因此，在它们执行职能时，资本价值没有任何部分固定在它们的旧的使用形式即实物形式上。这部分辅助材料在物质上不加入产品，只是按照它们的价值加入产品的价值，成为产品价值的一部分；因此，这种材料的职能被牢牢地限制在生产领域之内，——这种情况曾经使像拉姆赛这样的经济学家（他同时还混淆了固定资本和不变资本）错误地把这部分生产资料列入固定资本的范畴。

在物质上加入产品的那部分生产资料，即原料等等，有一部分由此取得了以后能够作为享受资料进入个人消费的形式。真正的劳动资料，即固定资本的物质承担者，只被生产地消费，不能进入个人消费，因为它不加入它帮助形成的产品或使用价值，相反，它与产品相对立，在它完全损耗以前一直保持独立的形式。运输工具则例外。运输工具在它执行生产职能、从而停留在生产领域时产生的那种有用效果即场所变更，同时可以进入个人消费。

决定一部分投在生产资料上的资本价值具有固定资本性质的，只是这个价值的独特的流通方式。这种特别的流通方式，是由劳动资料把它的价值转移到产品中去，或者说，在生产过程中充当价值形成要素的特殊方式产生的。而这种方式本身，又是由劳动资料在劳动过程中执行职能的特殊方式产生的。

我们知道，同一个使用价值既作为产品来自一个劳动过程，又作为生产资料进入另一个劳动过程。一种产品之所以变为固定资本，只是由于它在生产过程中作为劳动资料执行职能。而产品本身刚离开过程出来时，决不是固定资本。例如，一台机器，作为机器制造业者的产品或商品，属于他的商品资本。它只有在它的买者手里，即在生产上使用它的资本家手里，才成为固定资本。

固定资本的独特的流通，引起独特的周转。固定资本因损耗而在实物形式上丧失的那部分价值，作为产品的一部分价值来流通。产品通过流通由商品转化为货币；从而劳动资料中被产品带入流通的那部分价值也变为货币，而且随着这种劳动资料在多大程度上不再是生产过程中的价值承担者，它的价值也就在多大程度上从流通过程中作为货币一滴一滴地落下来。因此，这种劳动资料的价值这时获得双重存在。其中一部分仍然束缚在它的属于生产过程的使用形式或实物形式上，另一部分则作为货币，脱离这个形式。在劳动资料执行职能的过程中，它以实物形式存在的那部分价值不断减少，而它转化为货币形式的那部分价值则不断增加，一直到它的寿命完结，它的全部价值和它的尸体脱离，转化为货币为止。在这里，生产资本的这个要素在周转上的特征显露出来了。它的价值转化为货币，是和作为它的价值承担者的商品蛹化为货币同时进行的。但是，它由货币形式再转化为使用形式，是和商品再转化为商品的其他生产要素相分离的，确切地说，是由它本身的再生产期间决定的，即由这样一段时间决定的，在这段时间内，劳动资料已经损耗掉，必须用同一种新的物品替换。假定一台价值 10 000 镑的机器执行职能的期间是 10 年，原来预付在这台机器中的价值的周转时间也就是 10 年。在这 10 年内，它不需要更新，而以它的实物形式继续发生作用。在这个期间，它的价值一部分一部分地，作为用它不断生产出的商品的一部分价值而流通，这样逐渐转化为货币，最后直到10年结束时，全部转化为货币，并由货币再转化为一台机器，也就是完成它的周转。在这个再生产时间到来之前，它的价值先以货币准备金的形式逐渐积累起来。

生产资本其余的要素，一部分是由存在于辅助材料和原料上的不变资本要素构成，一部分是由投在劳动力上的可变资本构成。

对劳动过程和价值增殖过程的分析（第1卷第5章）表明，这些不同的组成部分，作为产品形成要素和价值形成要素，是完全不同的。由辅助材料和原料构成的那部分不变资本的价值，——和由劳动资料构成的那部分不变资本的价值完全一样，——是作为仅仅转移的价值，再现在产品的价值中，而劳动力则通过劳动过程，把它的价值的等价物追加到产品中去，或者说，实际上把它的价值再生产出来。其次，一部分辅助材料，如充作燃料的煤炭、用于照明的煤气等等，在劳动过程中消费掉，但不会在物质上加入产品，而另一部分辅助材料以物体加入产品，并成为产品实体的材料。不过，这一切差异，对流通来说，从而对周转的方式来说，是没有关系的。只要辅助材料和原料在形成产品时全部消费掉，它们就把自己的全部价值转移到产品中去。因此，这个价值也全部通过产品而流通，转化为货币，并由货币再转化为商品的生产要素。它的周转不像固定资本的周转那样被中断，而是不断地通过它的各种形式的全部循环，因此，生产资本的这些要素不断地在实物形式上更新。

至于生产资本中投在劳动力上的可变组成部分，那么，劳动力是按一定时间购买的。一旦资本家购买了劳动力并把它并入生产过程，它就构成他的资本的一个组成部分，即资本的可变组成部分。它每天在一定的时间内发生作用，在这个时间内，它不仅把它一天的全部价值，而且还把一个超额剩余价值，追加到产品中去；在这里，我们暂且把这个超额剩余价值撇开不说。在劳动力比如说按一周购买并且发生作用之后，这种购买必须按习惯的期限不断更新。劳动力在执行职能时把它的价值的等价物追加到产品中去，这个等价物随着产品的流通转化为货币。要使连续生产的循环不致中断，这个等价物就必须不断地由货币再转化为劳动力，或者说，不断地经过它的各种形式的完整的循环，就是说，必须不断地周转。

因此，预付在劳动力上的那部分生产资本的价值，全部转移到产品中去（我们在这里总是撇开剩余价值不说），同产品一起经过流通领域的两个形态变化，并通过这种不断的更新，不断并入生产过程。所以，在另一场合，即就价值的形成来说，不管劳动力和不变资本中形成非固定资本的组成部分多么不同，它的价值的这种周转方式却和这些部分相同，而与固定资本相反。生产资本的这两个组成部分——投在劳动力上的价值部分和投在形成非固定资本的生产资料上的价值部分——由于它们在周转上的这种共同性，而作为流动资本与固定资本相对立。

Ⅱ．固定资本的组成部分、补偿、修理和积累

在同一个投资中，固定资本的各个要素有不同的寿命，从而也有不同的周转时间。例如就铁路来说，铁轨、枕木、土建结构物、车站建筑物、桥梁、隧道、机车和车厢，各有

不同的执行职能的期间和再生产时间，从而其中预付的资本也有不同的周转时间。

磨损首先是由使用本身引起的。一般说来，铁轨的磨损和列车的次数成正比。速度增加时，磨损增加的比例大于速度增加比例的平方。

其次，磨损是由于自然力的影响造成的。例如枕木不仅受到实际的磨损，而且由于腐朽而损坏。

最后，在这里和在大工业的各个部门一样，无形损耗也起着作用。原来值 40 000 镑的同量车厢和机车，10 年之后，通常可以用 30 000 镑买到。因此，即使使用价值没有减少，也必须把这些物资的市场价格的 25%的贬值计算在内。

劳动资料大部分都因为产业进步而不断变革。因此，它们不是以原来的形式，而是以变革了的形式进行补偿。一方面，大量固定资本投在一定的实物形式上，并且必须在这个形式上达到一定的平均寿命，这一点就成了只能逐渐采用新机器等等的一个原因，从而就成了迅速普遍采用改良的劳动资料的一个障碍。另一方面，竞争斗争，特别是在发生决定性变革的时候，又迫使旧的劳动资料在它们的自然寿命完结之前，用新的劳动资料来替换。迫使企业设备提前按照更大的社会规模实行更新的，主要是大灾难即危机。

损耗（无形损耗除外）是指固定资本被消耗而逐渐转移到产品中去的价值部分。这种转移是按照固定资本丧失使用价值的平均程度进行的。

关于在局部更新的过程中企业的逐渐扩大问题，我们要指出如下几点。虽然固定资本，如上所述，继续以实物形式在生产过程中发生作用，但它的价值的一部分，按照平均损耗，已经和产品一起进入流通，转化为货币，成为货币准备金的要素，以便在资本需要以实物形式进行再生产时来补偿资本。固定资本价值中这个转化为货币的部分，可以用来扩大企业，或改良机器以提高机器效率。这样，经过一段或长或短的时间，就有了再生产，并且从社会的观点看，是规模扩大的再生产。如果生产场所扩大了，就是在外延上扩大；如果生产资料效率提高了，就是在内涵上扩大。这种规模扩大的再生产，不是由积累——剩余价值转化为资本——引起的，而是由从固定资本的本体分出来、以货币形式和它分离的价值再转化为追加的或效率更大的同一种固定资本而引起的。一个企业能够在什么程度上，以多大规模进行这种逐渐的追加，因而也就是说，为了能够以这种方式再投入企业，准备金必须积累到多大数量，这又需要多长时间，所有这些，当然都部分地取决于该企业的特殊性质。另一方面，现有机器的局部改良能够达到什么程度，当然取决于改良的性质和机器本身的构造。

第三篇

社会总资本的再生产和流通

第十八章 导 言

Ⅰ. 研究的对象

资本的直接生产过程，就是资本的劳动过程和价值增殖过程。

资本的再生产过程，既包括这个直接的生产过程，也包括真正流通过程的两个阶段，也就是说，包括全部循环。

正如每一单个资本家只是资本家阶级的一个分子一样，每一单个资本只是社会总资本中一个独立的、可以说赋有个体生命的部分。社会资本的运动，由社会资本的各个独立部分的运动的总和，即各个单个资本的周转的总和构成。正如单个商品的形态变化是商品世界的形态变化系列——商品流通——的一个环节一样，单个资本的形态变化，它的周转，是社会资本循环中的一个环节。

这个总过程，既包含生产消费（直接的生产过程）和作为其中介的形式转化（从物质方面考察，就是交换），也包含个人消费和作为其中介的形式转化或交换。一方面，它包含可变资本向劳动力的转化，从而包含劳动力的并入资本主义生产过程。在这里，工人是他的商品——劳动力的卖者，资本家是这种商品的买者。另一方面，商品的出售，包含工人阶级对商品的购买，也就是说，包含工人阶级的个人消费。在这里，工人阶级是买者，资本家是向工人出售商品的卖者。

商品资本的流通，还包含剩余价值的流通，从而也包含对资本家的个人消费，即对剩余价值的消费起中介作用的买和卖。

Ⅱ. 货币资本的作用

在考察单个资本的周转时，货币资本显示出两个方面。

第一，它是每个单个资本登上舞台，作为资本开始它的过程的形式。因此，它表现为发动整个过程的第一推动力。

第二，由于周转期间的长短不同和周转期间两个组成部分——劳动期间和流通期间——的比例不同，必须不断以货币形式预付和更新的那部分预付资本价值与它所推动的生产资本即连续进行的生产的规模之间的比例，也就不同。但不管这个比例如何，能够不断执行生产资本职能的那部分处在过程中的资本价值，总是受必须不断以货币形式与生产资本同时存在的那部分预付资本价值的限制。这里说的只是正常的周转，一个抽象的平均数。为消除流通的停滞而追加的货币资本是撇开不说的。

关于第一点。商品生产以商品流通为前提，而商品流通又以商品表现为货币，以货币流通为前提；商品分为商品和货币的这种二重化，是产品表现为商品的规律。同样，资本主义的商品生产，——无论是社会地考察还是个别地考察，——要求货币形式的资本或货币资本作为每一个新开办的企业的第一推动力和持续的动力。特别是流动资本，要求货币资本作为动力经过一段短时间不断地反复出现。全部预付资本价值，即资本的一切由商品构成的部分——劳动力、劳动资料和生产材料，都必须不断地用货币一再购买。在这里，就单个资本说是如此，就社会资本说也是如此，后者不过是以许多单个资本的形式执行职能。

关于第二点。由于周转期间的长短不同，推动生产资本所必要的货币资本量也就有大有小。我们还知道，周转期间划分为劳动时间和流通时间，就要求增加那种在货币形式上潜在的或暂歇的资本。

周转期间，就它由劳动期间的长度决定而言，在其他条件不变的情况下，由生产过程的物质性质决定，因此，不是由这个生产过程的特殊的社会性质所决定。但是，在资本主义生产的基础上，历时较长范围较广的事业，要求为较长的时间预付较大量的货币资本。所以，这一类领域里的生产取决于单个资本家拥有的货币资本的界限。这个限制被信用制度和与此相联的联合经营（例如股份公司）打破了。因此，货币市场的混乱会使这类企业陷于停顿，而这类企业反过来也会引起货币市场的混乱。

有些事业在较长时间内取走劳动力和生产资料，而在这个时间内不提供任何有效用的产品；而另一些生产部门不仅在一年间不断地或者多次地取走劳动力和生产资料，而且也提供生活资料和生产资料。在社会的生产的基础上，必须确定前者按什么规模进行，才不致有损于后者。在社会的生产中，和在资本主义的生产中一样，在劳动期间较短的生产部门，工人将照旧只在较短时间内取走产品而不提供产品；在劳动期间长的生产部门，则在提供产品之前，在较长时间内不断取走产品。因此，这种情况是由各该劳动过程的物质条件造成的，而不是由这个过程的社会形式造成的。在社会的生产中，货币资本不再存在了。社会把劳动力和生产资料分配给不同的生产部门。生产者也许会得到纸的凭证，以此从社会的消费品储备中，取走一个与他们的劳动时间相当的量。这些凭证不是货币。它们是不流通的。

第二十章　简单再生产

Ⅰ. 问题的提出

如果我们考察社会资本，即总资本——各单个资本只是它的组成部分，这些部分的运动，既是它们的单个的运动，同时又是总资本运动的不可缺少的环节——在一年内执行职能的结果，也就是说，如果我们考察社会在一年间提供的商品产品，那么必定会看到：社会资本的再生产过程是怎样进行的，这个再生产过程和单个资本的再生产过程相比有哪些不同的特征，二者又有哪些共同的特征。年产品既包括补偿资本的那部分社会产品，即社会再生产，也包括归入消费基金的、由工人和资本家消费的那部分社会产品，就是说，既包括生产消费，也包括个人消费。这种消费包括资本家阶级和工人阶级的再生产（即维持），因而也包括总生产过程的资本主义性质的再生产。

显然，我们应当分析的是 $W'-\begin{cases}G-W\cdots P\cdots W'\\ g-w\end{cases}$ 这个流通公式，在这里，消费必然会起作用；因为起点 $W'=W+w$，即商品资本，既包含不变资本价值和可变资本价值，也包含剩余价值。所以，它的运动既包括生产消费，也包括个人消费。在 $G-W\cdots P\cdots W'-G'$ 循环和 $P\cdots W'-G'-W\cdots P$ 循环中，资本的运动是起点和终点：这一运动自然也包括消费，因为商品，即产品，必须出售。但是，只要商品已经出售，这个商品以后变成什么，对单个资本的运动是没有关系的。相反地，在 $W'\cdots W'$ 运动中，正是要通过说明这个总产品 W' 的每一价值部分会变成什么，才能认识社会再生产的条件。在这里，总的再生产过程既包括资本本身的再生产过程，也包括以流通为中介的消费过程。

为了我们当前的目的，再生产过程必须从 W' 的各个组成部分的价值补偿和物质补偿的观点来加以考察。在分析单个资本的产品价值时，我们假定，单个资本家通过出售他的商品产品，先把他的资本的组成部分转化为货币，然后，通过在商品市场上再购买各种生产要素，把它们再转化为生产资本。现在，我们已经不能再满足于这个假定了。既然这些生产要素是物质的东西，那它们就同用来和它们交换并由它们来补偿的单个成品一样，是社会资本的组成部分。另一方面，工人用工资和资本家用剩余价值所消费的那部分社会商品产品的运动，不仅是总产品运动的一个不可缺少的环节，而且同各单个资本的运动交织在一起。因此，只是假定这个过程发生，是不能说明这个过程的。

直接摆在我们面前的问题是：生产上消费掉的资本，就它的价值来说，怎样由年产品得到补偿？这种补偿的运动怎样同资本家对剩余价值的消费和工人对工资的消费交织在一起？因此，首先要研究原有规模的再生产。其次，不仅要假定，产品按照它们的价值交换，而且还要假定，生产资本的组成部分没有发生任何价值革命。

当我们从单个资本的角度来考察资本的价值生产和产品价值时，商品产品的实物形式，对于分析是完全无关的，例如，不论它是机器，是谷物，还是镜子都行。这始终只是举例而已，任何一个生产部门都同样可以作为例证。我们必须考察的是直接的生产过程本身。这种生产过程，在每一点上，都表现为一个单个资本的过程。说到资本的再生产，我们只要假定，代表资本价值的那部分商品产品，会在流通领域内找到机会再转化为它的生产要素，从而再转化为它的生产资本的形态。同样，我们只要假定，工人和资本家会在市场上找到他们用工资和剩余价值购买的商品。但是，当我们考察社会总资本及其产品价值时，这种仅仅从形式上来说明的方法，就不够用了。产品价值的一部分再转化为资本，另一部分进入资本家阶级和工人阶级的个人消费，这在表现为总资本的结果的产品价值本身内形成一个运动。这个运动不仅是价值补偿，而且是物质补偿，因而既要受社会产品的价值组成部分相互之间的比例的制约，又要受它们的使用价值，它们的物质形态的制约。

既然一方面，在资本主义基础上，没有任何积累或规模扩大的再生产，是一种奇怪的假定，另一方面，生产条件在不同的年份不是绝对不变的（而假定它们是不变的），那么，规模不变的简单再生产就只是表现为一个抽象。前提是：一定价值的社会资本，今年和去年一样，再提供一样多的商品价值，满足一样多的需要，虽然商品的形式在再生产过程中可能改变。但是，只要有积累，简单再生产总是积累的一部分，所以，可以就简单再生产本身进行考察，它是积累的一个现实因素。年产品的价值可以减少，而使用价值量不变；年产品的价值可以不变，而使用价值量减少；价值量和再生产的使用价值量也可以同时减少。这一切就在于，再生产不是在比以前更有利的情况下进行，就是在更困难的情况下进行。

Ⅱ．社会生产的两个部类

社会的总产品，从而社会的总生产，分成两大部类：

Ⅰ．生产资料：具有必须进入或至少能够进入生产消费的形式的商品。

Ⅱ．消费资料：具有进入资本家阶级和工人阶级的个人消费的形式的商品。

这两个部类中，每一部类拥有的所有不同生产部门，总合起来都形成一个单一的大的生产部门：一个是生产资料的生产部门，另一个是消费资料的生产部门。两个生产部门各自使用的全部资本，都形成社会资本的一个特殊的大部类。

每一部类的资本都分成两个组成部分：

1. 可变资本。从价值方面看，这个资本等于该生产部门使用的社会劳动力的价值，也就是等于为这个社会劳动力而支付的工资总额。从物质方面看，这个资本是由发挥作用的劳动力本身构成的，即由这个资本价值所推动的活劳动构成的。

2. 不变资本，即该部门在生产上使用的全部生产资料的价值。这些生产资料本身又分成固定资本：机器、工具、建筑物、役畜等等，流动不变资本：生产材料，如原料、辅助材料、半成品等等。

这两个部类中，每一部类借助于这些资本而生产的全部年产品的价值，都分成：代表生产上消费掉的、按其价值来说只是转移到产品中去的不变资本 c 的价值部分和由全部年劳动追加的价值部分。后者又分成：补偿预付可变资本 v 的部分和超过可变资本而形成剩余价值 m 的部分。因此，每一部类的全部年产品的价值，和每个个别商品的价值一样，也分成 c＋v＋m。

代表生产上消费掉的不变资本的那部分价值 c，是和生产上使用的不变资本的价值不一致的。诚然，生产材料会全部消费掉，从而它的价值全部转移到产品中去。但是所使用的固定资本只有一部分会完全消费掉，因而只有这部分价值转移到产品中去。固定资本的另一部分即机器、建筑物等等和以前一样继续存在并继续执行职能，虽然它的价值由于逐年损耗而减少。在我们考察产品价值时，继续执行职能的这部分固定资本，对我们来说是不存在的。它是独立于这个新生产的商品价值之外、和这个商品价值并存的一部分资本价值。这一点在考察单个资本的产品价值时已经作了说明。但是，我们现在必须暂时撇开那里使用过的考察方法。在考察单个资本的产品价值时，我们讲过，固定资本因损耗而失去的价值，会转移到在损耗期间生产的商品产品中去，不管这个固定资本在此期间是否有任何部分由于这种价值转移而得到实物补偿。相反地，在这里，在考察社会总产品及其价值时，我们不得不撇开，至少是暂时撇开固定资本在当年因损耗而转移到年产品中去的那部分价值，因为这种固定资本没有在当年重新得到实物补偿。在本章的后面有一节，我们将专门论述这一点。

我们研究简单再生产，要以下列公式为基础，其中 c＝不变资本，v＝可变资本，m＝剩余价值，并且假定价值增殖率 m/v＝100%。数字可以表示几百万马克，几百万法郎，或几百万镑。

Ⅰ. 生产资料的生产：

资本…………………4 000c＋1 000v＝5 000，

商品产品……………4 000c＋1 000v＋1 000m＝6 000，

以生产资料的形式存在。

Ⅱ. 消费资料的生产：

资本…………………2 000c＋500v＝2 500，

商品产品……………2 000c＋500v＋500m＝3 000，

以消费资料的形式存在。

概括起来说，全年总商品产品：

Ⅰ. 4 000c＋1 000v＋1 000m＝6 000 生产资料；

Ⅱ. 2 000c＋500v＋500m＝3 000 消费资料。

总价值＝9000，按照假定，其中不包括继续以实物形式执行职能的固定资本。

现在，如果我们研究简单再生产基础上（这里全部剩余价值都是非生产地消费掉）的各种必要的交换，并且先不考察作为交换中介的货币流通，那么，我们一开始就会得出三大要点：

1. 第Ⅱ部类工人的工资 500v 和资本家的剩余价值 500m，必须用于消费资料。但是，它们的价值存在于价值 1 000 的消费资料中，这种消费资料掌握在第Ⅱ部类的资本家的手里，补偿预付的 500v，并代表 500m。因此，第Ⅱ部类的工资和剩余价值，在第Ⅱ部类内部同第Ⅱ部类的产品交换。这样，就有（500v＋500m）Ⅱ＝1 000 以消费资料形式从总产品中消失。

2. 第Ⅰ部类的 1 000v＋1 000m，同样必须用于消费资料，即用于第Ⅱ部类的产品。因此，它们必须同第Ⅱ部类产品的其余的、数量与它们相等的不变资本部分 2 000c 交换。为此，第Ⅱ部类会得到数额相等的生产资料，得到体现第Ⅰ部类的 1 000v＋1 000m 的价值的第Ⅰ部类产品。因此，就有 2 000Ⅱc 和（1 000v＋1 000m）Ⅰ从计算中消失。

3. 还剩下4 000Ⅰc。它们由生产资料构成，只能用于第Ⅰ部类，以便补偿该部类消费掉的不变资本，因此，要通过第Ⅰ部类的各个资本家之间的互相交换来解决，就像(500v+500m)Ⅱ要通过第Ⅱ部类的工人和资本家之间的交换，或通过第Ⅱ部类的各个资本家之间的交换来解决一样。

Ⅲ. 两个部类之间的交换：Ⅰ(v+m) 和Ⅱc的交换

我们从两个部类之间的大宗交换开始。(1 000v+1 000m)Ⅰ——这些价值以生产资料的实物形式存在于它们的生产者手中——要和2 000Ⅱc，即以消费资料的实物形式存在的价值交换。通过这种交换，第Ⅱ部类的资本家阶级把他们的不变资本=2 000从消费资料形式再转化为消费资料的生产资料形式，在这种形式中，不变资本可以重新作为劳动过程的因素，并且为了价值增殖而作为不变的资本价值执行职能。另一方面，通过这种交换，第Ⅰ部类的劳动力的等价物（1 000Ⅰv）和第Ⅰ部类的资本家的剩余价值（1 000Ⅰm），在消费资料中实现；二者都由生产资料的实物形式转化为一种可以作为收入来消费的实物形式。

但这种互相交换是通过货币流通来完成的。货币流通成为交换的中介，同时也使这种交换难于理解，然而它却具有决定性的重要意义，因为可变资本部分必须一再表现为货币形式，即表现为由货币形式转化为劳动力的货币资本。在整个社会范围内同时进行经营的一切生产部门，不论它们属于第Ⅰ部类还是第Ⅱ部类，可变资本都必须以货币形式来预付。资本家购买劳动力，是在劳动力进入生产过程之前，但是支付劳动力的报酬，却是在约定的期限，在劳动力已经在使用价值的生产上消耗掉之后。就像产品价值的其余部分一样，产品价值中仅仅作为在劳动力报酬上支出的货币的等价物的那部分价值，即产品价值中代表可变资本价值的那部分价值，也是属于资本家的。在这部分价值中，工人已经把他的工资的等价物提供给资本家了。但是，只有商品再转化为货币，即把商品卖出去，资本家的可变资本才能重新成为他可以为购买劳动力而重新预付的货币资本。

因此，第Ⅰ部类中，总体资本家已经支付给工人1 000镑（我说"镑"，只是为了表示它是货币形式的价值）=1 000v，以偿付第Ⅰ部类产品即工人所生产的生产资料中已经作为v部分存在的价值部分。工人用这1 000镑向第Ⅱ部类的资本家购买同等价值的消费资料，这就把第Ⅱ部类的不变资本的一半转化为货币；第Ⅱ部类的资本家再用这1 000镑向第Ⅰ部类的资本家购买价值1 000的生产资料；因此，对第Ⅰ部类的资本家来说，作为他们的产品的一部分以生产资料的实物形式存在的可变资本价值=1 000v，再转化成了货币，现在可以在第Ⅰ部类的资本家手中重新作为货币资本执行职能，这个货币资本会转化为劳动力，即转化为生产资本中最重要的要素。这样，由于第Ⅰ部类的资本家的一部分商品资本的实现，他们的可变资本就以货币形式流回到他们手中。

至于第Ⅰ部类的商品资本的m部分和第Ⅱ部类的不变资本的另一半交换时所需要的货币，它可以按不同的方式预付。实际上，这种流通包括两个部类的各单个资本家之间的无数个别的买和卖，而这种货币在任何情况下都必须来自这些资本家，因为由工人投入流通的货币量，我们已经计算过了。或者是，第Ⅱ部类的一个资本家可以用他的和生产资本并存的货币资本，向第Ⅰ部类的资本家购买生产资料；或者是相反，第Ⅰ部类的一个资本家把用于个人支出而非资本支出的货币基金，向第Ⅱ部类的资本家购买消费资料。正如前面第一篇和第二篇中已经指出的，前提是：在任何情况下，资本家手中除生产资本外，必须要有一定的货币储备——或者作为资本预付，或者作为收入花掉。我们假定，——比例如何，对我们这里的目的是完全没有关系的，——货币的一半由第Ⅱ部类的资本家预付来购买生产资料，以补偿他们的不变资本，另一半则由第Ⅰ部类的资本家为消费而支出。这样，第Ⅱ部类预付 500 镑，向第Ⅰ部类购买生产资料，从而（连同上述来自第Ⅰ部类的工人的 1 000 镑）用实物补偿它的不变资本的 3/4；然后第Ⅰ部类拿由此得到的 500 镑向第Ⅱ部类购买消费资料，从而使第Ⅰ部类由 m 构成的那部分商品资本的一半，完成 w—g—w 流通，这就使第Ⅰ部类的这部分产品实现为消费基金。通过这第二个过程，500 镑也就作为货币资本回到第Ⅱ部类资本家手中，而同他的生产资本并存。另一方面，第Ⅰ部类预期到它的商品资本中还作为库存产品的 m 部分的一半要出售，因而，在此以前，就支出货币 500 镑，来购买第Ⅱ部类的消费资料。第Ⅱ部类又用这 500 镑向第Ⅰ部类购买生产资料，从而用实物补偿了自己的全部不变资本（1 000＋500＋500＝2 000），而第Ⅰ部类则使自己的全部剩余价值在消费资料中实现。总计起来，价值 4 000 镑的商品的交换就可以通过 2 000 镑的货币流通来进行。其所以是 2 000 镑，只是因为按照我们的叙述，全部年产品是作为几大部分一次进行交换的。在这里，重要的只是这一情况：第Ⅱ部类不仅已经把它以消费资料形式再生产的不变资本再转化为生产资料的形式，而且，除此以外，还使它为购买生产资料而预付到流通中去的 500 镑也回到它那里；同样，第Ⅰ部类不仅再一次以货币形式得到它以生产资料形式再生产的可变资本，即可以再直接转化为劳动力的货币资本，而且，除此以外，第Ⅰ部类在它的资本中的剩余价值部分出售以前先用来购买消费资料的 500 镑也流回到它那里。但是，这 500 镑流回到它那里，不是由于已经用掉，而是由于它的商品产品中承担着一半剩余价值的那一部分在以后售出。

在这两个场合，不仅第Ⅱ部类的不变资本由产品形式再转化为生产资料的实物形式，即它惟一能作为资本执行职能的形式；同样，不仅第Ⅰ部类的可变资本部分转化为货币形式，第Ⅰ部类的生产资料的剩余价值部分转化为可以消费的形式，即可以作为收入来消费的形式。而且，除此以外，第Ⅱ部类为购买生产资料而预付的 500 镑货币资本，——它是在相应的、补偿这 500 镑的不变资本价值部分（以消费资料形式存在）出售以前预付的，——也流回到第Ⅱ部类那里；其次，第Ⅰ部类为购买消费资料而预先用掉的 500 镑也流回到它那里。如果第Ⅱ部类因预计到它的商品产品中的不变部分要出售而预付的货币以及第Ⅰ部类因预计到它的商品产品中的剩余价值部分要出售而预付的货币，会分别流回到它们那里，那么，这只是因为一个部类的资本家除了把以第Ⅱ部类的商品形式存在的不变资本投入流通以外，另一部类的资本家除了把以第Ⅰ部类的商品形式存在的剩余价值投入流通以外，各以 500 镑货币投入了流通。最后，他们通过各自的商品等价物的交换，彼此付清了各自的款项。他们在自己商品的价值额以外作为这种商品交换的手段投入流通的货币，按照他们各自投入流通的货币数量的比例，从流通中回到他们手里。他们并不因此增加分文。第Ⅱ部类原来有不变资本＝消费资料 2 000＋货币 500；它现在和以前一样，有生产资料 2 000 和货币 500。同样，第Ⅰ部类也和以前一样，有剩余价值 1 000（以前由商品，生产资料构成，现在已转化为消费基金）＋货币 500。——总的结论是：产业资本家为了促成他们自己的商品流通而投入流通的货币，无论是记在商品的不变价值部分的账上，还是记在存在于商品中的剩余价值（在它作为收入花掉的时候）的账上，总是按照各个资本家为货币流通而预付的数额回到他们手中。

由此得出结论：在简单再生产中，第Ⅰ部类的商品资本中的 v+m 价值额（也就是第Ⅰ部类的总商品产品中与此相应的比例部分），必须等于不变资本Ⅱc，也就是第Ⅱ部类的总商品产品中分出来的与此相应的部分；或者说，Ⅰ(v+m)=Ⅱc。

Ⅳ．第Ⅰ部类的不变资本

现在留下还要研究的是第Ⅰ部类的不变资本=4 000Ⅰc。这个价值等于第Ⅰ部类的商品产品中再现的价值，即在这个商品量的生产上所消费的生产资料的价值。这个再现的价值并不是在第Ⅰ部类的生产过程中生产的，而是在这一年以前作为不变的价值，作为第Ⅰ部类生产过程的生产资料既定的价值，进入这个生产过程的。它现在存在于第Ⅰ部类的整个那部分没有被第Ⅱ部类吸收的商品量中。因而，仍然保留在第Ⅰ部类的资本家手中的这个商品量的价值=他们的全部年商品产品价值的$\frac{2}{3}$。

只要我们注意到，第Ⅰ部类的全部商品产品，按其实物形式来说，是由生产资料即不变资本本身的物质要素构成的，困难就很容易解决。在第Ⅱ部类，全部商品产品由消费资料构成，因此，其中由这种商品产品所包含的工资和剩余价值来计量的部分，可以由它本部类的生产者消费。在第Ⅰ部类，全部商品产品由生产资料，即由建筑物、机器、容器、原料和辅助材料等等构成。因此，其中用来补偿这个部门所使用的不变资本的那一部分，能够以它的实物形式立即重新作为生产资本的组成部分执行职能。如果它进入流通，那也是在第Ⅰ部类内部流通。

第Ⅰ部类的全部产品是由这样一些使用价值构成的，这种使用价值按照它们的实物形式来说，——在资本主义生产方式下，——只能作为不变资本的要素发生作用。因此，在这个价值 6 000 的产品中，$\frac{1}{3}$（即 2 000）补偿第Ⅱ部类的不变资本，其余$\frac{2}{3}$则补偿第Ⅰ部类的不变资本。

第Ⅰ部类的不变资本，由大量的不同的资本群构成。它们被分别投入不同的生产资料生产部门，有若干被投入铸铁厂，有若干被投入煤矿，等等。每个这种资本群或每个这种社会的群资本，又由数量或多或少的独立执行职能的单个资本构成。首先，社会资本，比如说7 500（可以用百万等等来表示），分成不同的资本群；价值 7 500 的社会资本分成各个特殊的部分，其中每个部分都被分别投入一个特殊的生产部门；投入每个特殊生产部门的那部分社会资本价值，按照它的实物形式，部分地由各特殊生产部门的生产资料构成，部分地由它们的经营所必需的、具有相应的熟练程度的劳动力构成，这种劳动力由于分工，并按照它在每个个别生产部门所完成的劳动的特殊种类，而各不相同。投入每个特殊生产部门的那部分社会资本，又由投入该生产部门的独立执行职能的单个资本的总和构成。不言而喻，这里所说的，既适用于第Ⅰ部类，也适用于第Ⅱ部类。

至于说第Ⅰ部类中以它的商品产品形式再现的不变资本价值，那么，它有一部分作为生产资料再进入把它当作产品生产出来的特殊生产部门（或者，甚至就是它那一个企业）。

例如，谷物进入谷物的生产，煤炭进入煤炭的生产，铁以机器形式进入铁的生产，等等。

当构成第Ⅰ部类的不变资本价值的部分产品不再直接进入自己的特殊生产部门或自己那个生产部门的时候，这些产品只是变换了位置。它们以实物形式进入第Ⅰ部类的另一个生产部门，而第Ⅰ部类其他生产部门的产品则对它们进行实物补偿。这只不过是这些产品的换位。它们全部作为补偿第Ⅰ部类的不变资本的因素再进入第Ⅰ部类，不过不是进入第Ⅰ部类的这一个群，而是进入这个部类的另一个群。在这里，只要交换是在第Ⅰ部类的各个资本家之间进行的，这种交换就是一种实物形式的不变资本和另一种实物形式的不变资本的交换，就是一种生产资料和其他生产资料的交换。这是第Ⅰ部类的不同的单个不变资本部分的互相交换。只要产品不是直接在本生产部门作为生产资料使用，这些产品就离开它们自己的生产场所，进入另一个生产场所，因而，互相得到补偿。换句话说（和第Ⅱ部类剩余价值的情况相似），第Ⅰ部类的每个资本家按照他作为这 4 000 不变资本的共有者所占的比例，从这个商品总量中取出他所需要的相应的生产资料。如果生产是社会的，而不是资本主义的，那么很明显，为了进行再生产，第Ⅰ部类的这些产品同样会不断地再作为生产资料在这个部类的各个生产部门之间进行分配，一部分直接留在这些产品的生产部门，另一部分则转入其他生产场所，因此，在这个部类的不同生产场所之间发生一种不断往返的运动。

Ⅴ. 固定资本的补偿

不变资本的价值部分，只要是由真正的劳动资料（生产资料的一个特殊种类）构成的，就由劳动资料转移到劳动产品（商品）中去；这些劳动资料继续作为生产资本的要素执行职能，而且是以它们的旧的实物形式继续执行职能。只是劳动资料的损耗，即它们在一定期间持续执行职能时逐渐损失的价值，才作为借助于劳动资料生产出来的商品的价值要素再现，才由劳动工具转移到劳动产品中去。

商品的这个价值要素绝不能和各种修理费用混为一谈。如果商品出售了，这个价值要素就会和别的要素一样货币化，即转化为货币；但是，在转化为货币以后，它和其他价值要素的区别就出现了。为了开始商品的再生产（总之，就是为了使商品生产过程成为持续的过程），在商品生产上消费的原料和辅助材料，必须用实物来补偿；在商品生产上消耗的劳动力，同样也必须用新的劳动力来补偿。因此，通过出售商品得到的货币，必须不断再转化为生产资本的这些要素，不断由货币形式转化为商品形式。即使比如说在一定期限内购买较大数量的原料和辅助材料，形成了生产储备，以致在一定期间不需要重新购买这些生产资料，因而，在这种储备用完以前，出售商品所得到的、用于上述目的的货币可以积累起来，这部分不变资本会暂时成为已经停止执行能动职能的货币资本，那这种情况也不会使问题发生任何变化。这不是收入资本；这是停留在货币形式上的生产资本。生产资料必须不断更新，虽然这种更新的形式，就流通来说，可以是各种各样的。重新购买，即生产资料借以更新、补偿的流通行为，可以在间隔较长的时期进行，这时是一次投入大量货币，而且由相应的生产储备来补偿；或者这种流通行为可以在依次间隔较短的时期进行，这时是迅速地连续地支出少量货币，而生产储备也较少。这一切都不会使事情本身发生任何变化。劳动力也是这样。凡是生产在一年内以相同规模连续进行的地方，已经消耗的劳动力就要不断由新的劳动力补偿；凡是劳动带有季节性或在不同期间需要不同劳动量的地方，例如在农业中，那就要相应地有时购买大量劳动力，有时购买少量劳动力。相反地，出售商品所得到的货币，就它是与固定资本损耗相等的那部分商品价值的货币化而言，是不会再转化为生产资本的组成部分的，虽然它是补偿这种生产资本的价值损失的。它在生产资本旁边沉淀下来，保留它的货币形式。这种货币沉淀反复发生，直到年数不等的再生产时期结束为止，在这个再生产时期，不变资本的固定要素以它的旧的实物形式在生产过程中继续执行职能。一旦这种固定要素如建筑物、机器等等的寿命已经完结，不能再在生产过程中执行职能，它的价值就在它旁边存在着，全部由货币来补偿，即由货币沉淀的总和，由固定资本逐渐转移到它参与生产的商品中去的、已经通过商品出售而转化为货币形式的价值的总和来补偿。接着，这些货币就用来对固定资本（或固定资本的要素，因为固定资本的不同要素有不同的寿命）进行实物补偿，从而对生产资本的这个组成部分进行实际更新。可见，这些货币是不变资本价值的一部分即固定部分的货币形式。因此，这种货币贮藏本身是资本主义再生产过程的一个要素，是在固定资本的寿命还没有完结，从而还没有把它的全部价值转移到所生产的商品中去，还不必用实物进行补偿之前，固定资本价值或它的个别要素的价值在货币形式上的再生产和贮存。只有在这种货币再转化为固定资本的新的要素，以便补偿它的寿命已经完结的要素的时候，它才失去货币贮藏的形式，从而再能动地进入以流通为中介的资本再生产过程。

就像简单的商品流通决不只是产品交换一样，年商品产品的交换也决不能只分解为它的不同组成部分的直接的互相交换。货币在其中起一种独特的作用，这种作用尤其会在固定资本价值再生产的方式上表现出来。（假如生产是共同的生产，不具有商品生产的形式，情况又会有哪些不同，这是以后要研究的问题）。

1. 损耗的价值部分在货币形式上的补偿

如果我们现在从下列公式开始：

$$\text{I}.\quad 4\,000c+\underbrace{1\,000v+1\,000m}$$

$$\text{II}.\quad \cdots\cdots\cdots\cdots\quad 2\,000c\quad +500v+500m,$$

那么，商品2 000Ⅱc和同等价值的商品Ⅰ(1 000v+1 000m）交换的前提是：2 000Ⅱc全部以实物形式再转化为第Ⅰ部类所生产的第Ⅱ部类的不变资本的实物组成部分；但是，后者借以存在的商品价值2 000包含着补偿固定资本的价值损失的要素，这个要素不需要立即用实物来补偿，而要转化为货币，这个货币逐渐积累成一个总额，直到固定资本需要以实物形式更新的时候为止。每一年都是固定资本的终年，固定资本时而需要在这个或那个单个企业，时而需要在这个或那个产业部门进行补偿；对同一个单个资本来说，总会有这一部分或那一部分固定资本需要补偿（因为固定资本各部分的寿命不同）。如果我们考察年再生产，——即使是原有规模的年再生产，也就是说，把一切积累撇开不说，——我们也不是从头开始。我们考察的是许多年中的一年，而不是资本主义生产刚诞生的一年。因此，投入第Ⅱ部类的各种各样的生产部门的不同资本也会有不同的年龄。就像在这些生产部门从事生产的人每年都有死亡一样，每年也有许多固定资本在当年到达寿命的终点，必须用积累的货币基金实行实物更新。所以，在2 000Ⅱc和2 000Ⅰ(v+m）的交换中就包含着2 000Ⅱc由它的商品形式（消费资料）到它的实物要素的转化，这些实物要素不仅由原料和辅助材料构成，而且也由固定资本的实物要素，如机器、工具、建筑物等等构成。因此，2 000Ⅱc的价值中要用货币来补偿的损耗和正在执行职能的固定资本的数量，是完全不一致的，因为固定资本每年都有一部分必须用实物来补偿，但这要有一个前提，即第Ⅱ部类资本家在前几年内已经积累了这种转化所必需的货币。不过，这一个前提既适用于前几年，同样也适用于当年。

在Ⅰ(1 000v+1 000m) 和2000Ⅱc的交换中，首先要指出，价值额Ⅰ(v+m) 不包含任何不变的价值要素，因而也不包含任何用以补偿损耗的价值要素，即不包含由不变资本的固定组成部分转移到v+m借以存在的实物形式的商品中去的价值的要素。相反地，这种要素却存在于Ⅱc中，并且正是这种因固定资本而存在的价值要素的一部分，不需要立即由货币形式转化为实物形式，而是首先要保留在货币形式上。因此，当Ⅰ(1 000v+1 000m) 和2 000Ⅱc交换时，立即遇到了困难：第Ⅰ部类的2 000(v+m) 借以存在的实物形式的生产资料，要用它的全部价值额2000和以第Ⅱ部类的消费资料存在的等价物进行交换，而另一方面，消费资料2 000Ⅱc却不能以它的全部价值额来和生产资料Ⅰ(1 000v+1 000m) 交换，因为它的价值的一部分——等于固定资本中有待补偿的损耗或价值损失——必须首先以货币形式沉淀下来，而在我们仅仅考察的当年再生产期间，不再作为流通手段执行职能。

2. 结 论

关于固定资本的补偿，一般应当指出：

在其他一切条件不变的前提下，也就是说，在不仅生产规模不变，而且特别是劳动生产率也不变的前提下，如果Ⅱc的固定要素比去年有更大一部分已经寿命完结，从而有更大一部分要用实物更新，那么，还在死亡途中的、在死亡期到来以前暂时要以货币形式补偿的那部分固定资本，必然会按照同一比例减少，因为按照这个前提，在第Ⅱ部类执行职能的固定资本部分的总量（以及价值总量）是保持不变的。但是，这会引起下列情况。第一，如果第Ⅰ部类的商品资本中的较大部分由Ⅱc的固定资本要素构成，那么它的相应的较小部分就由Ⅱc的流动组成部分构成，因为第Ⅰ部类为Ⅱc生产的总额保持不变。如果其中一部分增加了，另一部分就减少；反过来也是一样。而另一方面，第Ⅱ部类的生产总额也保持不变。但是，在第Ⅱ部类原料、半成品、辅助材料（即第Ⅱ部类的不变资本的流动要素）减少时，这又怎么可能呢？第二，恢复货币形式的固定资本Ⅱc中有较大一部分流到第Ⅰ部类，以便从货币形式再转化为实物形式。所以，除去第Ⅰ部类和第Ⅱ部类之间为了单纯的商品交换而流通的货币，还会有更多的货币流到第Ⅰ部类；这些货币，不成为相互间的商品交换的中介，而只是单方面地执行购买手段的职能。但同时Ⅱc中承担补偿损耗价值的商品量将会按比例减少，从而第Ⅱ部类中无须和第Ⅰ部类的商品交换而只须和第Ⅰ部类的货币交换的商品量也会按比例减少。所以，会有更多的货币作为单纯购买手段从第Ⅱ部类流到第Ⅰ部类；而对第Ⅱ部类来说，第Ⅰ部类单纯作为买者向它购买的商品则较少。因此，Ⅰm——因为Ⅰv已经和第Ⅱ部类的商品交换——会有较大的部分不能转化为第Ⅱ部类的商品，而是要保留在货币形式上。

有了以上的阐述，对于相反的情况，即对于一年内第Ⅱ部类的固定资本中寿命完结而要再生产的部分较小，损耗部分较大的情况，就无须再进一步考察了。

因此，尽管是规模不变的再生产，但危机——生产危机——还是会发生。

一句话：如果在简单再生产和各种条件不变，特别是劳动生产力、劳动总量、劳动强度不变的情况下，假定在寿命完结的（有待更新的）固定资本和以旧的实物形式继续起作用的（只是为了补偿其损耗而把价值加到产品中去的）固定资本之间的比例不是不变，那么，在一个场合，需要再生产的流动组成部分的量保持不变，而需要再生产的固定组成部分的量就会增加；因此，第Ⅰ部类的生产总额必须增加，不然，即使把货币关系撇开不说，也会出现再生产不足的现象。

在另一个场合，如果需要在实物形式上再生产的第Ⅱ部类的固定资本的比例量减少，从而还只是要用货币进行补偿的第Ⅱ部类的固定资本组成部分会按同一比例增加，那么，在需要由第Ⅰ部类再生产的第Ⅱ部类不变资本的流动组成部分的量保持不变的同时，需要再生产的固定组成部分的量却会减少。因此，或者是第Ⅰ部类的生产总额减少，或者是出现过剩（就像前面出现不足一样），而且是不能转化成货币的过剩。

诚然，在第一个场合，同一劳动可以靠提高劳动生产率、增加劳动量或增加劳动强度提供更多的产品，这样就可以弥补第一个场合的不足；但是发生这种变化的时候，总不免会有劳动和资本从第Ⅰ部类的某个生产部门移动到另一个生产部门；并且，每一次这样的移动，都会引起暂时的紊乱。其次，第Ⅰ部类（由于增加劳动量和劳动强度）不得不用较多的价值来交换第Ⅱ部类的较少的价值，因而第Ⅰ部类的产品就要跌价。

在第二个场合则相反，第Ⅰ部类必须压缩自己的生产，这对该部类的工人和资本家来说，意味着危机；或者第Ⅰ部类提供的产品过剩，这对他们来说，又是危机。这种过剩本身并不是什么祸害，而是利益；但在资本主义生产下，它却是祸害。

在两个场合，对外贸易都能起补救作用；在第一个场合，是使第Ⅰ部类保留货币形式的商品转化为消费资料；在第二个场合，是把过剩的商品销售掉。但是，对外贸易既然不是单纯补偿各种要素（按价值说也是这样），它就只会把矛盾推入更广的范围，为这些矛盾开辟更广阔的活动场所。

再生产的资本主义形式一旦废除，问题就归结如下：寿命已经完结因而要用实物补偿的那部分固定资本（这里是指在消费资料生产中执行职能的固定资本）的数量大小，是逐年不同的。如果在某一年数量很大（像人一样，超过平均死亡率），那在下一年就一定会很小。在其他条件不变的前提下，消费资料年生产所需的原料、半成品和辅助材料的数量不会因此而减少；因此，生产资料的生产总额在一个场合必须增加，在另一个场合必须减少。这种情况，只有用不断的相对的生产过剩来补救；一方面要生产出超过直接需要的一定量固定资本；另一方面，特别是原料等等的储备也要超过每年的直接需要（这一点特别适用于生活资料）。这种生产过剩等于社会对它本身的再生产所必需的各种物质资料的控制。但是，在资本主义社会内部，这种生产过剩却是一个无政府状态的要素。

第二十一章　积累和扩大再生产

第一册已经指出，单个资本家的积累是怎样进行的。由于商品资本转化为货币，代表剩余价值的剩余产品也转化为货币。资本家把这样转化为货币的剩余价值，再转化为他的生产资本的追加的实物要素。这个增大的资本，在生产的下一个循环内，会提供更多的产品。但是，在单个资本上发生的情况，也必然会在全年的总再生产上出现，正像在考察简单再生产时我们已经看到，在单个资本的场合，单个资本的已经损耗的固定组成部分相继沉淀为贮藏货币的现象，也会在社会的年再生产上表现出来。

假定一个单个资本＝400c＋100v，年剩余价值＝100，那么，商品产品＝400c＋100v＋100m。这600转化为货币。在这个货币中，400c重新转化为不变资本的实物形式，100v重新转化为劳动力，此外——假定全部剩余价值都积累——100m通过和生产资本的实物要素相交换，转化为追加的不变资本。这里要假定：1. 在一定的技术条件下，这个货币额或者足以增加正在执行职能的不变资本，或者足以开办一个新的工业企业。但是，情况也可能是这样：在开始这个过程以前，即进行实际积累和扩大生产以前，剩余价值向货币的转化和这个货币的贮藏需要一个很长的时间。2. 假定事实上生产在以前已经按扩大的规模进行；因为要使货币（即以货币形式贮藏的剩余价值）能够转化为生产资本的要素，这些要素必须是在市场上可以买到的商品；即使这些要素不是作为成品来买，而是按订货制造，在这里也不会有什么差别。只有在它们存在以后，并且无论如何只有在对它们实际进行了规模扩大的再生产以后，也就是说，在它们原来正常的生产已经扩大以后，才会对它们进行支付。它们必须是可能存在的，也就是在它们的要素中存在的，因为，只要有订货的刺激，即在商品存在以前预先购买，预先出售，它们的生产就可以实际进行。于是，一方面的货币就能引起另一方面的扩大再生产，这是由于再生产扩大的可能性在没有货币的情况下就已经存在；因为货币本身不是实际再生产的要素。

1. 第二例

现在假定有年产品9 000，这个年产品完全是处在产业资本家阶级手中的商品资本，其中可变资本和不变资本的一般平均比例是1∶5。这种情况的前提是：资本主义生产已经有了显著的发展；与此相应，社会劳动的生产力也已经有了显著的发展；生产规模在此以前已经有了显著的扩大；最后，在工人阶级中造成相对人口过剩的所有条件也已经有了发展。这时，把分数去掉，年产品就会划分如下：

$$\left.\begin{array}{l}\text{Ⅰ. } 5\,000c+1\,000v+1\,000m=7\,000\\ \text{Ⅱ. } 1\,430c+285v+285m=2\,000\end{array}\right\}=9\,000。$$

现在假定，第Ⅰ部类的资本家阶级只消费剩余价值的一半＝500，而把其余一半积累起来。这样，(1 000v＋500m)Ⅰ＝1 500要转化为1 500Ⅱc。但是因为在这里Ⅱc只＝1 430，所以要从剩余价值那里补进70。285Ⅱm减去这个数额，还留下215Ⅱm。于是我们得出：

Ⅰ. 5 000c＋500m（待资本化的剩余价值）＋资本家和工人的消费基金1 500(v＋m)。

Ⅱ. 1 430c＋70m（待资本化的剩余价值）＋285v＋215m。

因为在这里70Ⅱm直接并入Ⅱc，所以，为了推动这个追加的不变资本，就要有一个可变资本$\frac{70}{5}$＝14。这14也要从215Ⅱm中扣除；剩下的是201Ⅱm，因此我们得出：

Ⅱ．(1 430c＋70c)＋(285v＋14v)＋201m。

1 500Ⅰ(v＋$\frac{1}{2}$m）和 1 500Ⅱc 的交换，是简单再生产的过程，关于这一点已经讲过了。不过，在这里还必须指出某些特征，这些特征所以会发生，是由于在有积累的再生产中，Ⅰ(v＋$\frac{1}{2}$m）不是单单由Ⅱc 来补偿，而是由Ⅱc 加Ⅱm 的一部分来补偿。

不言而喻，既然把积累作为前提，Ⅰ(v＋m）就大于Ⅱc，而不像简单再生产那样，和Ⅱc 相等；因为 1. 第Ⅰ部类已经把它的一部分剩余产品并入自己的生产资本，并把其中的$\frac{5}{6}$转化为不变资本，所以，它不能同时又用第Ⅱ部类的消费资料来补偿这$\frac{5}{6}$；2. 第Ⅰ部类要用它的剩余产品，为第Ⅱ部类进行积累时所必需的不变资本提供材料，就像第Ⅱ部类必须为第Ⅰ部类的可变资本提供材料完全一样，这个可变资本应当推动第Ⅰ部类的剩余产品中由第Ⅰ部类自己用作追加不变资本的部分。我们知道，实际的可变资本是由劳动力构成的，因此，追加的可变资本也是由劳动力构成的。第Ⅰ部类的资本家不必为了他们将要使用的追加劳动力，向第Ⅱ部类购买必要生活资料，把它们储备起来，或积累这种必要生活资料，而奴隶主却不得不这样做。工人自己会和第Ⅱ部类进行交易。但是，不妨说，从资本家的观点看来，追加劳动力的消费资料只是生产和维持他们势必要有的追加劳动力的手段，因而是他们的可变资本的实物形式。他们（这里指第Ⅰ部类资本家）自己的直接活动，只是贮存为购买追加劳动力所必需的新的货币资本。一旦他们把这个劳动力并入他们的资本，货币对于这种劳动力来说，就成为第Ⅱ部类商品的购买手段，因此必须找到劳动力的消费资料。

因此，就像第Ⅰ部类必须用它的剩余产品为第Ⅱ部类提供追加的不变资本一样，第Ⅱ部类也要同样为第Ⅰ部类提供追加的可变资本。就可变资本来说，当第Ⅱ部类以必要消费资料的形式再生产它的总产品的更大部分，特别是它的剩余产品的更大部分时，它就既为第Ⅰ部类又为它自己进行积累了。

在以资本的增加为基础的生产中，Ⅰ(v＋m）必须＝Ⅱc 加上再并入资本的那部分剩余产品，加上第Ⅱ部类扩大生产所必需的不变资本的追加部分；而第Ⅱ部类扩大生产的最低限度，就是第Ⅰ部类本身进行实际积累，即实际扩大生产所不可缺少的最低限度。

我们回过来讲刚才考察的情况，这种情况有这样一个特点：Ⅱc 小于Ⅰ(v＋$\frac{1}{2}$m)，即小于第Ⅰ部类产品中作为收入用于消费资料的部分，因此，在和 1 500Ⅰ(v＋m）交换时，第Ⅱ部类的一部分剩余产品＝70，会立即由此实现。至于 1 430Ⅱc，在其他条件不变的情况下，它总是要由同等价值额的Ⅰ(v＋m）来补偿，这样，第Ⅱ部类的简单再生产才有可能进行，关于这一点，我们在这里不需要进一步考察。但是补充的 70Ⅱm 就不是这样。那种对第Ⅰ部类来说仅仅是以消费资料补偿收入，仅仅是为消费而进行商品交换的事情，对第Ⅱ部类来说，就不像在简单再生产中那样，仅仅是它的不变资本由商品资本形式再转化为它的实物形式，而是直接的积累过程，是它的一部分剩余产品由消费资料的形式转化为不变资本的形式。如果第Ⅰ部类用 70 镑货币（为了剩余价值的转化而保留的货币准备金）来购买 70Ⅱm，如果第Ⅱ部类不用这个货币购买 70Ⅰm，而把这 70 镑作为货币资本积累起来，那么，这 70 镑虽然不是再进入生产的产品的表现，但总是追加产品的表现（正是第Ⅱ部类的剩余产品的表现，追加产品是这个剩余产品的一部分）。但是，这样一来，第Ⅱ部类方面的这种货币积累，同时就是生产资料形式的卖不出去的 70Ⅰm 的表现了。因此，第Ⅰ部类会发生相对的生产过剩，这是同第Ⅱ部类方面的再生产不同时扩大相适应的。

但是，我们把上面这点撇开不说。在从第Ⅰ部类出来的货币 70，还没有通过第Ⅱ部类方面购买 70Ⅰm，而回到或者只是部分地回到第Ⅰ部类的期间，货币 70 会在第Ⅱ部类全部地或者部分地充当追加的潜在货币资本。在第Ⅰ部类和第Ⅱ部类之间商品的互相补偿使货币再流回到它的起点以前，这对双方的任何交换来说，都是适用的。但是，在事情正常进行的情况下，货币在这里所起的作用只是暂时的。在一切暂时游离的追加货币必须立即能动地作为追加货币资本执行职能的信用制度下，这种仅仅暂时游离的货币资本可以被束缚起来，例如，可以用在第Ⅰ部类的新的企业上，而它本来应该实现停滞在第Ⅰ部类的其他企业中的追加产品。其次，应该指出：70Ⅰm 并入第Ⅱ部类的不变资本，同时要求第Ⅱ部类的可变资本增加 14。这种增加——像第Ⅰ部类剩余产品Ⅰm 直接并入资本Ⅰc 一样——是以第Ⅱ部类的再生产已经具有进一步资本化的趋势为前提的，也就是说，是以第Ⅱ部类再生产包含着由必要生活资料构成的那部分剩余产品的增加为前提的。

我们说过，在第二例中，如果 500Ⅰm 要资本化，9 000 产品为了再生产的目的，必须按照下面的方法来划分。我们在这里只考察商品，而把货币流通撇开不管。

Ⅰ．5 000c＋500m（待资本化的剩余价值）＋1 500(v＋m) 消费基金＝7 000 商品。

Ⅱ．1 500c＋299v＋201m＝2 000 商品。总额为 9 000 商品产品。

资本化的过程如下：

第Ⅰ部类中要资本化的 500m，分成$\frac{5}{6}$＝417c＋$\frac{1}{6}$＝83v。这个 83v 会从Ⅱm 中取出一个同等数额，用来购买不变资本的要素，并且加到Ⅱc 中去。Ⅱc 增加 83，就要求Ⅱv 也增加 83 的$\frac{1}{5}$＝17。因此，在交换之后我们得出：

Ⅰ．(5 000c＋417m)c＋(1 000v＋83m)v＝5 417c＋1 083v＝6 500

Ⅱ．(1 500c＋83m)c＋(299v＋17m)v＝1 583c＋316v＝1 899

合计：8 399。

第Ⅰ部类的资本已经由 6 000 增加到 6 500，即增加$\frac{1}{12}$。第Ⅱ部类的资本已经由 1 715 增加到 1 899，即增加近$\frac{1}{9}$。

在这个基础上，第二年的再生产在年终得到的资本是：

Ⅰ．(5 417c＋452m)c＋(1 083v＋90m)v＝5 869c＋1 173v＝7 042。

Ⅱ．(1 583c＋42m＋90m)c＋(316v＋8m＋18m)v＝1 715c＋342v＝2 057

第三年结束时得到的产品是：

Ⅰ．5 869c＋1 173v＋1 173m。

Ⅱ．1 715c＋342v＋342m。

如果第Ⅰ部类和以前一样，把剩余价值的一半积累起来，那么，$Ⅰ(v+\frac{1}{2}m)=1\ 173v+587(\frac{1}{2}m)=1\ 760$，大于 1 715 Ⅱc 的总数，多了 45。因此，这个差额必须通过同额的生产资料转给Ⅱc 来抵消。这样，Ⅱc 就会增加 45，从而也要求Ⅱv 增加$\frac{1}{5}=9$。其次，资本化的 587 Ⅰm，也是分为$\frac{5}{6}$和$\frac{1}{6}$，即分为 489c 和 98v；这 98 要求第Ⅱ部类的不变资本再增加 98，这又要求第Ⅱ部类的可变资本再增加$\frac{1}{5}=20$。因此，我们得出：

Ⅰ．(5 869c＋489m)c＋(1 173v＋98m)v＝6 358c＋1 271v＝7 629

Ⅱ．(1 715c＋45m＋98m)c＋(342v＋9m＋20m)v＝1 858c ＋371v＝2 229

总资本＝9 858。

因此，三年的扩大再生产，使第Ⅰ部类的总资本由 6 000 增加到 7 629，第Ⅱ部类的总资本由 1 715 增加到 2 229，社会的总资本则由 7 715 增加到 9 858。

2. 积累时Ⅱc 的交换

可见，在Ⅰ(v＋m) 和Ⅱc 的交换上有不同的情况。

在简单再生产时，二者必须相等，必须互相补偿；因为如果不是这样，正像前面说过的，简单再生产就不可能不受到干扰。

在积累时，首先要考察的是积累率。在以上各个场合，我们都假定第Ⅰ部类的积累率$=\frac{1}{2}m$Ⅰ，并且每年保持不变。我们只是假定这个积累资本分成可变资本和不变资本的比例会发生变化。这里有三种情形：

1. $Ⅰ(v+\frac{1}{2}m)=Ⅱc$。因此，Ⅱc 小于Ⅰ(v＋m)。必须总是这样，否则第Ⅰ部类就无法积累了。

2. $Ⅰ(v+\frac{1}{2}m)$ 大于Ⅱc。在这个场合，要完成这一补偿，就要把Ⅱm 的一个相应部分加进Ⅱc，使Ⅱc 的总额$=Ⅰ(v+\frac{1}{2}m)$。这里的交换，对第Ⅱ部类来说，不是它的不变资本的简单再生产，而已经是积累，即它的不变资本已经增加了用以交换第Ⅰ部类的生产资料的那部分剩余产品。这种增加同时包括第Ⅱ部类还从它本身的剩余产品中取出一部分相应地增加它的可变资本。

3. $Ⅰ(v+\frac{1}{2}m)$ 小于Ⅱc。在这个场合，第Ⅱ部类没有通过这种交换而全部再生产它的不变资本，所以必须通过向第Ⅰ部类购买，才能补偿这种不足。但是，这种情况并不需要第Ⅱ部类可变资本的进一步积累，因为它的不变资本只是通过这种购买在原有数量上全部再生产出来。另一方面，第Ⅰ部类中仅仅积累追加货币资本的那一部分资本家，却已经通过这种交换完成了这种积累的一部分。

简单再生产的前提是Ⅰ(v＋m)＝Ⅱc。这个前提同资本主义生产是不相容的，虽然这并不排斥在10—11年的产业周期中某一年的生产总额往往小于前一年的生产总额，以致和前一年比较，连简单再生产也没有。不仅如此，在人口每年自然增殖的情况下，只有在人数相应地增加的不从事生产的仆役参与代表全部剩余价值的1 500的消费时，简单再生产才会发生。而在这种情况下，就不可能有资本的积累，即实际的资本主义生产。因此，资本主义积累的事实排斥了Ⅱc=Ⅰ(v+m)这一可能性。不过，甚至在资本主义积累中，仍然可能发生这样的情况：由于过去的一系列生产期间进行积累的结果，Ⅱc不仅与Ⅰ(v+m)相等，而且甚至大于Ⅰ(v+m)。这就是说，第Ⅱ部类的生产过剩了，而这只有通过一次大崩溃才能恢复平衡，其结果是资本由第Ⅱ部类转移到第Ⅰ部类。——如果第Ⅱ部类自己再生产一部分不变资本，例如在农业中使用自己生产的种子，那也不会改变Ⅰ(v+m)和Ⅱc的关系。在第Ⅰ部类和第Ⅱ部类之间的交换中，Ⅱc的这个部分和Ⅰc一样，无须加以考察。如果第Ⅱ部类的产品有一部分可以作为生产资料进入第Ⅰ部类，那也不会改变问题的实质。这部分产品就会和第Ⅰ部类提供的一部分生产资料互相抵消，如果我们愿意对社会生产的两大部类（生产资料的生产者和消费资料的生产者）之间的交换进行纯粹的、不受干扰的考察，那么应该从一开始就把这个部分从双方都扣除。

因此，在资本主义生产中，Ⅰ(v+m)不能与Ⅱc相等；或者说，二者不能在交换时互相抵消。如果Ⅰ$\frac{m}{x}$是Ⅰm中第Ⅰ部类资本家作为收入花掉的部分，那么，Ⅰ$(v+\frac{m}{x})$就可以等于、大于或小于Ⅱc；但是，Ⅰ$(v+\frac{m}{x})$必须总是小于Ⅱ(c+m)，其差额就是第Ⅱ部类的资本家阶级在Ⅱm中无论如何必须由自己消费的部分。

第三卷

资本主义生产的总过程

第一篇

剩余价值转化为利润和剩余价值率转化为利润率

第一章 成本价格和利润

在第一册中，我们研究的是资本主义生产过程本身作为直接生产过程考察时呈现的各种现象，而撇开了这个过程以外的各种情况引起的一切次要影响。但是，这个直接的生产过程并没有结束资本的生活过程。在现实世界里，它还要由流通过程来补充，而流通过程则是第二册研究的对象。在第二册中，特别是在把流通过程作为社会再生产过程的中介来考察的第三篇中指出：资本主义生产过程，就整体来看，是生产过程和流通过程的统一。至于这个第三册的内容，它不能是对于这个统一的一般的考察。相反地，这一册要揭示和说明资本运动过程作为整体考察时所产生的各种具体形式。资本在其现实运动中就是以这些具体形式互相对立的，对这些具体形式来说，资本在直接生产过程中采取的形态和在流通过程中采取的形态，只是表现为特殊的要素。因此，我们在本册中将阐明的资本的各种形式，同资本在社会表面上，在各种资本的互相作用中，在竞争中，以及在生产当事人自己的通常意识中所表现出来的形式，是一步一步地接近了。

按照资本主义方式生产的每一个商品 W 的价值，用公式来表示是 W＝c＋v＋m。如果我们从这个产品价值中减去剩余价值 m，那么，在商品中剩下的，只是一个在生产要素上耗费的资本价值 c＋v 的等价物或补偿价值。

例如，假定生产某一商品耗费 500 镑资本：其中劳动资料的损耗 20 镑，生产材料 380 镑，劳动力 100 镑；假定剩余价值率为 100%，这样，产品价值就等于 400c＋100v＋100m＝600 镑。

减去 100 镑剩余价值之后，还剩下 500 镑的商品价值，而这 500 镑只是补偿已经耗费的资本 500 镑。商品价值的这个部分，即补偿所消耗的生产资料价格和所使用的劳动力价格的部分，只是补偿商品使资本家自身耗费的东西，所以对资本家来说，这就是商品的成本价格。

商品使资本家耗费的东西和商品的生产本身所耗费的东西，无疑是两个完全不同的量。商品价值中由剩余价值构成的部分，不需要资本家耗费什么东西，因为它耗费的只是工人的无酬劳动。但是，因为在资本主义生产的基础上，工人自己在进入生产过程之后，就成为执行职能的并属于资本家的生产资本的一个组成部分，也就是说，资本家是实际的商品生产者，所以，对资本家来说，商品的成本价格必然表现为商品本身的实际费用。我们把成本价格叫作 k，W＝c＋v＋m 这个公式就转化为 W＝k＋m 这个公式，或者说，商品价值＝成本价格＋剩余价值。

因此，把商品价值中那些只是补偿商品生产上耗费的资本价值的部分概括为成本价格这个范畴，这一方面表明资本主义生产的特殊性质。商品的资本主义费用是用资本的耗费来计量的，而商品的实际费用则是用劳动的耗费来计量的。所以，商品的资本主义的成本价格，在数量上是与商品的价值或商品的实际成本价格不同的；它小于商品价值，因为，既然 W＝k＋m，那么 k＝W－m。另一方面，商品的成本价格也决不仅仅是资本家账簿上的一个项目。这个价值部分的独立存在，在现实的商品生产中，会经常在实际中表现出来，因为这个价值部分会通过流通过程，由它的商品形式不断地再转化为生产资本的形式，也就是说，商品的成本价格必须不断买回在商品生产上消费的各种生产要素。

以上我们只考察了商品价值的一个要素，即成本价格。现在我们必须看看商品价值的另一个组成部分，即超过成本价格的余额或剩余价值。剩余价值首先是商品价值超过商品成本价格的余额。但是，因为成本价格等于所耗费的资本的价值，并且不断地再转化为所耗费的资本的各种物质要素，所以，这个价值余额就是商品的生产上耗费掉的并且会从商品流通中流回的资本的价值增加额。

我们以前已经看到，虽然剩余价值 m 只是产生于可变资本 v 的价值变动，因而本来只是可变资本的一个增长额，但在生产过程结束以后，它同样也成为所耗费的总资本 c＋v 的一个价值增加额。c＋(v＋m) 这一公式——它表示，m 的生产是由于预付在劳动力上的一定的资本价值 v 转化为一个流动的量，即一个不变量转化为一个可变量——也可以用 (c＋v)＋m 来表现。在生产开始以前，我们有一个 500 镑的资本。在生产完成以后，我们就有了一个 500 镑的资本加上一个 100 镑的价值增加额。

但是，剩余价值不仅对进入价值增殖过程的预付资本部分来说是一个增加额，而且对不进入价值增殖过程的预付资本部分来说也是一个增加额；因而，不仅对用商品的成本价格来补偿的所耗费的资本来说是一个价值增加额，而且对生产中所使用的全部资本来说也是一个价值增加额。

现在对资本家来说很清楚，这个价值增加额来自用资本进行的生产过程，也就是来自资本自身；因为它在生产过程完成以后才存在，而在生产过程开始以前并不存在。首先就生产中所耗费的资本来说，好像剩余价值同样都来自所耗费的资本的不同价值要素，即由生产资料构成的价值要素和由劳动构成的价值要素，因为这些要素同样都加入成本价格的形成。它们同样都把自己的作为预付资本存在的价值加入产品价值，而并不区分为不变的价值量和可变的价值量。但是，另一方面，这个预付的资本价值能形成剩余价值，并不是由于它已经被消耗，从而形成了商品的成本价格。因为，正是就它形成商品的成本价格来说，它形成的不是剩余价值，而只是所耗费的资本的等价物，或补偿价值。因而，就它形成剩余价值来说，它不是靠它作为所耗费的资本的特有属性，而是靠它作为预付资本，从而作为所使用的资本的特有属性，来形成剩余价值的。因此，剩余价值既由预付资本中那个加入商品成本价格的部分产生，也由预付资本中那个不加入商品成本价格的部分产生；总之，同样由所使用的资本的固定组成部分和流动组成部分产生。总资本在物质上是产品的形成要素，不管它作为劳动资料，还是作为生产材料和劳动，都是如此。总资本虽然只有一部分进入价值增殖过程，但在物质上总是全部进入现实的劳动过程。或许正是由于这个原因，它虽然只是部分地参加成本价格的形成，但会全部参加剩余价值的形成。不管怎样，结论总是：剩余价值是同时由所使用的资本的一切部分产生的。

剩余价值，作为全部预付资本的这样一种观念上的产物，取得了利润这个转化形式。因此，一个价值额之所以成为资本，是因为它是用来生产利润，换句话说，利润之所以产生出来，是因为有一个价值额被当作资本来使用。如果我们把利润叫作 p，那么，W＝c＋v＋m＝k＋m 这个公式，就变成 W＝k＋p 这个公式，也就是商品价值＝成本价格＋利润。

因此，我们目前在这里看到的利润，和剩余价值是一回事，不过它具有一个神秘化的形式，而这个神秘化的形式必然会从资本主义生产方式中产生出来。因为在成本价格的表面的形成上，不变资本和可变资本之间的区别看不出来了，所以在生产过程中发生的价值变化的起源，必然从可变资本部分转移到总资本上面。因为在一极上，劳动力的价格表现为工资这个转化形式，所以在另一极上，剩余价值表现为利润这个转化形式。

第二章　利润率

资本的总公式是 G—W—G′；这就是说，一个价值额投入流通，是为了从流通中取出一个更大的价值额。这个更大价值额的产生过程，是资本主义的生产；这个更大价值额的实现过程，是资本的流通。资本家生产商品，不是为了商品本身，不是为了商品的使用价值或他的个人消费。资本家实际关心的产品，不是可以摸得着的产品本身，而是产品的价值超过在产品上消费的资本的价值的余额。资本家预付总资本时并没有考虑它的各个组成部分在剩余价值的生产上所起的不同作用。他把这一切组成部分同样地预付出去，不仅是为了再生产预付资本，而且是为了生产一个超过预付资本的价值余额。

商品包含的价值，等于制造商品所耗费的劳动时间，这个劳动的总和则由有酬劳动和无酬劳动构成。而对资本家来说，商品成本只由他所支付的对象化在商品中的那部分劳动构成。商品包含的剩余劳动不需要资本家耗费什么东西，虽然它同有酬劳动一样，需要工人付出劳动，并且它同有酬劳动一样创造价值，作为价值形成要素加入商品。资本家的利润是这样来的：他可以出售他没有支付分文的某种东西。剩余价值或利润，恰恰就是商品价值超过商品成本价格的余额，或者说，就是商品包含的劳动总量超过它包含的有酬劳动量的余额。据此，不管剩余价值来自何处，它总是一个超过全部预付资本的余额。因此，这个余额和总资本会保持一个比率，这个比率可以用分数$\frac{m}{C}$来表示，其中 C 表示总资本。

这样，我们就得到了一个与剩余价值率$\frac{m}{v}$不同的利润率$\frac{m}{C}=\frac{m}{c+v}$。

用可变资本来计算的剩余价值的比率，叫作剩余价值率；用总资本来计算的剩余价值的比率，叫作利润率。这是同一个量的两种不同的计算法，由于计算的标准不同，它们表示的是同一个量的不同的比率或关系。

应当从剩余价值率到利润率的转化引出剩余价值到利润的转化，而不是相反。实际上，利润率从历史上说也是出发点。剩余价值和剩余价值率相对地说是看不见的东西，是要进行研究的本质的东西，而利润率，从而剩余价值作为利润的形式，却会在现象的表面上显示出来。

至于单个资本家，那么很清楚，他惟一关心的，是剩余价值即他出售自己的商品时所得到的价值余额和生产商品时所预付的总资本的比率。而对这个余额和资本的各个特殊组成部分的特定关系以及这个余额和它们之间的内在联系，他不仅不关心，而且掩盖这个特定关系和这种内在联系，正是他的利益所在。

由于资本的一切部分都同样表现为超额价值（利润）的源泉，资本关系也就神秘化了。

因此，尽管利润率和剩余价值率在数量上不同，而剩余价值和利润实际上是一回事并且数量上也相等，但是利润是剩余价值的一个转化形式，在这个形式中，剩余价值的起源和它存在的秘密被掩盖了，被抹杀了。实际上，利润是剩余价值的表现形式，而剩余价值只有通过分析才得以从利润中剥离出来。在剩余价值中，资本和劳动的关系赤裸裸地暴露出来了；在资本和利润的关系中，也就是在资本和剩余价值——它一方面表现为在流通过程中实现的、超过商品成本价格的余额，另一方面表现为一个通过它对总资本的关系而获得进一步规定的余额——的关系中，资本表现为一种对自身的关系，在这种关系中，资本作为原有的价值额，同它自身创造的新价值相区别。至于说资本在它通过生产过程和流通过程的运动中创造出这个新价值，这一点是人们意识到了的。但是这种情况是怎样发生的，现在却神秘化了，好像它来自资本本身固有的秘密性质。

我们越往后研究资本的增殖过程，资本关系就越神秘化，它的内部机体的秘密就暴露得越少。

第四章　周转对利润率的影响

第二册已经详细说明，周转时间或它的两个部分（生产时间和流通时间）中的任何一个部分的缩短，都会增加所生产的剩余价值量。但是，因为利润率表示的，只是所生产的剩余价值量和参加剩余价值量生产的总资本的比率，所以，很清楚，每一次这样的缩短，都会提高利润率。

由此可见：在资本百分比构成相等，剩余价值率相等，工作日相等的时候，两个资本的利润率和它们的周转时间成反比。

周转时间的缩短对剩余价值的生产，从而对利润的生产的直接影响，在于使可变资本部分由此提高效率。一个每年周转10次的可变资本500，和一个剩余价值率相等、工资相等、但每年只周转一次的可变资本5 000，会在这个时间内占有同样多的剩余价值。

第九章　一般利润率（平均利润率）的形成和商品价值转化为生产价格

资本的有机构成，在任何时候都取决于两种情况：第一，所使用的劳动力和所使用的生产资料量的技术比率；第二，这些生产资料的价格。我们已经知道，资本的有机构成，必须按它的百分比来考察。一个资本的$\frac{4}{5}$为不变资本，$\frac{1}{5}$为可变资本，它的有机构成，我们用80c＋20v这个公式来表示。其次，在比较时，假定剩余价值率不变，并且可以任意假定这个比率，例如100%。因此，80c＋20v的资本产生20m的剩余价值，按总资本计算，利润率为20%。它的产品的实际价值有多大，现在要看不变资本的固定部分有多大，并且要看固定部分中作为损耗加入产品的部分有多大，没有加入产品的部分有多大。但是，因为这种情况对于利润率，从而对于我们现在的研究毫无意义，所以，为了简便起见，假定不变资本到处都是同样地全部加入所考察的资本的年产品。其次还假定，不同生产部门的资本，会和它们的可变部分的量成比例地每年实现同样多的剩余价值，这就是说，我们把周转时间的差别能在这方面引起的差别暂时撇开不说。这一点以后再研究。

让我们拿五个不同的生产部门来说。投在这五个生产部门的资本的有机构成各不相同，例如：

资本	剩余价值率	剩余价值	产品价值	利润率
Ⅰ. 80c＋20v	100%	20	120	20%
Ⅱ. 70c＋30v	100%	30	130	30%
Ⅲ. 60c＋40v	100%	40	140	40%
Ⅳ. 85c＋15v	100%	15	115	15%
Ⅴ. 95c＋5v	100%	5	105	5%

在这里我们看到，不同的生产部门，在劳动的剥削程度相等的情况下，按照资本的不同有机构成，会有很不相同的利润率。

投在五个部门的资本的总额等于500；它们生产的剩余价值的总额等于110；它们生产的商品的总价值等于610。如果我们把这500看作一个资本，Ⅰ—Ⅴ不过是这个资本的不同部分（比方说好像一个棉纺织厂分成不同部分：梳棉间、粗纺间、纺纱间和织布间，这些部分的不变资本和可变资本的比率各不相同，而整个工厂的平均比率只有通过计算才能得出），那么，首先这个资本500的平均构成是390c＋110v，用百分比表示，是78c＋22v。既然每个资本100都只是被看作总资本的$\frac{1}{5}$，那么它的构成就是这个平均构成78c＋22v；同样，每100都有22作为平均剩余价值；因此，平均利润率＝22%；最后，这500所生产的总产品的任何$\frac{1}{5}$的价格＝122。因此，全部预付资本的任何$\frac{1}{5}$所生产的产品，都必须按 122 的价格出售。

求出不同生产部门的不同利润率的加权平均数，把这个平均数加到不同生产部门的成本价格上，由此形成的价格，就是生产价格。生产价格以一般利润率的存在为前提；而这个一般利润率，又以每个特殊生产部门的利润率已经分别化为同样多的平均率为前提。这些特殊的利润率在每个生产部门都$=\frac{m}{c}$，并且像本册第一篇所作的那样，它们要从商品的价值引申出来。没有这种引申，一般利润率（从而商品的生产价格）就是一个没有意义、没有内容的概念。因此，商品的生产价格，等于商品的成本价格加上依照一般利润率按百分比计算应加到这个成本价格上的利润，或者说，等于商品的成本价格加上平均利润。

由于投在不同生产部门的资本有不同的有机构成，因而，由于等量资本按可变部分在一定量总资本中占有不同的百分比而推动极不等量的劳动，等量资本也就占有极不等量的剩余劳动，或者说，生产极不等量的剩余价值。根据这一点，不同生产部门中占统治地位的利润率，本来是极不相同的。这些不同的利润率，通过竞争而平均化为一般利润率，而一般利润率就是所有这些不同利润率的平均数。按照这个一般利润率归于一定量资本（不管它的有机构成如何）的利润，就是平均利润。一个商品的价格，如等于这个商品的成本价格，加上生产这个商品所使用的资本（不只是生产它所消费的资本）的年平均利润中根据这个商品的周转条件归于它的那部分，就是这个商品的生产价格。

因此，虽然不同生产部门的资本家在出售自己的商品时收回了生产这些商品所用掉的资本价值，但是他们不是得到了本部门生产这些商品时所生产的剩余价值从而利润，而只是得到了社会总资本在所有生产部门在一定时间内生产的总剩余价值或总利润均衡分配时归于总资本的每个相应部分的剩余价值从而利润。每 100 预付资本，不管它的构成怎样，每年或在任何期间得到的利润，就是作为总资本一个部分的 100 在这个期间所得的利润。就利润来说，不同的资本家在这里彼此只是作为一个股份公司的股东发生关系，在这个公司中，按每 100 资本均衡地分配一份利润。因此，对不同的资本家来说，他们的各份利润之所以有差别，只是因为每个人投在总企业中的资本量不等，因为每个人在总企业中的入股比例不等，因为每个人持有的股票数不等。

可见，一般利润率取决于两个因素：

1. 不同生产部门的资本的有机构成，从而各个部门的不同的利润率；

2. 社会总资本在这些不同部门之间的分配，即投在每个特殊部门因而有特殊利润率的资本的相对量；也就是，每个特殊生产部门在社会总资本中所吸收的相对份额。

我们在第一册和第二册只是研究了商品的价值。现在，一方面，成本价格作为这个价值的一部分而分离出来了，另一方面，商品的生产价格作为价值的一个转化形式而发展起来了。

社会劳动生产力在每个特殊生产部门的特殊发展，在程度上是不同的，有的高，有的低，这和一定量劳动所推动的生产资料量成正比，或者说，和一定数目的工人在工作日已定的情况下所推动的生产资料量成正比，也就是说，和推动一定量生产资料所需要的劳动量成反比。因此，我们把那种同社会平均资本相比，不变资本占的百分比高，从而可变资本占的百分比低的资本，叫作高构成的资本。反之，把那种同社会平均资本相比，不变资本比重小，而可变资本比重大的资本，叫作低构成的资本。最后，我们把那种和社会平均资本有同样构成的资本，叫作平均构成的资本。如果社会平均资本，用百分比表示，由80c＋20v构成，那么一个由90c＋10v构成的资本就高于社会平均数，一个由70c＋30v构成的资本，就低于社会平均数。一般地说，在社会平均资本的构成＝m_c+n_v，m和n为不变量，并且m＋n＝100时，(m＋x)c＋(n－x)v就代表一个资本或资本群的高构成，(m－x)c＋(n＋x)v则代表一个资本或资本群的低构成。这些资本在平均利润率确定之后，在一年周转一次的前提下，怎样执行职能，可由下表看出。在表内，Ⅰ代表平均构成，因此，平均利润率＝20%。

Ⅰ. 80c＋20v＋20m。利润率＝20%。产品的价格＝120。价值＝120。

Ⅱ. 90c＋10v＋10m。利润率＝20%。产品的价格＝120。价值＝110。

Ⅲ. 70c＋30v＋30m。利润率＝20%。产品的价格＝120。价值＝130。

这样，就资本Ⅱ生产的商品来说，价值小于生产价格，就资本Ⅲ生产的商品来说，生产价格小于价值。只有就资本构成偶然是社会平均构成的生产部门的资本Ⅰ来说，价值才等于生产价格。

商品的生产价格＝k＋p，即等于成本价格加上利润，这个公式，现在得到了如下的进一步规定：p＝kp′（p′代表一般利润率），因而生产价格＝k＋kp′。如果k＝300，p′＝15%，生产价格k＋kp′就$=300+300\times\frac{15}{100}=345$。

商品的生产价格，在每个特殊生产部门，都会在下述每个场合发生量的变动：

1. 商品价值不变（也就是说，加入商品生产的死劳动和活劳动的量不变），但一般利润率发生了一种不以该部门为转移的变化。

2. 一般利润率不变，但价值发生了变动，这或是由于该生产部门本身的技术发生了变化，或是由于作为形成要素加入该部门不变资本的商品的价值发生了变动。

3. 最后，上述两种情况共同发生作用。

我们在第一篇已经看到，从量的方面来看，剩余价值和利润是同一的。不过，利润率一开始就和剩余价值率有区别，这首先只表现为不同的计算方式；但这一开始就使剩余价值的真实起源完全模糊了和神秘化了。因为利润率会在剩余利润率不变时提高或下降，或者反过来，并且因为利润率是资本家实际上惟一关心的事情。然而，量的差别只存在于剩余价值率和利润之间，而不是存在于剩余价值和利润本身之间。因为在利润率中，剩余价值是按总资本计算的，是以总资本为尺度的，所以剩余价值本身也就好像从总资本产生，而且同样地从总资本的一切部分产生，这样，不变资本和可变资本的有机差别就在利润的概念中消失了；因此，实际上，剩余价值本身在它的这个转化形式即利润上否定了自己的起源，失去了自己的性质，成为不能认识的东西。但到目前为止，利润和剩余价值的差别，只同质的变化，同形式变换有关，而在转化的这个第一阶段上，实际的量的差别还只存在于利润率和剩余价值率之间，而不是存在于利润和剩余价值之间。

一般利润率，从而与各不同生产部门所使用的既定量资本相适应的平均利润一经形成，情况就不同了。

现在，一个特殊生产部门实际生产的剩余价值或利润，同商品出售价格中包含的利润相一致，这只是一种偶然的现象。现在，不仅利润率和剩余价值率，而且利润和剩余价值，通常都是实际不同的量。现在，在劳动的剥削程度已定时，一个特殊生产部门生产的剩余价值量，对社会资本的总平均利润，从而对整个资本家阶级，比直接对每个生产部门的资本家更重要。它对每个特殊生产部门的资本家之所以重要，只是由于他那个部门生产的剩余价值量作为决定因素参加平均利润的调节。但这是一个在他背后进行的过程，这个过程是他所看不见的，不理解的，实际上不关心的。现在，在各特殊生产部门内，利润和剩余价值之间——不仅是利润率和剩余价值率之间——实际的量的差别，把利润的真正性质和起源完全掩盖起来，这不仅对由于特殊利益在这一点上欺骗自己的资本家来说是这样，而且对工人来说也是这样。随着价值转化为生产价格，价值规定的基础本身就被掩盖起来。最后，如果在剩余价值单纯转化为利润时，形成利润的商品价值部分，与作为商品成本价格的另一个价值部分相对立，以致对资本家来说，价值概念在这里已经消失，——因为他看到的不是生产商品所耗费的总劳动，而只是总劳动的一部分，即他已经在活的或死的生产资料的形式上支付的部分，——因而在他看来，利润是某种存在于商品的内在价值以外的东西，那么，现在这种看法就完全被确认、固定和僵化了，因为当我们考察特殊生产部门时，加在成本价格上的利润，的确不是由该部门本身的价值形成过程的界限决定，而是由完全外在的条件确定的。

第十章　一般利润率通过竞争而平均化。市场价格和市场价值。超额利润

一部分生产部门所使用的资本具有中等构成或平均构成，也就是说，这部分生产部门的资本的构成完全是或接近于社会平均资本的构成。

在这些部门中生产的商品的生产价格，是同这些商品的用货币来表现的价值完全一致或接近一致的。如果没有别的方法可以达到数学上的极限，那么，用这样的方法也许可以达到。竞争会把社会资本这样地分配在不同的生产部门中，以致每个部门的生产价格，都按照这些中等构成部门的生产价格的样板来形成，也就是说，它们$=k+kp'$（成本价格加上成本价格乘以平均利润率所得之积）。但是这种平均利润率，不外就是这些中等构成部门的用百分比计算的利润，在这些部门中利润是同剩余价值一致的。因此，利润率在一切生产部门都是一样的，也就是说，是同资本的平均构成占统治地位的中等生产部门的利润率相等的。因此，一切不同生产部门的利润的总和，必然等于剩余价值的总和；社会总产品的生产价格的总和，必然等于它的价值的总和。

在这里，真正困难的问题是：利润到一般利润率的这种平均化是怎样进行的，因为这种平均化显然是结果，而不可能是起点。

我们先假定，不同生产部门的一切商品都按照它们的实际价值出售。这样一来会怎么样呢？如前所述，在不同的生产部门占统治地位的就会是极不相同的利润率。商品是按照它们的价值来出售（即按照它们包含的价值的比例，按照与它们的价值相一致的价格来交换），还是按照那种使它们的出售能为它们的各自生产上所预付的等量资本提供等量利润

的价格来出售，这显然是完全不同的两件事情。

全部困难是由这样一个事实产生的：商品不只是当作商品来交换，而是当作资本的产品来交换。这些资本要求从剩余价值的总量中，分到和它们各自的量成比例的一份，或者在它们的量相等时，要求分到相等的一份。一定资本在一定时间内生产的商品的总价格，应该满足这种要求。但是，这些商品的总价格，只是资本所生产的各个商品的价格的总和。

因此，商品按照它们的价值或接近于它们的价值进行的交换，比那种按照它们的生产价格进行的交换，所要求的发展阶段要低得多。按照它们的生产价格进行的交换，则需要资本主义的发展达到一定的高度。

要使商品互相交换的价格接近于符合它们的价值，只需要：1. 不同商品的交换，不再是纯粹偶然的或仅仅一时的现象；2. 就直接的商品交换来说，这些商品是双方按照大体符合彼此需要的数量来生产的，这一点是由交换双方在销售时取得的经验来确定的，因此是从连续不断的交换本身中产生的结果；3. 就出售来说，没有任何自然的或人为的垄断能使立约双方的一方高于价值出售，或迫使一方低于价值抛售。至于偶然的垄断，我们是指那种由偶然的供求状况所造成的对买者或卖者的垄断。

不同生产部门的商品按照它们的价值来出售这个假定，当然只是意味着：它们的价值是它们的价格围绕着运动的重心，而且价格的不断涨落也是围绕这个重心来拉平的。此外，必须始终把市场价值——下面我们就要谈到它——与不同生产者所生产的个别商品的个别价值区别开来。在这些商品中，有些商品的个别价值低于市场价值（也就是说，生产这些商品所需要的劳动时间少于市场价值所表示的劳动时间），另外一些商品的个别价值高于市场价值。市场价值，一方面，应看作是一个部门所生产的商品的平均价值，另一方面，又应看作是在这个部门的平均条件下生产的并构成该部门的产品很大数量的那种商品的个别价值。只有在特殊的组合下，那些在最坏条件下或在最好条件下生产的商品才会调节市场价值，而这种市场价值又成为市场价格波动的中心，不过市场价格对同类商品来说是相同的。如果满足通常的需求的，是按平均价值，也就是按两端之间的大量商品的中等价值来供给的商品，那么，其个别价值低于市场价值的商品，就会实现一个额外剩余价值或超额利润，而其个别价值高于市场价值的商品，却不能实现它们所包含的剩余价值的一部分。

如果需求非常强烈，以致当价格由最坏条件下生产的商品的价值来调节时也不降低，那么，这种在最坏条件下生产的商品就决定市场价值。这种情况，只有在需求超过通常的需求，或者供给低于通常的供给时才可能发生。最后，如果所生产的商品的量大于这种商品按中等的市场价值可以找到销路的量，那么，那种在最好条件下生产的商品就调节市场价值。例如，这种商品能够完全按照或者大致按照它们的个别价值来出售，这时可能出现这样的情况：那些在最坏条件下生产的商品，也许连它们的成本价格都不能实现，而那些按中等平均条件生产的商品，也只能实现它们所包含的剩余价值的一部分。这里关于市场价值所说的，也适用于生产价格，只要把市场价值换成生产价格就行了。生产价格是在每个部门中调节的，并且是按照特殊的情况调节的。不过它本身又是一个中心，日常的市场价格就是围绕着这个中心来变动，并且在一定时期内朝这个中心来拉平的。

不管价格是怎样调节的，我们都会得到如下的结论：

1. 价值规律支配着价格的运动，生产上所需要的劳动时间的减少或增加，会使生产价格降低或提高。

2. 决定生产价格的平均利润，必定总是同一定资本作为社会总资本的一个相应部分所分到的剩余价值量接近相等。既然商品的总价值调节总剩余价值，而总剩余价值又调节平均利润从而一般利润率的水平，——这是一般的规律，也就是支配各种变动的规律，——那么，价值规律就调节生产价格。

竞争首先在一个部门内实现的，是使商品的不同的个别价值形成一个相同的市场价值和市场价格。但只有不同部门的资本的竞争，才能形成那种使不同部门之间的利润率平均化的生产价格。这后一过程同前一过程相比，要求资本主义生产方式有更高的发展。

要使生产部门相同、种类相同、质量也接近相同的商品按照它们的价值出售，必须具备两个条件：

第一，不同的个别价值，必须平均化为一个社会价值，即上述市场价值，为此就需要在同种商品的生产者之间有一种竞争，并且需要有一个可供他们共同出售自己商品的市场。如果产品量超过这种需要，商品就必然会低于它们的市场价值出售；反之，如果产品量不够大，就是说，如果卖者之间的竞争压力没有大到足以迫使他们把这个商品量带到市场上来，商品就必然会高于它们的市场价值出售。如果市场价值发生了变化，总商品量得以出售的条件也就会发生变化。如果市场价值降低了，社会需要（在这里总是指有支付能力的需要）平均说来就会扩大，并且在一定限度内能够吸收较大量的商品。如果市场价值提高了，商品的社会需要就会缩减，就只能吸收较小的商品量。因此，如果供求调节市场价格，或者确切地说，调节市场价格同市场价值的偏离，那么另一方面，市场价值调节供求关系，或者说，调节一个中心，供求的变动使市场价格围绕这个中心发生波动。

相反，假定投到市场上的该商品的总量仍旧不变，然而在较坏条件下生产的商品的价值，不能由较好条件下生产的商品的价值而拉平，以致在较坏条件下生产的那部分商品，无论同中间的商品相比，还是同另一端的商品相比，都构成一个相当大的量，那么，市场价值或社会价值就由在较坏条件下生产的大量商品来调节。

最后，假定在高于中等条件下生产的商品量，大大超过在较坏条件下生产的商品量，甚至同中等条件下生产的商品量相比也构成一个相当大的量；那么，市场价值就由在最好条件下生产的那部分商品来调节。

事实上，严格地说（当然，实际上只是接近如此，而且还会有千变万化），在第一种情况下，由中等价值调节的商品总量的市场价值，等于它们的个别价值的总和；尽管这个价值，对两端生产的商品来说，表现为一种强加于它们的平均价值。这样，在最坏的一端生产的人，必然低于个别价值出售他们的商品；在最好的一端生产的人，必然高于个别价值出售他们的商品。

在第二种情况下，在两端生产的两个个别价值量并不拉平，而是在较坏条件下生产的商品起了决定作用。

最后，假定和第三种情况一样，在有利的一端生产的商品量，不仅同另一端相比，而且同中等条件下生产的商品量相比，都占据较大的地盘，那么，市场价值就会降低到中等价值以下。

以上抽象地叙述的市场价值的确定，在需求恰好大到足以按这样确定的价值吸收掉全部商品的前提下，在实际市场上是通过买者之间的竞争来实现的。在这里，我们就谈到另外一点了。

第二，说商品有使用价值，无非就是说它能满足某种社会需要。当我们只是说到单个商品时，我们可以假定，存在着对这种特定商品的需要，——它的量已经包含在它的价格中，——而用不着进一步考察这个有待满足的需要的量。但是，只要一方面有了整个生产部门的产品，另一方面又有了社会需要，这个量就是一个重要的因素了。因此，现在有必要考察一下这个社会需要的规模，即社会需要的量。

在上述关于市场价值的各个规定中，我们假定，所生产的商品的量是不变的，是已定的，只是这个在不同条件下生产的量的各个组成部分的比例发生了变化，因此，同样数量的商品的市场价值要按不同的方法来调节。假定这个总量就是通常的供给量，并且我们撇开所生产的商品的一部分会暂时退出市场的可能性不说。如果对这个总量的需求仍旧是普通的需求，这个商品就会按照它的市场价值出售，而不管这个市场价值是按以上研究过的三种情况中的哪一种情况来调节。这个商品量不仅满足了一种需要，而且满足了社会范围内的需要。与此相反，如果这个量小于或大于对它的需求，市场价格就会偏离市场价值。第一种偏离就是：如果这个量过小，市场价值就总是由最坏条件下生产的商品来调节，如果这个量过大，市场价值就总是由最好条件下生产的商品来调节，因而市场价值就由两端中的一端来决定，尽管单纯就不同条件下生产的各个量的比例来看，必然会得到另外的结果。如果需求和生产量之间的差额更大，市场价格也就会偏离市场价值更远，或者更高于市场价值，或者更低于市场价值。

要使一个商品按照它的市场价值来出售，也就是说，按照它包含的社会必要劳动来出售，耗费在这种商品总量上的社会劳动的总量，就必须同这种商品的社会需要的量相适应，即同有支付能力的社会需要的量相适应。竞争，同供求比例的变动相适应的市场价格的波动，总是力图把耗费在每一种商品上的劳动的总量归结到这个标准上来。

在资本主义生产中，问题不仅在于，要用那个以商品形式投入流通的价值额，取出另一种形式（货币形式或其他商品形式）的等量的价值额，而且在于，要为那个预付在生产中的资本，取出和任何另一个同量资本所取得的一样多的或者与资本的大小成比例的剩余价值或利润，而不管预付资本是用在哪个生产部门；因此，问题在于，最低限度要按照那个会提供平均利润的价格，即生产价格来出售商品。在这种形式上，资本就意识到自己是一种社会权力，每个资本家都按照他在社会总资本中占有的份额而分享这种权力。

第一，资本主义生产本身并不关心它所生产的商品具有什么样的使用价值，不关心它所生产的商品具有什么样的特殊性质。在每个生产部门中，它所关心的只是生产剩余价值，在劳动产品中占有一定量的无酬劳动。同样，从属于资本的雇佣劳动，按它的性质来说，也不关心它的劳动的特殊性质，它必须按照资本的需要让人们变来变去，把它从一个生产部门抛到另一个生产部门。

第二，事实上，一个生产部门和另一个生产部门好坏都是一样的。每个生产部门都提供同样的利润，而且，如果它所生产的商品不去满足某种社会需要，它就是无用的。

但是，如果商品都按照它们的价值出售，那就像已经说过的那样，不同生产部门由于投入其中的资本量的有机构成不同，会产生极不相同的利润率。但是资本会从利润率较低的部门抽走，投入利润率较高的其他部门。通过这种不断的流出和流入，总之，通过资本在不同部门之间根据利润率的升降进行的分配，供求之间就会形成这样一种比例，使不同的生产部门都有相同的平均利润，因而价值也就转化为生产价格。资本主义或多或少能够实现这种平均化。随着资本主义生产的发展，这种生产使生产过程借以进行的全部社会前提从属于它的特殊性质和它的内在规律。

根据以上所说可以得出结论，每一单个资本家，同每一个特殊生产部门的所有资本家总体一样，参与总资本对全体工人阶级的剥削，并参与决定这个剥削的程度，这不只是出于一般的阶级同情，而且也是出于直接的经济利益，因为在其他一切条件（包括全部预付不变资本的价值）已定的前提下，平均利润率取决于总资本对总劳动的剥削程度。

因此，我们在这里得到了一个像数学一样精确的证明：为什么资本家在他们的竞争中表现出彼此都是假兄弟，但面对整个工人阶级却结成真正的共济会团体。

第三篇

利润率趋向下降的规律

第十三章　规律本身

在工资和工作日已定时，一个可变资本，例如100，代表着一定数目的被推动的工人；它就是这个人数的指数。例如，假定100镑是100个工人一周的工资。如果这100个工人所完成的必要劳动和剩余劳动一样多，也就是说，如果他们每天为自己劳动的时间，即再生产他们的工资的时间，和他们为资本家劳动的时间，即生产剩余价值的时间一样多，那么，他们的总价值产品就＝200镑，他们生产的剩余价值则是100镑。剩余价值率$\frac{m}{v}$就＝100%。但是我们已经知道，这个剩余价值率由于不变资本c的大小不等，从而由于总资本C的大小不等，会表现为极不相同的利润率，因为利润率＝$\frac{m}{C}$。假定剩余价值率为100%：

如果c＝50，v＝100，那么$p'=\frac{100}{150}=66\frac{2}{3}\%$；

如果c＝100，v＝100，那么$p'=\frac{100}{200}=50\%$；

如果c＝200，v＝100，那么$p'=\frac{100}{300}=33\frac{1}{3}\%$；

如果c＝300，v＝100，那么$p'=\frac{100}{400}=25\%$；

如果c＝400，v＝100，那么$p'=\frac{100}{500}=20\%$。

这样，在劳动的剥削程度不变时，同一个剩余价值率会表现为不断下降的利润率，因为随着不变资本的物质量的增加，不变资本从而总资本的价值量也会增加，虽然不是按相同的比例增加。

如果我们进一步假定，资本构成的这种逐渐变化，不仅发生在个别生产部门，而且或多或少地发生在一切生产部门，或者至少发生在具有决定意义的生产部门，因而这种变化就包含着某一个社会的总资本的平均有机构成的变化，那么，不变资本同可变资本相比的这种逐渐增加，就必然会有这样的结果：在剩余价值率不变或资本对劳动的剥削程度不变的情况下，一般利润率会逐渐下降。而我们已经看到，随着资本主义生产方式的发展，可变资本同不变资本相比，从而同被推动的总资本相比，会相对减少，这是资本主义生产方式的规律。这只是说，由于资本主义生产内部所特有的生产方法的日益发展，一定价值量的可变资本所能支配的同数工人或同量劳动力，会在同一时间内推动、加工、生产地消费掉数量不断增加的劳动资料，机器和各种固定资本，原料和辅助材料，——也就是价值量不断增加的不变资本。可变资本同不变资本从而同总资本相比的这种不断的相对减少，和社会资本的平均有机构成的不断提高是同一回事。这也只是劳动的社会生产力不断发展的另一种表现，而这种发展正好表现在：由于更多地使用机器和一般固定资本，同数工人在同一时间内可以把更多的原料和辅助材料转化为产品，也就是说，可以用较少的劳动把它们转化为产品。与不变资本价值量的这种增加——虽然它只是大致地表现出在物质上构成不变资本的各种使用价值的实际数量的增加——相适应的，是产品的日益便宜。每一个产品就其本身来看，同较低的生产阶段相比，都只包含一个更小的劳动量，因为在较低的生产阶段上，投在劳动上的资本比投在生产资料上的资本大得多。因此，本章开头假设的序列，表示了资本主义生产的实际趋势。资本主义生产，随着可变资本同不变资本相比的日益相对减少，使总资本的有机构成不断提高，由此产生的直接结果是：在劳动剥削程度不变甚至提高的情况下，剩余价值率会表现为一个不断下降的一般利润率。

造成一般利润率趋向下降的同一些原因，又会引起资本的加速积累，从而引起资本所占有的剩余劳动（剩余价值、利润）绝对量或总量的增加。

利润率因生产力的发展而下降，同时利润量却会增加。

因为生产力的发展以及与之相适应的资本构成的提高，会使数量越来越小的劳动，推动数量越来越大的生产资料，所以，所生产的商品总量中每一定量商品，都只吸收较少的活劳动，而且也只包含较少的对象化劳动。尽管如此，单个商品中包含的利润量，在绝对剩余价值率或相对剩余价值率提高时仍能增加。它包含较少的新追加劳动，但是这种劳动的无酬部分同有酬部分相比却增加了。不过，只有在一定范围内情况才是这样。

第四篇

商品资本和货币资本转化为商品经营资本和货币经营资本（商人资本）

第十六章　商品经营资本

商人资本或商业资本分为两个形式或亚种，即商品经营资本和货币经营资本。现在，我们要在分析资本的核心构造所必要的范围内，较详细地说明这两种资本的特征。

商品资本的运动在第二册已经分析过了。就社会总资本来说，它的一部分总是作为商品处在市场上，以便转化为货币，虽然这部分的构成要素不断改变，甚至数量也在变化；另一部分以货币形式处在市场上，以便转化为商品。社会总资本总是处在这种转化即这种形态变化的运动中。只要处在流通过程中的资本的这种职能作为一种特殊资本的特殊职能独立起来，作为一种由分工赋予特殊一类资本家的职能固定下来，商品资本就成为商品经营资本或商业资本。

商品经营资本不外是这个不断处在市场上、处在形态变化过程中并总是局限在流通领域内的流通资本的一部分的转化形式。我们说一部分，是因为商品的买和卖有一部分是不断地在产业资本家自身中间直接进行的。

商品经营者，作为资本家一般，首先是作为某个货币额的代表出现在市场上；他作为资本家预付这个货币额，也就是说，他要把这个货币额从 x（这个货币额的原有价值）转化为 x＋Δx（这个货币额加上它的利润）。但是，对他这个不仅是作为资本家一般，而且特别是作为商品经营者的人来说，不言而喻的是，他的资本最初必须以货币资本的形式出现在市场上，因为他不生产商品，而只是经营商品，对商品的运动起中介作用，而要经营商品，他就必须首先购买商品，因此必须是货币资本的占有者。

假定一个商品经营者有 3 000 镑，把它当作经营资本来增殖。他用这 3 000 镑从麻布厂主那里购买比如说 30 000 码麻布，每码 2 先令。他再把这 30 000 码麻布卖掉。如果年平均利润率＝10％，他在扣除一切其他花费之后赚到 10％的年利润，那么，他在年终时就把这 3 000 镑转化为 3 300 镑了。他怎样赚得这笔利润，那是我们以后才要研究的问题。在这里，我们首先要考察的只是他的资本的运动的形式。他不断地用这 3 000 镑购买麻布，并且不断地把这些麻布卖掉；他不断地重复为卖而买这一行为，G—W—G′。这是完全局限在流通过程中的资本的简单形式，不会因处在这一资本的自身运动和职能范围以外的生产过程所造成的间歇而中断。

因此，商品经营资本无非是生产者的商品资本，这种商品资本必须经历它转化为货币的过程，必须在市场上完成它作为商品资本的职能；不过这种职能已经不是表现为生产者的附带活动，而是表现为一类特殊资本家即商品经营者的专门活动，它已经作为一种特殊投资的业务而独立起来。

既然商品经营资本在自行销售的生产者手中显然只是他的资本在再生产过程中的一个特殊阶段上，即停留在流通领域的时候所表现的一种特殊形式，那么，是什么情况使商品经营资本具有一个独立地执行职能的资本的性质呢？

第一，是下面这个情况：商品资本是在一个和它的生产者不同的当事人手中完成它最终转化为货币的过程，即完成它的第一形态变化，完成它在市场上作为商品资本所固有的职能的；商品资本的这种职能，是以商人的活动，即商人的买卖为中介的，于是这种活动就形成一种特别的、与产业资本的其他职能分离的、因而是独立存在的业务。这是社会分工的一种特殊形式，结果是，一部分本来要在资本再生产过程的一个特殊阶段（在这里就是流通阶段）中完成的职能，现在表现为一种和生产者不同的、特别的流通当事人的专门职能。但是单有这一点，这种特殊业务还决不会表现为一种和处于再生产过程的产业资本不同的、独立于产业资本之外的特殊资本的职能；在商品经营只是由产业资本家的推销员或其他直接代理人进行的地方，它实际上还没有表现为这种职能。因此，还必须有第二个因素。

第二，这是由于独立的流通当事人，商人，在这个地位上要预付货币资本（他自有的或借入的）。那个对于处在再生产过程中的产业资本来说只表现为 W—G，即商品资本转化为货币资本或单纯的卖的行为，对商人来说却表现为 G—W—G′，即同一商品的买和卖，因而表现为货币资本的回流，这个货币资本在商人进行购买时离开了他，通过出售又回到他手中。

因此，商品资本会在商品经营资本形式上取得一种独立资本的形态，是由于这样一种情况：商人预付货币资本，这种资本所以能作为资本自行增殖，能执行资本的职能，是因为它专门从事这样一种活动，即作为中介实现商品资本的形态变化，实现这一资本作为商品资本的职能，也就是实现它向货币的转化，并且这一点是通过商品的不断的买和卖来实现的。这是商品经营资本的惟一活动；对产业资本流通过程起中介作用的这种活动，就是商人使用的货币资本的惟一职能。通过这种职能，商人把他的货币转化为货币资本，把他的 G 表现为 G—W—G′；并且通过同一过程，他把商品资本转化为商品经营资本。

商品经营资本，只要它以商品资本的形式存在，从社会总资本的再生产过程来看，显然不过是产业资本中那个还处在市场上、处在自己的形态变化过程中、现在作为商品资本存在和执行职能的部分。因此，这只是商人预付的货币资本，这种货币资本是专门用于买卖商品的，因而只采取商品资本和货币资本的形式，而从来不采取生产资本的形式，并且总是处在资本的流通领域中——我们现在就资本的总再生产过程要考察的，也只是这种货币资本。

一旦生产者即麻布厂主把他的30 000码麻布卖给商人，得到了3 000镑，他就会用由此得到的货币购买必要的生产资料，他的资本就会再进入生产过程；他的生产过程就会继续进行下去，不会发生中断。对他来说，他的商品已经转化为货币。但是我们知道，对麻布本身来说，这种转化还没有发生。它还没有最终再转化为货币，还没有作为使用价值进入生产消费或个人消费。原来由麻布生产者代表的同一商品资本，现在在市场上由麻布商人来代表了。对麻布生产者来说，形态变化的过程缩短了，但只是要在商人手中继续进行下去。

如果麻布生产者必须等待，直等到他的麻布实际上已经不再是商品，已经转入最后的买者手中，即转入生产消费者或个人消费者手中，那么，他的再生产过程就会中断。或者，为了使再生产过程不致中断，他就必须限制他的业务，把他的较小部分的麻布转化为麻纱、煤炭、劳动等等，总之，转化为生产资本的各种要素，而把他的较大部分的麻布作为货币准备金保存起来，以便在他的资本的一部分作为商品处在市场上的时候，另一部分能够使生产过程继续进行下去，因而，在这一部分作为商品出现在市场上的时候，那一部分则以货币形式流回。他的资本的这种分割，不会由于商人的介入而消除。但是，如果没有商人的介入，流通资本中以货币准备金形式存在的部分，同以生产资本形式使用的部分相比，必然会不断增大，与此相适应，再生产的规模就会受到限制。而现在，生产者能够把他的资本中较大的部分不断地用于真正的生产过程，而把较小的部分用作货币准备金。

但是这样一来，社会资本的另一个部分现在就以商人资本的形式不断地处在流通领域中。这个部分始终只是用来买卖商品。因此，看起来只是握有这种资本的人改换了。

如果商人不是把3 000镑用来购买麻布，然后把它再卖出去，而是自己把这3 000镑用于生产，那么，社会的生产资本似乎就会增大了。不过在这种情况下，麻布生产者当然就必须把他的相当大一部分资本作为货币准备金保存起来；现在已经转化为产业资本家的商人也必须这样做。反之，如果商人仍然是商人，那么，生产者就可以把出售商品的时间节省下来用于监督生产过程，而商人则必须把他的全部时间用于出售商品。

只要商人资本没有超过它的必要的比例，那就必须承认：

1. 由于分工，专门用于买卖的资本（在这里，除了购买商品的货币以外，还包括在经营商业所必要的劳动方面和在商人的不变资本即仓库、运输等等方面必须支出的货币），小于产业资本家在必须亲自从事他的企业的全部商业活动时所需要的这种资本。

2. 因为商人专门从事这种业务，所以，不仅生产者可以把他的商品较早地转化为货币，而且商品资本本身也会比它处在生产者手中的时候更快地完成它的形态变化。

3. 就全部商人资本同产业资本的关系来看，商人资本的一次周转，不仅可以代表一个生产部门许多资本的周转，而且可以代表不同生产部门若干资本的周转。前一种情况是，例如，在麻布商人用他的3 000镑购买麻布生产者的产品并再把它卖掉以后，在这个生产者再把同量商品投入市场以前，他又去购买另一个或几个麻布生产者的产品并再把它卖掉，这样也就对同一生产部门中的不同资本的周转起中介作用。后一种情况是，例如，在商人把麻布卖掉之后，接着买进生丝，从而对另一个生产部门的资本的周转起中介作用。

商人资本不外是在流通领域内执行职能的资本。流通过程是总再生产过程的一个阶段。但是在流通过程中，任何价值也没有生产出来，因而任何剩余价值也没有生产出来。在这个过程中，只是同一价值量发生了形式变化。事实上不过是发生了商品的形态变化，这种形态变化本身同价值创造或价值变化毫无关系。如果说在生产的商品出售时实现了剩余价值，那是因为剩余价值已经存在于该商品中；因此，在第二个行为，即货币资本同商品（各种生产要素）的再交换中，买者也不会实现任何剩余价值，在这里货币同生产资料和劳动力的交换只是为剩余价值的生产作了准备。相反地，既然这些形态变化要花费流通时间，——在这个时间内资本根本不生产东西，因而也不生产剩余价值，——这个时间也就限制价值的创造，表现为利润率的剩余价值会正好和流通时间的长短成反比。因此，商人资本既不创造价值，也不创造剩余价值，就是说，它不直接创造它们。但既然它有助于流通时间的缩短，它就能间接地有助于产业资本家所生产的剩余价值的增加。既然它有助于市场的扩大，并对资本之间的分工起中介作用，因而使资本能够按更大的规模来经营，它的职能也就提高产业资本的生产效率和促进产业资本的积累。既然它缩短流通时间，它也就提高剩余价值对预付资本的比率，也就是提高利润率。既然它把资本的一个较小部分作为货币资本束缚在流通领域中，它就增大了直接用于生产的那部分资本。

第十七章　商业利润

商品经营资本，——撇开可以和它结合在一起的一切异质的职能，如保管、发送、运输、分类、散装等，只说它的真正的为卖而买的职能，——既不创造价值，也不创造剩余价值，它只是对它们的实现起中介作用，因而同时也对商品的实际交换，对商品从一个人手里到另一个人手里的转让，对社会的物质变换起中介作用。但是，因为产业资本的流通阶段，和生产一样，形成再生产过程的一个阶段，所以在流通过程中独立地执行职能的资本，也必须和在不同生产部门中执行职能的资本一样，提供年平均利润。如果商人资本比产业资本提供百分比更高的平均利润，那么，一部分产业资本就会转化为商人资本。如果商人资本带来更低的平均利润，那么就会发生相反的过程。一部分商人资本就会转化为产业资本。没有哪一种资本比商人资本更容易改变自身的用途，更容易改变自身的职能了。

因为商人资本本身不生产剩余价值，所以很清楚，以平均利润的形式归商人资本所有的剩余价值，是总生产资本所生产的剩余价值的一部分。但是现在问题在于：商人资本怎样从生产资本所生产的剩余价值或利润中获得归它所有的那一部分呢？

认为商业利润是单纯的加价，是商品价格在名义上高于它的价值的结果，这不过是一种假象。

很清楚，商人只能从他所出售的商品的价格中获得他的利润，更清楚的是，他出售商品时赚到的这个利润，必然等于商品的购买价格和它的出售价格之间的差额，必然等于后者超过前者的余额。

这种加价的形式是很容易理解的。例如，1码麻布值2先令。如果我要从再出售中获得10%的利润，我就必须加价$\frac{1}{10}$，也就是，按每码2先令$2\frac{2}{5}$便士出售。在这种情况下，它的实际生产价格和它的出售价格之间的差额=$2\frac{2}{5}$便士。这就是2先令的10%的利润。

这就是从现象上最初表现出来的情形：商业利润通过商品加价而实现。事实上，认为利润来自商品价格的名义上的提高或商品高于它的价值出售这整个看法，是从对商业资本的直觉中产生的。

但是，只要仔细考察一下，马上就可以看到，这不过是假象。并且可以看到，假定资本主义生产方式是占统治地位的生产方式，商业利润就不是以这个方式实现的。（在这里，我们谈的始终只是平均的情况，而不是个别的情况。）为什么我们假定，商品经营者只有高于商品生产价格比如说10%出售商品，才能在他的商品上实现10%的利润呢？因为我们已经假定，这种商品的生产者，产业资本家（作为产业资本的人格化，对外界来说，他总是作为“生产者”出现）是按商品的生产价格把商品卖给商人的。但是，为什么假定产业资本家是按商品的生产价格把商品卖给商人的呢？或者不如说，这个假定是以什么为前提的呢？这就是：商业资本（在这里，我们还只是把它看作商品经营资本）不参加一般利润率的形成。在说明一般利润率时，我们必须从这个前提出发，第一，因为商业资本本身那时对我们来说还不存在；第二，因为平均利润，从而一般利润率，首先必须作为不同生产部门的产业资本实际生产的利润或剩余价值的平均化来说明。但是，说到商人资本，我们考察的却是一种不参加利润生产而只分享利润的资本。所以，现在必须对以前的说明进行补充。

假定一年中预付的总产业资本=720c+180v=900（比如说以百万镑为单位），m′=100%。因而产品=720c+180v+180m。然后我们把这个产品或生产出来的商品资本叫作W，它的价值或生产价格（因为就全部商品来说，二者是一致的）就=1 080，总资本900的利润率=20%。按照前面的阐述，这个20%是平均利润率，因为在这里剩余价值不是根据这个或那个具有特殊构成的资本计算的，而是根据具有平均构成的总产业资本计算的。因而W=1 080，利润率=20%。现在我们假定，在这900镑产业资本之外，还有100镑商人资本加入，它要按照自己大小的比例从利润中分得和产业资本相同的份额。按照假定，它是总资本1 000中的$\frac{1}{10}$。因此，它从剩余价值180中分得$\frac{1}{10}$；也就是按18%的比率获得一笔利润。因此，留下来要在其余$\frac{9}{10}$的总资本中进行分配的利润实际上只有162，对资本900来说也是18%。因此，产业资本900的所有者把W卖给商品经营者的价格=720c+180v+162m=1 062。因此，如果商人对他的资本100加上18%的平均利润，他就是按照1 062+18=1 080，也就是按照商品的生产价格来出售商品，或者就总商品资本来看，也就是按照商品的价值来出售商品，虽然他的利润只是在流通中并且通过流通才获得的，只是由于他的出售价格超过他的购买价格的余额才获得的。不过，他还是没有高于商品的价值或高于商品的生产价格出售商品，而正是因为他是低于商品的价值或低于商品的生产价格从产业资本家那里购买商品的。

因此，商人资本会按照它在总资本中所占的比例，作为一个决定的因素参加一般利润率的形成。拿上述例子来说，平均利润率=18%，所以，如果不是总资本有$\frac{1}{10}$是商人资本，由此使一般利润率降低了$\frac{1}{10}$，那么一般利润率就会=20%。这样一来，关于生产价格也就出现一个更确切的有限制的规定。我们仍然要把生产价格理解为商品的价格，即=商品的成本（商品中包含的不变资本+可变资本的价值）+平均利润。但是，这个平均利润现在是由另外的方法决定的。它是由总生产资本所生产的总利润决定的；但不是按这个总生产资本来计算的，而是按总生产资本+商业资本来计算的。在前一个场合，如果总生产资本如上所述=900，利润=180，平均利润率就会$=\frac{180}{900}=20\%$；在后一个场合，如果生产资本为900，商业资本为100，平均利润率就$=\frac{180}{1\,000}=18\%$。因此，生产价格=k（成本）+18，而不是=k+20。在平均利润率中，总利润中归商业资本所有的部分已经计算在内了。因此，全部商品资本的实际价值或实际生产价格=k+p+h（在这里，h代表商业利润）。所以，生产价格或者说产业资本家本人出售商品的价格，小于商品的实际生产价格；或者，就商品的总体来看，产业资本家阶级出售全部商品的价格，小于这全部商品的价值。这样，拿上述例子来说，900（成本）+900的18%，即900+162=1 062。现在商人把他花费100的商品，按118出售，他当然加价18%；但是，因为他用100买来的商品本来值118，所以他并没有高于商品的价值出售。我们以后要在上述这个更确切的意义上使用生产价格这个用语。在这种情况下很清楚，产业资本家的利润等于商品的生产价格超过它的成本价格的余额，而和这种产业利润不同，商业利润等于商品的出售价格超过它的生产价格的余额；这个生产价格对商人来说就是商品的购买价格；但是，商品的实际价格=商品的生产价格+商业利润。正像产业资本之所以能实现利润，只是因为利润作为剩余价值已经包含在商品的价值中一样，商业资本之所以能实现利润，只是因为产业资本在商品的价格中实现的并非全部的剩余价值或利润。因此，商人的出售价格之所以高于购买价格，并不是因为出售价格高于总价值，而是因为购买价格低于总价值。

可见，商人资本虽然不参加剩余价值的生产，但参加剩余价值到平均利润的平均化。因此，一般利润率已经意味着从剩余价值中扣除了属于商人资本的部分，也就是说，对产业资本的利润作了一种扣除。

根据以上所说可以得出如下结论：

1. 同产业资本相比，商人资本越大，产业利润率就越小。反过来，情况也就相反。

2. 如果像第一篇已经说明的那样，利润率总是表现为一个小于实际剩余价值率的比率，也就是说，总是把劳动的剥削程度表现得过小，如以上述720c+180v+180m的情况为例，一个100%的剩余价值率仅仅表现为一个20%的利润率，那么，既然平均利润率本身在商人资本应得的份额计算进来时表现得更小，在这里，是18%，而不是20%，这个比率就相差得更大。因此，直接进行剥削的资本家的平均利润率所表现的利润率小于实际的利润率。

如果产业资本家自己互相直接出售商品时损失的劳动时间——从客观上说，也就是商品的流通时间——根本不会给这些商品加进任何价值，那么很清楚，这种劳动时间决不会因为由商人来花费而不是由产业资本家来花费，就获得另一种性质。由商品（产品）到货币和由货币到商品（生产资料）的转化，是产业资本的必要职能，因而是资本家——他事实上只是人格化的具有自己的意识和意志的资本——的必要活动。但是这种职能既不会增加价值，也不会创造剩余价值。当商人进行这些活动时，或者说，当商人在生产资本家不再执行资本在流通领域内的职能以后，继续执行这种职能时，他只是代替了产业资本家。这些活动所花费的劳动时间，是用在资本的再生产过程的必要活动上的，但它不会加进任何价值。如果商人不去进行这些活动（因而也不花费这些活动所需要的劳动时间），他就不会作为产业资本的流通代理人来使用他的资本，也不会继续执行产业资本家的已经中断的职能，因此也就不会作为资本家，按照他所预付的资本的比例，分享产业资本家阶级所生产的利润量。因此，商业资本家为了分享剩余价值量，使自己预付的货币作为资本增殖，是无须使用雇佣工人的。如果他的业务和资本都很小，他自己也许就是他所使用的惟一工人。他得到的报酬，就是利润的一部分，对他来说，这部分来自商品的购买价格和商品的实际生产价格之间的差额。

但是另一方面，如果商人预付的资本量很小，他实现的利润可能丝毫不比一个报酬比较优厚的熟练雇佣工人的工资多，甚至还可能少。事实上，同商人一起执行职能的，还有产业资本家的直接商业代理人，如采购员、推销员、跑街，他们得到的收入同商人一样多，或者比商人还多，收入的形式或者是工资，或者是对每次出售所获得的利润的分红（佣金，分成）。在第一个场合，商人作为独立的资本家，获得商业利润；在第二个场合，一部分利润，在工资形式上，或者在产业资本家利润的一个比例部分的形式上，支付给办事员，即产业资本家的雇佣工人，他的直接代理人，而雇主自己在这个场合既把产业利润也把商业利润装入腰包。但是，在所有这些场合，尽管对流通代理人自己来说他的收入可能表现为纯粹的工资，表现为他所完成的劳动的报酬，并且尽管在这种收入不是表现为这种形式的地方，他的利润量可能只相当于报酬比较优厚的工人的工资，——在所有这些场合，他的收入都只是来源于商业利润。这是因为，他的劳动不是创造价值的劳动。

对产业资本家来说，流通行为的延长意味着：1. 他的个人时间会受到损失，因为这会妨碍他作为生产过程本身的管理者去执行自己的职能；2. 他的产品会更久地以货币形式或商品形式停留在流通过程中，在这个过程中，产品的价值不会增殖，并且直接的生产过程会被中断。要使直接的生产过程不被中断，就或者必须限制生产，或者必须预付追加的货币资本，以便生产过程不断按同一规模继续进行。这在每一次都会造成如下的结果：或者使原来的资本只取得较少的利润，或者必须预付追加的货币资本，以便取得原来的利润。即使商人代替了产业资本家，这一切仍然不变。这时，不是产业资本家把更多的时间花在流通过程中，而是商人把更多的时间花在流通过程中；不是产业资本家为流通预付追加的资本，而是商人预付追加的资本。或者，换一种说法也一样：不是产业资本的一个相当大的部分不断在流通过程中流转，而是商人的资本完全束缚在流通过程中；不是产业资本家生产的利润少了，而是他必须把他的利润的一部分完全让给商人。只要商人资本限制在必要限度以内，差别就只是在于：由于资本职能的这种划分，专门用在流通过程上的时间减少了，为流通过程预付的追加资本减少了，而且总利润中以商业利润的形式表现出来的损失也比在没有这种划分的情况下减少了。拿我们上述 720c＋180v＋180m 的例子来说，如果在存在一个商人资本 100 的时候，给产业资本家带来的利润是 162 或 18%，因此利润减少了 18，那么，在没有这种独立的商人资本的时候，必要的追加资本也许会是 200，因此，产业资本家的预付总额不是 900，而是 1 100 了，这样，按剩余价值 180 计算，利润率只是 $16\frac{4}{11}\%$。

如果产业资本家同时又是自己的商人，他除了预付追加资本，以便在他的处在流通中的产品再转化为货币以前购买新的商品，还要为实现他的商品资本的价值，也就是为流通过程预付资本（事务所费用和商业工人的工资），那么，这些支出固然会形成追加资本，但不会生产任何剩余价值。它们必须从商品的价值中得到补偿；这些商品的一部分价值必须再转化为这种流通费用；但由此不会形成任何追加的剩余价值。就社会总资本来看，这事实上无非就是说，总资本的一部分是那些不加入价值增殖过程的次一级的活动所需要的，并且社会资本的这个部分必须为这些目的而不断地再生产出来。对单个资本家和整个产业资本家阶级来说，利润率会因此减少。对他们来说，每一次追加资本都会产生这样的结果，只要这种追加是推动同量可变资本所必需的。

当这种和流通业务本身有关的追加费用由商业资本家替产业资本家担负起来的时候，利润率的这种减少也会发生，不过程度较小了，途径也不同了。现在，情况是这样：同没有这种费用时需要预付的资本相比，商人要预付更多的资本；这种追加资本的利润会增加商业利润总额，因此，会有更多的商人资本同产业资本一起参加平均利润率的平均化，也就是说，平均利润会下降。拿我们上述的例子来说，如果在商人资本 100 之外，还要为所说的各种费用预付追加资本 50，那么，全部剩余价值 180 现在就要按照生产资本 900 加上商人资本 150，总共是 1 050 来分配了。因此平均利润率会下降到 $17\frac{1}{7}\%$。产业资本家按照 $900+154\frac{2}{7}=1\,054\frac{2}{7}$ 的价格把商品卖给商人，商人再按照 1 130 的价格（即 1 080＋50 的费用，这是他必须再收回的）把商品卖掉。此外，必须承认，随着商人资本和产业资本的划分，会同时出现商业费用的集中，从而商业费用的减少。

现在要问：商业资本家即这里所说的商品经营者所雇用的商业雇佣工人的情况，是怎样的呢?

从一方面说，一个这样的商业工人，和任何另一个工人一样，是雇佣工人。第一，因为这种劳动是用商人的可变资本，而不是用作为收入来花费的货币购买的；因此，购买这种劳动的目的并不是为了替私人服务，而是为了使预付在这上面的资本自行增殖。第二，因为他的劳动力的价值，从而他的工资，也和一切其他雇佣工人的情况一样，是由他特有的劳动力的生产费用和再生产费用决定的，而不是由他的劳动的产物决定的。

但是，在商业工人和产业资本直接雇用的工人之间，必然会出现产业资本和商业资本之间，从而产业资本家和商人之间出现的同样的差别。因为商人作为单纯的流通当事人既不生产价值，也不生产剩余价值（因为他由自己的费用加到商品上的追加价值，不过是原先已有的价值的追加，尽管这里还有一个问题：他究竟怎样保持和保存他的不变资本的这个价值?），所以，他雇用的执行同样职能的商业工人，也不可能直接为他创造剩余价值。

在这里，也像在生产工人的场合一样，我们假定工资是由劳动力的价值决定的，因此，商人不是靠克扣工资的办法来发财致富，也就是说，他不是把对劳动的一笔预付计入成本，却只支付这笔成本的一部分，换句话说，他不是靠欺骗他的店员等等的办法来发财致富。

就商业雇佣工人来说，困难决不在于说明，他们怎样直接为他们的雇主生产利润，尽管他们不直接生产剩余价值（利润不过是它的转化形式）。这个问题通过对商业利润的一般分析实际上已经解决了。产业资本所以能获得利润，是由于它把包含在并实现在商品中的、但它没有支付等价物的劳动拿来出卖，同样，商业资本所以能获得利润，是由于它没有把包含在商品中的无酬劳动（只要投在这种商品生产上的资本是作为总产业资本的一个相应部分执行职能）全部支付给生产资本，相反地，在出售商品时却让人把这个还包含在商品中的、它未作支付的部分支付给自己。商人资本和剩余价值的关系不同于产业资本和剩余价值的关系。产业资本通过直接占有无酬的他人劳动来生产剩余价值。而商人资本使这个剩余价值的一部分从产业资本手里转移到自己手里，从而占有这部分剩余价值。

商业资本只是由于它的实现价值的职能，才在再生产过程中作为资本执行职能，因而才作为执行职能的资本，从总资本所生产的剩余价值中取得自己的份额。对单个商人来说，他的利润量取决于他能够用在这个过程中的资本量，而他的店员的无酬劳动越大，他能够用在买卖上的资本量就越多。商业资本家会把他的货币借以成为资本的职能本身，大部分交给他的工人去承担。这些店员的无酬劳动，虽然不创造剩余价值，但能使他占有剩余价值；这对这个资本来说，就结果而言是完全一样的；因此，这种劳动对商业资本来说是利润的源泉。否则，商业就不可能大规模地经营，就不可能按资本主义的方式经营了。

正如工人的无酬劳动为生产资本直接创造剩余价值一样，商业雇佣工人的无酬劳动，也为商业资本在那个剩余价值中创造出一个份额。

因为商人资本只是一部分在流通过程中执行职能的产业资本的独立化的形式，所以，一切和它有关的问题，都必须这样来解决：问题首先要在这样的形式上提出，即商人资本所特有的各种现象还没有独立地表现出来，而是还和产业资本直接联系在一起，作为产业资本的一个分支表现出来。在流通过程中，商业资本以与工场相区别的事务所形式继续执行职能。

为雇用商业雇佣工人的支出，虽然表现为工资，但不同于购买生产劳动时耗费的可变资本。它增加了产业资本家的支出，增加了必须预付的资本的量，但不会直接增加剩余价值。

第二十章　关于商人资本的历史考察

以上我们是从资本主义生产方式的角度，并且在资本主义生产方式的界限内，来考察商人资本的。但是，不仅商业，而且商业资本也比资本主义生产方式古老，实际上它是资本在历史上最古老的自由的存在方式。

因为商业资本限制在流通领域，而它的职能是专门对商品交换起中介作用，所以，它的存在——撇开由直接的物物交换所产生的各种不发达的形式不说——所必要的条件，无非就是简单的商品流通和货币流通所必要的条件。或者不如说，简单的商品流通和货币流通就是它的存在条件。作为商品而进入流通的产品，不论是在什么生产方式的基础上生产出来的，——不论是在原始共同体的基础上，还是在奴隶生产的基础上，还是在小农民和小市民的生产的基础上，还是在资本主义生产的基础上生产出来的，——都不会改变自己的作为商品的性质；作为商品，它们都要经历交换过程和随之发生的形态变化。商人资本为之作中介的两极，对商人资本来说，是已经存在的东西，就像它们对货币和对货币的运动来说是已经存在的东西一样。惟一必要的事情是这两极作为商品已经存在，而不管生产完全是商品生产，还是投入市场的只是独立经营的生产者靠自己的生产满足自己的直接需要以后余下的部分。商人资本只是对这两极的运动，即对它来说已经作为前提存在的商品的运动，起中介作用。

在资本主义生产中，商人资本从它原来的独立存在，下降为投资的一个特殊要素，而利润的平均化，又把它的利润率化为一般的平均水平。它只是作为生产资本的要素执行职能。

商人资本的独立发展与资本主义生产的发展程度成反比例这个规律，在例如威尼斯人、热那亚人、荷兰人等经营的转运贸易（carrying trade）的历史上表现得最为明显，在这种贸易上，主要利润的获取不是靠输出本国产品，而是靠在商业和一般经济不发达的各共同体间的产品交换中起中介作用，靠对两个生产国家进行剥削。

第五篇

利润分为利息和企业主收入。生息资本

第二十一章　生息资本

不管资本是作为产业资本投在生产领域内，还是作为商业资本投在流通领域内，它都会按照它的数量比例，提供相同的年平均利润。

货币——在这里它被看作一个价值额的独立表现，而不管这个价值额实际上以货币形式还是以商品形式存在——在资本主义生产的基础上能转化为资本，并通过这种转化，由一个一定的价值变为一个自行增殖、自行增加的价值。它会生产利润，也就是说，使资本家能够从工人那里榨出一定量的无酬劳动，剩余产品和剩余价值，并把它据为己有。这样，货币除了作为货币具有的使用价值以外，又取得一种追加的使用价值，即作为资本来执行职能的使用价值。在这里，它的使用价值正在于它转化为资本而生产的利润。就它作为可能的资本，作为生产利润的手段的这种属性来说，它变成了商品，不过是一种特别的商品。或者换一种说法，资本作为资本，变成了商品。

假定年平均利润率是20%。这时，一台价值100镑的机器，在平均条件以及平均的智力水平和合乎目的的活动下当作资本使用，会提供20镑的利润。因此，一个拥有100镑的人，手中就有使100镑变成120镑，或生产20镑利润的权力。他手中有100镑可能的资本。如果这个人把这100镑交给另一个人为期一年，让后者把这100镑实际当作资本来使用，他也就给了后者生产20镑利润即剩余价值的权力。这个剩余价值对后者来说什么也不花费，他没有为它支付等价物。如果后者在年终把比如说5镑，即把所生产的利润的一部分付给这100镑的所有者，他就是用这5镑来支付这100镑的使用价值，来支付这100镑的资本职能即生产20镑利润的职能的使用价值。他支付给所有者的那一部分利润，叫作利息。因此，利息不外是一部分利润的一个特殊名称，一个特殊项目；执行职能的资本不能把这部分利润装进自己的腰包，而必须把它支付给资本的所有者。

很清楚，100 镑的所有权，使其所有者有权把利息，把他的资本生产的利润的一定部分据为己有。如果他不把这 100 镑交给另一个人，后者就不能生产利润，也就根本不能用这 100 镑来执行资本家的职能。

我们先来考察生息资本的特有的流通。

起点是 A 贷给 B 的货币。A 把货币贷给 B，可以有担保，也可以没有担保；前一种形式是比较古老的，不过用商品或用像汇票、股票等等的债券做担保的贷款除外。这些特殊形式和我们这里无关。在这里，我们只是考察普通形式上的生息资本。

货币在 B 手中实际转化为资本，完成 G—W—G′运动，然后作为 G′，作为 G+ΔG 回到 A 手中；在这里，ΔG 代表利息。

这样，运动就是：

G—G—W—G′—G′。

在这里，出现两次的是，1. 货币作为资本的支出；2. 货币作为已经实现的资本，作为 G′或 G+ΔG 的流回。

在商业资本的运动 G—W—G′中，同一商品转手两次，如果是商人卖给商人，那就要转手多次；但同一商品每次这样的换位，都表示一个形态变化，表示商品的买或卖，而不管这个过程在商品最后进入消费以前要反复进行多少次。

另一方面在 W—G—W 中，同一货币换位两次，却表示商品的一个完全的形态变化，先是商品转化为货币，然后再由货币转化为另一种商品。

相反，在生息资本的场合，G 的第一次换位，既不是商品形态变化的要素，也不是资本再生产的要素。它在第二次支出时，在用它来经营商业或把它转化为生产资本的那个执行职能的资本家手中，才变成这样的要素。在这里，G 的第一次换位，无非表示它已经由 A 转移到或转交到 B 手中；这种转移通常在一定的法律形式和条件下进行。

与货币作为资本的这种双重支出——其中第一次支出只是由 A 转移到 B——相适应的，是它的双重回流。它作为 G′或 G+ΔG，从运动中流回到执行职能的资本家 B 手中。然后，执行职能的资本家 B 让它带着一部分利润，作为已经实现的资本，作为 G+ΔG 再转给 A。在这里，ΔG 不等于利润的全部，而只是利润的一部分，即利息。它流回到 B 手中，只是作为 B 曾经支出的东西，作为执行职能的资本，但它属于 A 所有。因此，要使它的回流完全起来，B 就要把它再转给 A。但除了资本额，B 还要把他用这个资本额赚得的一部分利润在利息的名义下转交给 A，因为 A 只是把这个货币作为资本，即作为不仅在运动中保存自己，而且为它的所有者创造剩余价值的价值交给 B 的。它只有在它是执行职能的资本的时候，才留在 B 手中。并且，只要资本到期流回，它就不再作为资本执行职能。而作为不再执行职能的资本，它就必须再转移到 A 手中，因为 A 一直是它的法律上的所有者。

在这里，资本是作为商品出现的，或者说，货币作为资本变成了商品。从这个规定中就已经可以得出这种商品即作为商品的资本所特有的贷放形式（不过这种形式在其他交易中也会出现），而不是出售形式。

以上我们只考察了借贷资本在它的所有者和产业资本家之间的运动。现在来研究利息。

贷出者把他的货币作为资本放出去；他让渡给另一个人的价值额是资本，因此，这个价值额会流回到他那里。但单是流回到他那里，还不是作为资本贷出的价值额的回流，而只是一个贷出的价值额的偿还。预付的价值额要作为资本流回，就必须在运动中不仅保存自己，而且增殖自己，增大自己的价值量，也就是必须带着一个剩余价值，作为 $G+\Delta G$ 流回。在这里，这个 ΔG 是利息，或者说平均利润中不是留在执行职能的资本家手中，而是落到货币资本家手中的部分。

就通常的出售来说，让渡的是什么呢？那不是所出售的商品的价值，因为这个价值只是改变了形式。卖者实际让渡的，从而进入买者的个人消费或生产消费的，是商品的使用价值，是作为使用价值的商品。

货币资本家在借出期内让渡并出让给生产资本家即债务人的使用价值又是什么呢？是货币由于下面这一点而取得的使用价值：它能够转化为资本，能够作为资本执行职能，因而在它的运动中，它除了保存自己原有的价值量，还会生产一定的剩余价值，生产平均利润（在这里，高于或低于平均利润都表现为偶然的事情）。就其余的商品来说，使用价值最终会被消费掉，因而商品的实体和它的价值会一道消失。相反，资本商品有一种特性：由于它的使用价值的消费，它的价值和它的使用价值不仅会保存下来，而且会增加。

货币资本家在把借贷资本的支配权出让给产业资本家的时间内，就把货币作为资本的这种使用价值——生产平均利润的能力——让渡给产业资本家。

一个普通商品的买者所购买的，是这个商品的使用价值；他支付的，是这个商品的价值。同样，借款人所购买的，是货币作为资本的使用价值；但他支付的是什么呢？那当然不是像在购买别的商品时那样，是它的价格或价值。在贷出者和借入者之间，不像在买者和卖者之间那样，会发生价值的形式变化，以致这个价值在一个时候以货币形式存在，在另一个时候以商品形式存在。放出的价值和收回的价值的同一性，在这里是以完全不同的方式表现出来的。价值额，货币，在没有等价物的情况下付出去，经过一定时间以后交回来。贷出者总是同一价值的所有者，即使在这个价值已经从他手中转到借入者手中，也是这样。在简单商品交换中，货币总是在买者方面；但在贷放中，货币却是在卖者方面。他把货币放出去一定时期，资本的买者则把资本作为商品接受下来。但是，只有当货币能够作为资本执行职能，从而被预付时，这才是可能的。借入者是把货币作为资本，作为自行增殖的价值借来的。不过，和任何处在起点上，处在预付那一瞬间的资本一样，这个货币还不过是可能的资本。它通过使用才自行增殖，才作为资本来实现。但借入者必须把它作为已经实现的资本，即作为价值加上剩余价值（利息）来偿还；而利息只能是他所实现的利润的一部分。只是一部分，不是全部，因为对于借入者来说，这个货币的使用价值，就在于它会替他生产利润。不然的话，贷出者就没有让渡使用价值。另一方面，利润也不能全部归借入者。不然的话，他对于这种使用价值的让渡就没有支付什么，他把贷款还给贷出者时，就只是把它作为单纯的货币，而不是把它作为资本，作为已经实现的资本来偿还了，因为它只有作为 $G+\Delta G$，才是已经实现的资本。

贷出者和借入者双方都是把同一货币额作为资本支出的。但它只有在后者手中才执行资本的职能。同一货币额作为资本对两个人来说取得了双重的存在，这并不会使利润增加一倍。它所以能对双方都作为资本执行职能，只是由于利润的分割。其中归贷出者的部分叫作利息。

资本所以表现为商品，是因为利润分割为利息和本来意义的利润是由供求，从而由竞争来调节的，这完全和商品的市场价格是由它们来调节的一样。但是在这里，不同之处和相同之处一样地明显。如果供求平衡，商品的市场价格就和它的生产价格相一致，也就是说，这时它的价格就表现为由资本主义生产的内部规律来调节，而不是以竞争为转移，因为供求的变动只是说明市场价格同生产价格的偏离。这种偏离会互相抵消，所以从某个较长的时期来看，平均市场价格等于生产价格。一旦供求平衡，这些力量就不再起作用，互相抵消；决定价格的一般规律这时也就适用于个别的场合；市场价格这时就在它的直接存在上，而不只是作为市场价格运动的平均数。工资也是这样。如果供求平衡，供求的作用就会互相抵消，工资就等于劳动力的价值。但货币资本的利息却不是这样。在这里，竞争并不是决定对规律的偏离，而是除了由竞争强加的分割规律之外，不存在别的分割规律，因为我们以后会看到，并不存在"自然"利息率。相反，我们把自然利息率理解为由自由竞争决定的比率。利息率没有"自然"界限。

第二十二章　利润的分割。利息率。"自然"利息率

因为利息只是利润的一部分，按照我们以上的前提，这个部分要由产业资本家支付给货币资本家，所以，利润本身表现为利息的最高界限，达到这个最高界限，归执行职能的资本家的部分就会＝0。撇开利息事实上可能大于利润，因而不能用利润支付的个别情况不说，我们也许还可以把全部利润减去其中可以归结为监督工资的部分（这部分我们以后加以说明）的余额，看作是利息的最高界限。利息的最低界限则完全无法规定。它可以下降到任何程度。不过这时候，总会出现起反作用的情况，使它提高到这个相对的最低限度以上。

如果我们考察一下现代工业在其中运动的周转周期，——沉寂状态、逐渐活跃、繁荣、生产过剩、崩溃、停滞、沉寂状态等等，对这种周期作进一步分析，则不属于我们的考察范围，——我们就会发现，低利息率多数与繁荣时期或有额外利润的时期相适应，利息的提高与繁荣转向急转直下的阶段相适应，而达到高利贷极限程度的最高利息则与危机相适应。

利息率在危机期间达到最高水平，因为这时人们不得不以任何代价借钱来应付支付的需要。同时，由于和利息的提高相适应的是有价证券价格的降低，这对那些拥有可供支配的货币资本的人来说，是一个极好的机会，可以按异常低廉的价格，把这种有息证券抢到手，而这种有息证券，在正常的情况下，只要利息率重新下降，就必然会至少回升到它们的平均价格。

一个国家中占统治地位的平均利息率，——不同于不断变动的市场利息率，——不能由任何规律决定。

没有任何理由可以说明，为什么中等的竞争条件，贷出者和借入者之间的均衡，会使

贷出者得到他的资本的3%、4%、5%等等的利息率，或得到总利润的一定的百分比部分，例如20%或50%。当竞争本身在这里起决定作用时，这种决定本身就是偶然的，纯粹经验的，只有自命博学或想入非非的人，才会试图把这种偶然性说成必然的东西。

在中等利息率不仅作为平均数，而且作为现实的量存在时，习惯和法律传统等等都和竞争本身一样，对它的决定发生作用。如果有人进一步问，为什么中等利息率的界限不能从一般规律得出来，那么答复很简单：由于利息的性质。利息不过是平均利润的一部分。

根据以上所述可以得出结论，并没有什么“自然”利息率。

第二十三章　利息和企业主收入

对于用借入的资本从事经营的产业资本家和不亲自使用自己的资本的货币资本家来说，总利润在两种不同的人，即在两种对同一资本，从而对由它产生的利润享有不同合法权的人之间的单纯量的分割，都会因此转变为质的分割。利润的一部分现在表现为一个规定上的资本应得的果实，表现为利息；利润的另一部分则表现为一个相反规定上的资本的特有的果实，因而表现为企业主收入。一个单纯表现为资本所有权的果实，另一个则表现为用资本单纯执行职能的果实，表现为处在过程中的资本的果实，或能动资本家所执行的职能的果实。总利润的这两部分硬化并且互相独立化了，好像它们出自两个本质上不同的源泉。这种硬化和互相独立化，对整个资本家阶级和整个资本来说，现在必然会固定下来。而且，不管能动资本家所使用的资本是不是借入的，也不管属于货币资本家的资本是不是由他自己使用，情况都是一样。每个资本的利润，从而以资本互相平均化为基础的平均利润，都分成或被割裂成两个不同质的、互相独立的、互不依赖的部分，即利息和企业主收入，二者都由特殊的规律来决定。用自有的资本从事经营的资本家，同用借入的资本从事经营的资本家一样，把他的总利润分为利息和企业主收入。利息归他所有，因为他是资本的所有者，是把资本贷给自己的贷出者，企业主收入也归他所有，因为他是能动的、执行职能的资本家。因此，对于这种质的分割来说，资本家实际上是否和另一个资本家共分，是没有意义的。资本的使用者，即使是用自有的资本从事经营，也具有双重身份，即资本的单纯所有者和资本的使用者；他的资本本身，就其提供的利润范畴来说，也分成资本所有权，即处在生产过程以外的、本身提供利息的资本，和处在生产过程以内的、由于在过程中活动而提供企业主收入的资本。

企业主收入是劳动的监督工资这种看法，是从企业主收入同利息的对立中产生的，并由于下面这个事实而得到进一步加强：利润的一部分事实上能够作为工资分离出来，并且确实也作为工资分离出来，或者不如反过来说，在资本主义生产方式的基础上，一部分工资表现为利润的不可缺少的组成部分。正如亚·斯密已经正确地发现的那样，在那些生产规模等等允许有充分的分工，以致可以对一个经理支付特别工资的营业部门中，这个利润部分会以经理的薪水的形式纯粹地表现出来，一方面同利润（利息和企业主收入的总和），另一方面同扣除利息以后作为所谓企业主收入留下的那部分利润相独立并且完全分离出来。

凡是直接生产过程具有社会结合过程的形态，而不是表现为独立生产者的孤立劳动的地方，都必然会产生监督和指挥的劳动。不过它具有二重性。

一方面，凡是有许多个人进行协作的劳动，过程的联系和统一都必然要表现在一个指挥的意志上，表现在各种与局部劳动无关而与工场全部活动有关的职能上，就像一个乐队要有一个指挥一样。这是一种生产劳动，是每一种结合的生产方式中必须进行的劳动。

另一方面，——完全撇开商业部门不说，——凡是建立在作为直接生产者的劳动者和生产资料所有者之间的对立上的生产方式中，都必然会产生这种监督劳动。这种对立越严重，这种监督劳动所起的作用也就越大。因此，它在奴隶制度下所起的作用达到了最大限度。但它在资本主义生产方式下也是不可缺少的，因为在这里，生产过程同时就是资本家消费劳动力的过程。这完全同在专制国家中一样，在那里，政府的监督劳动和全面干涉包括两方面：既包括由一切社会的性质产生的各种公共事务的执行，又包括由政府同人民大众相对立而产生的各种特有的职能。

监督和指挥的劳动，就它由对立的性质，由资本对劳动的统治产生而言，因而就它为包括资本主义生产方式在内的一切以阶级对立为基础的生产方式所共有而言，这种劳动在资本主义制度下，也是直接地和不可分离地同由一切结合的社会劳动交给单个人作为特殊劳动去完成的生产职能，结合在一起的。

资本主义生产本身已经使那种完全同资本所有权分离的指挥劳动比比皆是。因此，这种指挥劳动就无须资本家亲自进行了。一个乐队指挥完全不必就是乐队的乐器的所有者；如何处理其他演奏者的“工资”问题，也不是他这个乐队指挥职能范围以内的事情。合作工厂提供了一个实例，证明资本家作为生产上的执行职能的人员已经成为多余的了，就像资本家自己发展到最成熟时，认为大地主是多余的一样。只要资本家的劳动不是由单纯作为资本主义生产过程的那种生产过程引起，因而这种劳动并不随着资本的消失而自行消失；只要这种劳动不只限于剥削他人劳动这个职能；从而，只要这种劳动是由作为社会劳动的劳动的形式引起，由许多人为达到共同结果而形成的结合和协作引起，它就同资本完全无关，就像这个形式本身一旦把资本主义的外壳炸毁，就同资本完全无关一样。说这种劳动作为资本主义的劳动，作为资本家的职能是必要的，这无非意味着，庸俗经济学家不能设想各种在资本主义生产方式内部发展起来的形式竟能够离开并且摆脱它们的对立的、资本主义的性质。相对于货币资本家来说，产业资本家是劳动者，不过是作为资本家的劳动者，即作为对他人劳动的剥削者的劳动者。他为这种劳动所要求和所取得的工资，恰好等于他所占有的他人劳动的量，而且就他为进行剥削而亲自花费必要的精力来说，上述的工资直接取决于对这种劳动的剥削程度，而不是取决于他为进行这种剥削所付出的、并且在适当的报酬下可以让一个经理去承担的那种努力的程度。

商业经理和产业经理的管理工资，在工人的合作工厂和资本主义的股份企业中，都是完全同企业主收入分开的。管理工资同企业主收入的分离，在其他的场合是偶然发生的，而在这里则是经常的现象。在合作工厂中，监督劳动的对立性质消失了，因为经理由工人支付报酬，他不再代表资本而同工人相对立。随着信用而发展起来的股份企业，一般地说也有一种趋势，就是使这种管理劳动作为一种职能越来越同自有资本或借入资本的占有权相分离，这完全像司法职能和行政职能随着资产阶级社会的发展，同土地所有权相分离一样，而在封建时代，这些职能却是土地所有权的属性。但是一方面，因为执行职能的资本家同资本的单纯所有者即货币资本家相对立，并且随着信用的发展，这种货币资本本身取得了一种社会的性质，集中于银行，并且由银行贷出而不再是由它的直接所有者贷出；另一方面，又因为那些不能在任何名义下，既不能以借贷也不能以别的方式占有资本的单纯的经理，执行着一切应由执行职能的资本家自己担任的现实职能，所以，留下来的只有执行职能的人员，资本家则作为多余的人从生产过程中消失了。

第二十五章　信用和虚拟资本

随着商业和只是着眼于流通而进行生产的资本主义生产方式的发展，信用制度的这个自然基础也在扩大、普遍化、发展。大体说来，货币在这里只是充当支付手段，也就是说，商品不是为取得货币而卖，而是为取得定期支付的凭证而卖。为了简便起见，我们可以把这种支付凭证概括为票据这个总的范畴。这种票据直到它们期满，支付日到来之前，本身又会作为支付手段来流通；它们形成真正的商业货币。就这种票据由于债权和债务的平衡而最后互相抵消来说，它们是绝对地作为货币来执行职能的，因为在这种情况下，它们已无须最后转化为货币了。就像生产者和商人的这种互相预付形成信用的真正基础一样，这种预付所用的流通工具，票据，也形成真正的信用货币如银行券等等的基础。真正的信用货币不是以货币流通（不管是金属货币还是国家纸币）为基础，而是以票据流通为基础。

银行家提供的信用，可以采取不同的形式，例如：向其他银行签发汇票、支票，开立同样的信用账户，最后，对拥有钞票发行权的银行来说，是发行本行的银行券。银行券无非是向银行家签发的、持票人随时可以兑现的、由银行家用来代替私人汇票的一种汇票。最后这一种信用形式在外行人看来特别令人注目和重要，首先因为这种信用货币会由单纯的商业流通进入一般的流通，并在那里作为货币执行职能；还因为在大多数国家里，发行银行券的主要银行，作为国家银行和私人银行之间的奇特的混合物，事实上有国家的信用作为后盾，它们的银行券在不同程度上是合法的支付手段；因为在这里可以明显看到的是，银行家经营的是信用本身，而银行券不过是流通的信用符号。

第二十七章　信用在资本主义生产中的作用

到现在为止，我们关于信用制度所作的一般评述，可归结为以下几点：

Ⅰ．信用制度的必然形成，以便对利润率的平均化或这个平均化运动起中介作用，整个资本主义生产就是建立在这个运动的基础上的。

Ⅱ．流通费用的减少。

1．一项主要的流通费用，就是货币本身，因为货币自身具有价值。通过信用，货币以三种方式得到节约。

A. 相当大的一部分交易完全用不着货币。

B. 流通手段的流通加速了。这一点，和第2点中要说的，有部分共同之处。一方面，这种加速是技术性的；也就是说，在现实的、对消费起中介作用的商品流转额保持不变时，较小量的货币或货币符号，可以完成同样的服务。这是同银行业务的技术联系在一起的。另一方面，信用又会加速商品形态变化的速度，从而加速货币流通的速度。

C. 金币为纸币所代替。

2. 由于信用，流通或商品形态变化的各个阶段，进而资本形态变化的各个阶段加快了，整个再生产过程因而也加快了。（另一方面，信用又使买和卖的行为可以互相分离较长的时间，因而成为投机的基础。）准备金缩小了，这可以从两方面来考察：一方面，流通手段减少了；另一方面，必须经常以货币形式存在的那部分资本缩减了。

Ⅲ. 股份公司的成立。由此：

1. 生产规模惊人地扩大了，个别资本不可能建立的企业出现了。同时，以前曾经是政府企业的那些企业，变成了社会的企业。

2. 那种本身建立在社会生产方式的基础上并以生产资料和劳动力的社会集中为前提的资本，在这里直接取得了社会资本（即那些直接联合起来的个人的资本）的形式，而与私人资本相对立，并且它的企业也表现为社会①企业，而与私人企业相对立。这是作为私人财产的资本在资本主义生产方式本身范围内的扬弃。

3. 实际执行职能的资本家转化为单纯的经理，别人的资本的管理人，而资本所有者则转化为单纯的所有者，单纯的货币资本家。因此，即使后者所得的股息包括利息和企业主收入，也就是包括全部利润（因为经理的薪金只是，或者应该只是某种熟练劳动的工资，这种劳动的价格，同任何别种劳动的价格一样，是在劳动市场上调节的），这全部利润仍然只是在利息的形式上，即作为资本所有权的报酬获得的。而这个资本所有权这样一来现在就同现实再生产过程中的职能完全分离，正像这种职能在经理身上同资本所有权完全分离一样。因此，利润（不再只是利润的一部分，即从借入者获得的利润中理所当然地引出来的利息）表现为对他人的剩余劳动的单纯占有，这种占有之所以产生，是因为生产资料已经转化为资本，也就是生产资料已经和实际的生产者相异化，生产资料已经作为他人的财产，而与一切在生产中实际进行活动的个人（从经理一直到最后一个短工）相对立。在股份公司内，职能已经同资本所有权相分离，因而劳动也已经完全同生产资料的所有权和剩余劳动的所有权相分离。资本主义生产极度发展的这个结果，是资本再转化为生产者的财产所必需的过渡点，不过这种财产不再是各个互相分离的生产者的私有财产，而是联合起来的生产者的财产，即直接的社会财产。另一方面，这是再生产过程中所有那些直到今天还和资本所有权结合在一起的职能转化为联合起来的生产者的单纯职能，转化为社会职能的过渡点。

[自从马克思写了上面这些话以来，大家知道，一些新的产业经营的形式发展起来了。这些形式代表着股份公司的二次方和三次方。在大工业的一切领域内，生产现在能以日益

① 这里的“社会”、“社会的”，德文原文为“Gesellschaft”，“Gesellschaftlich”，又有“公司”和“公司的”含义。——编者注

增长的速度增加，与此相反，这些增产的产品的市场的扩大却不断地变慢。大工业在几个月中生产的东西，市场在几年内未必吸收得了。此外，那种使每个工业国家同其他工业国家，特别是同英国隔绝的保护关税政策，又人为地提高了本国的生产能力。结果是全面的经常的生产过剩，价格下跌，利润下降甚至完全消失；总之，历来受人称赞的竞争自由已经日暮途穷，必然要自行宣告明显的可耻破产。这种破产表现在：在每个国家里，一定部门的大工业家会联合成一个卡特尔，以便调节生产。一个委员会确定每个企业的产量，并最后分配接到的订货。在个别场合，甚至有时会成立国际卡特尔，例如英国和德国在铁的生产方面成立的卡特尔。但是生产社会化的这个形式还嫌不足。各个公司的利益的对立，过于频繁地破坏了这个形式，并恢复了竞争。因此，在有些部门，只要生产发展的程度允许的话，就把该部门的全部生产，集中成为一个大股份公司，实行统一领导。在美国，这个办法已经多次实行；在欧洲，到现在为止，最大的一个实例是联合制碱托拉斯。这个托拉斯把英国的全部碱的生产集中到惟一的一家公司手里。单个工厂——超过30家——原来的所有者，以股票的形式取得他们的全部投资的估定价值，共约500万镑，代表该托拉斯的固定资本。技术方面的管理，仍然留在原来的人手中，但是营业方面的领导则已集中在总管理处手中。约100万镑的流动资本是向公众筹集的。所以，总资本共有600万镑。因此，在英国，在这个构成整个化学工业的基础的部门，竞争已经为垄断所代替，并且已经最令人鼓舞地为将来由整个社会即全民族来实行剥夺做好了准备。——弗·恩·]

这是资本主义生产方式在资本主义生产方式本身范围内的扬弃，因而是一个自行扬弃的矛盾，这个矛盾明显地表现为通向一种新的生产形式的单纯过渡点。它作为这样的矛盾在现象上也会表现出来。它在一定部门中造成了垄断，因而引起国家的干涉。它再生产出了一种新的金融贵族，一种新的寄生虫，——发起人、创业人和徒有其名的董事；并在创立公司、发行股票和进行股票交易方面再生产出了一整套投机和欺诈活动。这是一种没有私有财产控制的私人生产。

Ⅳ. 把股份制度——它是在资本主义体系本身的基础上对资本主义的私人产业的扬弃；随着它的扩大和侵入新的生产部门，它也在同样的程度上消灭着私人产业——撇开不说，信用为单个资本家或被当作资本家的人，提供在一定界限内绝对支配他人的资本，他人的财产，从而他人的劳动的权利。对社会资本而不是对自己的资本的支配权，使他取得了对社会劳动的支配权。因此，一个人实际拥有的或公众认为他拥有的资本本身，只是成为信用这个上层建筑的基础。以上所述特别适用于经手绝大部分社会产品的批发商业。在这里，一切尺度，一切在资本主义生产方式内多少还可以站得住脚的辩护理由都消失了。进行投机的批发商人是拿社会的财产，而不是拿自己的财产来进行冒险的。在这里，成功和失败同时导致资本的集中，从而导致最大规模的剥夺。在这里，剥夺已经从直接生产者扩展到中小资本家自身。这种剥夺是资本主义生产方式的出发点；实行这种剥夺是资本主义生产方式的目的，而且最后是要剥夺一切个人的生产资料，这些生产资料随着社会生产的发展已不再是私人生产的资料和私人生产的产品，它们只有在联合起来的生产者手中还能是生产资料，因而还能是他们的社会财产，正如它们是他们的社会产品一样。但是，这种剥夺在资本主义制度本身内，以对立的形态表现出来，即社会财产为少数人所占有；而信用使这少数人越来越具有纯粹冒险家的性质。因为财产在这里是以股票的形式存在的，所以它的运动和转移就纯粹变成了交易所赌博的结果；在这种赌博中，小鱼为鲨鱼所吞掉，羊为交易所的狼所吞掉。在股份制度内，已经存在着社会生产资料借以表现为个人财产的旧形式的对立面；但是，这种向股份形式的转化本身，还是局限在资本主义界限之内；因此，这种转化并没有克服财富作为社会财富的性质和作为私人财富的性质之间的对立，而只是在新的形态上发展了这种对立。

工人自己的合作工厂，是在旧形式内对旧形式打开的第一个缺口，虽然它在自己的实际组织中，当然到处都再生产出并且必然会再生产出现存制度的一切缺点。但是，资本和劳动之间的对立在这种工厂内已经被扬弃，虽然起初只是在下述形式上被扬弃，即工人作为联合体是他们自己的资本家，也就是说，他们利用生产资料来使他们自己的劳动增殖。这种工厂表明，在物质生产力和与之相适应的社会生产形式的一定的发展阶段上，一种新的生产方式怎样会自然而然地从一种生产方式中发展并形成起来。没有从资本主义生产方式中产生的工厂制度，合作工厂就不可能发展起来；同样，没有从资本主义生产方式中产生的信用制度，合作工厂也不可能发展起来。信用制度是资本主义的私人企业逐渐转化为资本主义的股份公司的主要基础，同样，它又是按或大或小的国家规模逐渐扩大合作企业的手段。资本主义的股份企业，也和合作工厂一样，应当被看作是由资本主义生产方式转化为联合的生产方式的过渡形式，只不过在前者那里，对立是消极地扬弃的，而在后者那里，对立是积极地扬弃的。

信用制度加速了生产力的物质上的发展和世界市场的形成；使这二者作为新生产形式的物质基础发展到一定的高度，是资本主义生产方式的历史使命。同时，信用加速了这种矛盾的暴力的爆发，即危机，因而促进了旧生产方式解体的各要素。

信用制度固有的二重性质是：一方面，把资本主义生产的动力——用剥削他人劳动的办法来发财致富——发展成为最纯粹最巨大的赌博欺诈制度，并且使剥削社会财富的少数人的人数越来越减少；另一方面，造成转到一种新生产方式的过渡形式。

第二十九章　银行资本的组成部分

银行资本由两部分组成：1. 现金，金或银行券；2. 有价证券。我们可以再把有价证券分成两部分：一部分是商业证券即汇票，它们是流动的，按时到期的，它们的贴现已经成为银行家的基本业务；另一部分是公共有价证券，如国债券，国库券，各种股票，总之，各种有息的而同汇票有本质差别的证券。这里还可以包括地产抵押单。由这些物质组成部分构成的资本，又分为银行家自己的投资和别人的存款，后者形成银行营业资本或借入资本。对那些发行银行券的银行来说，这里还包括银行券。我们首先把存款和银行券撇开不说。很明显，银行家资本的这些现实组成部分——货币、汇票、有息证券——决不因为这些不同要素是代表银行家自有的资本，还是代表存款即别人所有的资本，而会发生什么变化。不论银行家只用自有的资本来经营业务，还是只用在他那里存入的资本来经营业务，银行家资本的上述区分仍然不变。

生息资本的形式造成这样的结果：每一个确定的和有规则的货币收入都表现为一个资本的利息，而不论这种收入是不是由一个资本生出。货币收入首先转化为利息，有了利息，然后得出产生这个货币收入的资本。同样，有了生息资本，每个价值额只要不作为收入花掉，都会表现为资本，也就是都会表现为本金，而同它能够生出的可能的或现实的利息相对立。

事情是简单的：假定平均利息率是一年5%。如果500镑的金额转化为生息资本，一年就会生出25镑。因此，每一笔固定的25镑的年收入，都可以看作500镑资本的利息。但是，这总是一种纯粹幻想的观念，除非这25镑的源泉——不论它是单纯的所有权证书，即债权，还是像地产一样是现实的生产要素——可以直接转移，或采取一种可以转移的形式。

国家对借入资本每年要付给自己的债权人以一定量的利息。在这个场合，债权人不能向债务人宣布解除契约，而只能卖掉他的债权，即他的所有权证书。资本本身已经由国家花掉了，耗费了。它已不再存在。对于国家的债权人来说，1. 他持有一张比如说100镑的国债券；2. 他靠这张国债券有权从国家的年收入即年税收中索取一定的金额，比如说5镑，或5%；3. 他可以随意把这张100镑的债券卖给别人。如果利息率是5%，国家提供的保证又很可靠，那么占有者A通常就能按100镑把这张债券卖给B，因为对B来说，无论是把100镑按年息5%借给别人，还是通过支付100镑而从国家的年赋税中保证每年得到5镑，是完全一样的。但在这一切场合，这种资本，即把国家付款看成是自己的幼仔（利息）的资本，是幻想的虚拟的资本。国债券出售的可能性，对A来说，代表着本金流回的可能性。对B来说，从他私人的观点看，他的资本是作为生息资本投下的。但就事情本身来看，B只是代替了A，买进了A对国家的债权。不管这种交易反复进行多少次，国债的资本仍然是纯粹的虚拟资本；一旦债券不能卖出，这个资本的假象就会消失。

人们把虚拟资本的形成叫作资本化。人们把每一个有规则的会反复取得的收入按平均利息率来计算，把它算作是按这个利息率贷出的一个资本会提供的收益，这样就把这个收入资本化了；例如，在年收入＝100镑，利息率＝5%时，100镑就是2 000镑的年利息，这2 000镑现在就被看成是每年取得100镑的法定所有权证书的资本价值。对这个所有权证书的买者来说，这100镑年收入实际代表他所投资本的5%的利息。因此，和资本的现实增殖过程的一切联系就彻底消灭干净了。资本是一个自行增殖的自动机的观念就牢固地树立起来了。

即使在债券——有价证券——不像国债那样代表纯粹幻想的资本的地方，这种证券的资本价值也纯粹是幻想的。这种证券被当作代表这种资本的所有权证书。铁路、采矿、轮船等公司的股票代表现实资本，也就是代表在这些企业中投入的并执行职能的资本，或者说，代表股东所预付的、在这些企业中作为资本来用的货币额。这里决不排除股票也只是一种欺诈的东西。但是，这个资本不能有双重存在：一次是作为所有权证书即股票的资本价值，另一次是作为在这些企业中实际已经投入或将要投入的资本。它只存在于后一种形式，股票只不过是对这个资本所实现的剩余价值的一个相应部分的所有权证书。A可以把这个证书卖给B，B可以把它卖给C。这样的交易并不会改变事物的性质。这时，A或B把他的证书转化为资本，而C把他的资本转化为一张对股份资本预期可得的剩余价值的单纯所有权证书。

这些所有权证书——不仅是国债券，而且是股票——的价值的独立运动，加深了这样一种假象，好像除了它们能够有权索取的资本或权益之外，它们还形成现实资本。而这些商品的价格有独特的运动和决定方法。它们的市场价值，在现实资本的价值不发生变化（即使它的价值已增殖）时，会和它们的名义价值具有不同的决定方法。一方面，它们的市场价值，会随着它们有权索取的收益的大小和可靠程度而发生变化。假定一张股票的名义价值即股票原来代表的投资额是100镑，又假定企业提供的不是5%而是10%，那么，在其他条件不变的情况下，在利息率是5%时，这张股票的市场价值就会提高到200镑，因为这张股票按5%的利息率资本化，现在已经代表200镑的虚拟资本。用200镑购买这张股票的人，会由这个投资得到5%的收入。如果企业的收益减少，情况则相反。这种证券的市场价值部分地有投机的性质，因为它不是由现实的收入决定的，而是由预期得到的、预先计算的收入决定的。但是，假定现实资本的增殖不变，或者假定像国债那样，资本已不存在，年收益已经由法律规定，并且又有充分保证，那么，这种证券的价格的涨落就和利息率成反比。如果利息率由5%涨到10%，保证可得5镑收益的有价证券，就只代表50镑的资本。如果利息率降到$2\frac{1}{2}$%，这同一张有价证券就代表200镑的资本。它的价值始终只是资本化的收益，也就是一个幻想的资本按现有利息率计算可得的收益。因此，在货币市场紧迫的时候，这种有价证券的价格会双重跌落；第一，是因为利息率提高，第二，是因为这种有价证券大量投入市场，以便实现为货币。不管这种证券保证它的持有者取得的收益，可能像国债券那样是不变的，也不管这种证券所代表的现实资本的增殖，可能像在产业企业中那样会因再生产过程的扰乱而受到影响，在这两种场合，这种价格跌落的现象都是会发生的。只是在后一种场合，除了上述贬值以外，还会加上进一步贬值。一旦风暴过去，只要这种证券代表的不是一个破产的或欺诈性质的企业，它们就会回升到它们以前的水平。它们在危机中的贬值，会作为货币财产集中的一个有力的手段来发生作用。

随着生息资本和信用制度的发展，一切资本好像都会增加一倍，有时甚至增加两倍，因为有各种方式使同一资本，甚至同一债权在各种不同的人手里以各种不同的形式出现。这种“货币资本”的最大部分纯粹是虚拟的。全部存款，除了准备金外，只不过是银行家账上的结存款项，但它们从来不是作为现金保存在那里。如果存款用在转账业务上，它们就会在银行家把它们贷出以后，对银行家执行资本的职能。银行家彼此之间通过结算的办法，来互相偿付他们对这种已经不存在的存款的支取凭证。

第三十六章　资本主义以前的状态

生息资本或高利贷资本（我们可以把古老形式的生息资本叫作高利贷资本），和它的孪生兄弟商人资本一样，是资本的洪水期前的形式，它在资本主义生产方式以前很早已经产生，并且出现在极不相同的经济社会形态中。

高利贷资本的存在所需要的只是，至少已经有一部分产品转化为商品，同时随着商品买卖的发展，货币已经在它的各种不同的职能上得到发展。

高利贷资本在资本主义生产方式以前的各时期具有特征的存在形式有两种。第一是对那些大肆挥霍的显贵，主要是对地主放的高利贷；第二是对那些自己拥有劳动条件的小生产者放的高利贷。这种小生产者包括手工业者，但主要是农民。

高利贷者的利息会占有全部剩余价值，而现代的利息，至少是正常的利息，只是这个剩余价值的一部分。

在现代信用制度下，生息资本要适应于资本主义生产的各种条件。高利贷本身不仅依然存在，而且在资本主义生产发达的国家，还摆脱了一切旧的立法对它的限制。对于那些不是或不能在资本主义生产方式的意义上进行借贷的个人、阶级或情况来说，生息资本都保持高利贷资本的形式。例如，在下列场合：或者出于个人的需要去到当铺进行借贷；或者把钱借给那些享乐的富人，供他们挥霍浪费；或者借给那些非资本主义的生产者，如小农民、手工业者等等，即自己仍然占有生产条件的直接生产者；最后，借给那种经营规模很小，接近于自食其力的生产者的资本主义生产者。

第六篇

超额利润转化为地租

第三十七章　导　论

我们假定，农业和制造业完全一样受资本主义生产方式的统治，也就是说，农业是由资本家经营；这种资本家和其他资本家的区别，首先只在于他们的资本和这种资本推动的雇佣劳动所投入的部门不同。

资本主义生产方式的前提是：实际的耕作者是雇佣工人，他们受雇于一个只是把农业作为资本的特殊开发场所，作为对一个特殊生产部门的投资来经营的资本家即租地农场主。这个作为租地农场主的资本家，为了得到在这个特殊生产场所使用自己资本的许可，要在一定期限内（例如每年）按契约规定支付给土地所有者即他所开发的土地的所有者一个货币额（和货币资本的借入者要支付一定利息完全一样）。这个货币额，不管是为耕地、建筑地段、矿山、渔场还是为森林等等支付的，统称为地租。这个货币额，在土地所有者按契约把土地租借给租地农场主的整个时期内，都要进行支付。因此，在这里地租是土地所有权在经济上借以实现即增殖价值的形式。其次，在这里我们看到了构成现代社会骨架的三个并存的而又互相对立的阶级——雇佣工人、产业资本家、土地所有者。

资本能够固定在土地上，即投入土地，其中有的是比较短期的，如化学性质的改良、施肥等等，有的是比较长期的，如修排水渠、建设灌溉工程、平整土地、建造经营建筑物等等。我在别的地方，曾把这样投入土地的资本，称为土地资本。它属于固定资本的范畴。为投入土地的资本以及为土地作为生产工具由此得到的改良而支付的利息，可能形成租地农场主支付给土地所有者的地租的一部分，但这种地租不构成真正的地租。真正的地租是为了使用土地本身而支付的，不管这种土地是处于自然状态，还是已被开垦。如果系统地论述土地所有权——这不在我们的计划以内——，土地所有者收入的这个部分是应该详加说明的。在这里，稍微谈一谈就够了。在农业的通常的生产过程中，比较短期的投资，毫无例外地由租地农场主来进行。这种投资，和一般单纯的耕作一样——只要这种耕作在某种程度上合理地进行，也就是说，不像以前美国奴隶主那样对土地进行野蛮的掠夺（不过为了防止这一点，土地所有者先生们得到契约的保证）——会改良土地，增加土地产量，并使土地由单纯的物质变为土地资本。一块已耕土地，和一块具有同样自然性质的未耕土地相比，有较大的价值。投入土地的较长期的，即经过较长时间才损耗尽的固定资本，也大部分是，而在某些领域往往完全是由租地农场主投入的。但是，契约规定的租期一满，在土地上实行的各种改良，就要作为实体的即土地的不可分离的偶性，变为土地所有者的财产。这就是为什么随着资本主义生产的发展，土地所有者力图尽可能地缩短租期的原因之一。在签订新租约时，土地所有者把投入土地的资本的利息，加到真正的地租上，而不论他是把土地租给那个曾实行改良的租地农场主，还是租给另一个租地农场主。因此，他的地租就要上涨；或者，如果他要出卖土地，——我们马上会看到，土地价格是怎样决定的，——土地的价值现在就要增加。他不单是出卖土地，而且是出卖经过改良的土地，出卖不费他分文的投入土地的资本。把真正地租的变动完全撇开不说，这就是随着经济发展的进程，土地所有者日益富裕，他们的地租不断上涨，他们土地的货币价值不断增大的秘密之一。这样，他们就把不费他们一点气力的社会发展的成果，装进他们的私人腰包——他们是为享受果实而生的。但这同时是合理农业的最大障碍之一，因为租地农场主避免进行一切不能期望在自己的租期内完全收回的改良和支出。

在研究地租时，有三个妨害分析的主要错误应当避免。

1. 把适应于社会生产过程不同发展阶段的不同地租形式混同起来。

不论地租的特殊形式是怎样的，它的一切类型有一个共同点：地租的占有是土地所有权借以实现的经济形式，而地租又是以土地所有权，以某些个人对某些地块的所有权为前提。土地所有者可以是代表共同体的个人，如在亚洲、埃及等地那样；这种土地所有权也可以只是某些人对直接生产者人格的所有权的附属品，如在奴隶制度或农奴制度下那样；它又可以是非生产者对自然的单纯私有权，是单纯的土地所有权；最后，它还可以是这样一种对土地的关系，这种关系，就像在殖民地移民和小农土地所有者的场合那样，在劳动孤立地进行和劳动的社会性不发展的情况下，直接表现为直接生产者对一定土地的产品的占有和生产。

不同地租形式的这种共同性——地租是土地所有权在经济上的实现，即不同的人借以独占一定部分土地的法律虚构在经济上的实现，——使人们忽略了区别。

2. 一切地租都是剩余价值，是剩余劳动的产物。地租在它的不发达的形式即实物地租的形式上，还直接是剩余产品。由此产生了一种错误看法，认为只要把剩余价值本身和利润本身的一般存在条件解释清楚，和资本主义生产方式相适应的地租，——它始终是超过利润的余额，即超过商品价值中本身也由剩余价值（剩余劳动）构成的那个部分的余额，——剩余价值的这个特殊的独特的组成部分也就解释清楚了。这些条件是：直接生产者的劳动时间，必须超过再生产他们自己的劳动力即再生产他们本身所需要的时间。他们总是必须完成剩余劳动。这是主观的条件。而客观的条件是：他们也能够完成剩余劳动；自然条件是，他们的可供支配的劳动时间的一部分，就足以使他们自己作为生产者再生产出来和自我维持下去，他们的必要生活资料的生产，不会耗费掉他们的全部劳动力。在这里自然的肥力是一个界限，一个出发点，一个基础。另一方面，他们劳动的社会生产力的发展，则是另一个界限，出发点，基础。更进一步考察就是，因为食物的生产是直接生产者的生存和一切生产的首要的条件，所以在这种生产中使用的劳动，即经济学上最广义的农业劳动，必须有足够的生产率，使可供支配的劳动时间不致全被直接生产者的食物生产占去；也就是使农业剩余劳动，从而农业剩余产品成为可能。进一步说，社会上的一部分人用在农业上的全部劳动——必要劳动和剩余劳动——必须足以为整个社会，从而也为非农业劳动者生产必要的食物；也就是使从事农业的人和从事工业的人有实行这种巨大分工的可能；并且也使生产食物的农民和生产原料的农民有实行分工的可能。虽然食物直接生产者的劳动，对他们自己来说也分为必要劳动和剩余劳动，但对社会来说，它所代表的只是生产食物所需的必要劳动。并且，不同于一个工场内部分工的整个社会内部的全部分工也是如此。这是生产特殊物品，满足社会对特殊物品的一种特殊需要所必要的劳动。如果这种分工是合乎比例的，那么，不同类产品就按照它们的价值（进一步说，按照它们的生产价格）出售，或按照这样一种价格出售，这种价格是这些价值或生产价格的由一般规律决定的变形。事实上价值规律所影响的不是个别商品或物品，而总是各个特殊的因分工而互相独立的社会生产领域的总产品；因此，不仅在每个商品上只使用必要的劳动时间，而且在社会总劳动时间中，也只把必要的比例量使用在不同类的商品上。这是因为条件仍然是使用价值。但是，如果说个别商品的使用价值取决于该商品是否满足一种需要，那么，社会产品量的使用价值就取决于这个量是否符合社会对每种特殊产品的量上一定的需要，从而劳动是否根据这种量上一定的社会需要按比例地分配在不同的生产领域。（我们在论述资本在不同的生产领域的分配时，必须考虑到这一点。）在这里，社会需要，即社会规模的使用价值，对于社会总劳动时间分别用在各个特殊生产领域的份额来说，是有决定意义的。但这不过是已经在单个商品上表现出来的同一规律，也就是：商品的使用价值是商品的交换价值的前提，从而也是商品的价值的前提。这一点只有在这种比例的破坏使商品的价值，从而使其中包含的剩余价值不能实现的时候，才会影响到必要劳动和剩余劳动之比。例如，假定棉织品按比例来说生产过多了，尽管在这个棉织品总产品中实现的只是既定条件下生产这个总产品的必要劳动时间。但是，总的来说，这个特殊部门消耗的社会劳动是过多了；就是说，产品的一部分已经没有用处。可见，只有当全部产品是按必要的比例生产时，它们才能卖出去。社会劳动时间可分别用在各个特殊生产领域的份额的这个数量界限，不过是价值规律本身进一步展开的表现，虽然必要劳动时间在这里包含着另一种意义。为了满足社会需要，只有如许多的劳动时间才是必要的。在这里界限是由于使用价值才产生的。社会在既定生产条件下，只能把它的总劳动时间中如许多的劳动时间用在这样一种产品上。但是，剩余劳动和剩余价值本身的主观条件和客观条件，和一定的形式（不管是利润形式或地租形式）无关。这些条件对剩余价值本身起作用，而不管它采取什么特殊的形式。因此它们不能说明地租。

3. 正是在土地所有权在经济上的实现中，在地租的发展中，有一点表现得特别突出，这就是：地租的量完全不是由地租获得者的参与所决定的，而是由他没有参与、和他无关的社会劳动的发展决定的。因此，很容易把一切生产部门及其一切产品在商品生产基础上，确切地说，在资本主义生产（这种生产在它的整个范围内都是商品生产）基础上共有的现象，当作地租的（和农产品一般的）特征来理解。

在社会发展的进程中，地租的量（从而土地的价值）作为社会总劳动的结果而增长起来。一方面，随着社会的发展，土地产品的市场和需求会增大；另一方面，对土地本身的直接需求也会增大，因为土地本身对一切可能的，甚至非农业的生产部门来说，都是进行竞争的生产条件。确切地说，只是就真正的农业地租来说，地租以及土地价值会随着土地产品市场的扩大，从而随着非农业人口的增加，随着他们对食物和原料的需要和需求的增加而增长。资本主义生产方式由于它的本性，使农业人口同非农业人口比起来不断减少，因为在工业（狭义的工业）中，不变资本比可变资本的相对增加，是同可变资本的绝对增加结合在一起的，虽然可变资本相对减少了；而在农业中，经营一定土地所需的可变资本则绝对减少，因此，只有在耕种新的土地时，可变资本才会增加，但这又以非农业人口的更大增加为前提。

其实，这并不是农业及其产品所特有的现象。不如说，在商品生产及其绝对形式即资本主义生产的基础上，这对其他一切生产部门和产品来说都是适用的。

只有在商品生产的基础上，确切地说，只有在资本主义生产的基础上，地租才能作为货币地租发展起来，并且按照农业生产变为商品生产的程度而发展起来；也就是，按照和农业生产相独立的非农业生产的发展程度而发展起来；因为农产品就是按照这个程度变成商品，变成交换价值和价值的。当商品生产，从而价值生产随着资本主义生产发展时，剩余价值和剩余产品的生产也按照相同的程度发展起来。但随着后者的发展，土地所有权依靠它对土地的垄断权，也按照相同的程度越来越能够攫取这个剩余价值中一个不断增大的部分，从而提高自己地租的价值和土地本身的价格。资本家在这个剩余价值和剩余产品的发展上还是一个能动的执行职能者。土地所有者只是坐享剩余产品和剩余价值中一个这样无须他参与而不断增大的份额。这就是他所处地位的特征；至于土地产品的价值，从而土地的价值总是随着它们的市场的扩大，需求的增加，以及同土地产品相对立的商品世界的扩大，换句话说，也就是随着非农业的商品生产者人数和非农业的商品生产量的扩大，按相同的程度增加，这却不是他所处地位的特征。但是，因为这个结果是没有土地所有者的参与就发生的，所以就表现为某种特有的东西：价值量，剩余价值量，以及这个剩余价值的一部分向地租的转化，都取决于社会生产过程，取决于商品生产一般的发展。

第三十八章　级差地租：概论

在分析地租时，我们首先要从下面这个前提出发：支付这种地租的产品，也就是其剩余价值的一部分、因而其总价格一部分转化为地租的产品，——也就是说，土地和矿山的产品像一切其他商品一样，是按照它们的生产价格出售的。现在要问，在这个前提下，地租怎么能够发展起来，就是说，利润的一部分怎么能够转化为地租，因而商品价格的一部分怎么能够落到土地所有者手中。

超额利润来源于资本本身（包括它所推动的劳动）：或者是所用资本的量的差别，或者是这种资本的更适当的应用。本来没有什么事情会妨碍同一生产部门的全部资本按同样的方式来使用。相反地，资本之间的竞争，使这种差别越来越趋于平衡；价值由社会必要劳动时间决定这一点，是通过商品变便宜和迫使商品按同样有利的条件进行生产的压力而为自己开辟道路的。但是，那个利用瀑布的工厂主的超额利润，却不是这样。他所用劳动的已经提高的生产力，既不是来自资本和劳动本身，也不是来自某种不同于资本和劳动、但已并入资本的自然力的单纯利用。它来自和一种自然力的利用结合在一起的劳动的较大的自然生产力，但这种自然力不像蒸汽的压力那样，在同一生产部门可供一切资本自由支配，所以并不是凡有资本投入这个部门，这种自然力的利用就会成为不言而喻的事情。这种自然力是一种可以垄断的自然力，就像瀑布那样，只有那些支配着特殊地段及其附属物的人才能够支配它。但要像每个资本都能把水变成蒸汽那样，创造出这种使劳动有较大生产力的自然条件，就完全不取决于资本了。这种自然条件在自然界只存在于某些地方。在它不存在的地方，它是不能由一定的投资创造出来的。它不是同能够由劳动创造的产品如机器、煤炭等等结合在一起，而是同一部分土地的一定的自然条件结合在一起。占有瀑布的那一部分工厂主，不允许占有瀑布的那一部分工厂主利用这种自然力，因为土地是有限的，而有水力资源的土地更是有限的。这种自然力的占有，在它的占有者手中形成一种垄断，成为所投资本有较高生产力的条件，这种条件是不能由资本本身的生产过程创造的；能够这样被人垄断的这种自然力，总是和土地分不开的。这样的自然力，既不是相关生产部门的一般条件，也不是该生产部门一般都能创造的条件。

资本自己不能创造出瀑布。因此，利用瀑布而产生的超额利润，不是产生于资本，而是产生于资本对一种能够被人垄断并且已经被人垄断的自然力的利用。在这种情况下，超额利润就转化为地租，也就是说，它落入瀑布的所有者手中。

第一，很明显，这种地租总是级差地租。它总是产生于支配着一种被垄断的自然力的个别资本的个别生产价格和投入该生产部门的一般资本的一般生产价格之间的差额。

第二，这种地租不是产生于所用资本或这个资本所占有的劳动的生产力的绝对提高。这种地租的产生，是由于一定的投入一个生产部门的个别资本，同那些没有可能利用这种例外的、有利于提高生产力的自然条件的投资相比，相对来说具有较高的生产率。

第三，自然力不是超额利润的源泉，而只是超额利润的一种自然基础，因为它是特别高的劳动生产力的自然基础。

第三十九章　级差地租的第一形式（级差地租Ⅰ）

我们首先考察等量资本在等面积的不同土地上使用时所产生的不相等的结果；或者，在面积不等时，考察按等量土地面积计算的结果。

这些不相等的结果，是由下面两个和资本无关的一般原因造成的：1. 肥力。（关于这第1点，应当说明一下，土地的自然肥力的全部内容是什么，其中又包括那些不同的要素。）2. 土地的位置。这一点对殖民地来说是一个决定性的因素，并且一般说来，各级土地耕种的序列就是由此决定的。其次，很明显，级差地租的这两个不同的原因，肥力和位置，其作用可以是彼此相反的。一块土地可能位置很好，但肥力很差；或者情况相反。这种情况很重要，因为它可以向我们说明，一国土地的开垦为什么既可以由较好土地推向较坏土地，也可以相反。最后，很明显，整个社会生产的进步，一方面，由于它创造了地方市场，并且通过建立交通运输手段而使位置变得便利，所以对形成级差地租的位置会发生拉平的作用；另一方面，由于农业和工业的分离，由于一方面大的生产中心的形成，以及由于另一方面农村的相对孤立化，土地的地区位置的差别又会扩大。

但是，我们先不考察位置这一点，只考察自然肥力。撇开气候等要素不说，自然肥力的差别是由表层土壤的化学成分的差别，也就是由表层土壤所含植物养分的差别形成的。不过，具有相同的化学成分，并且在这个意义上具有相等的自然肥力的两块土地，其现实的有效的肥力还会由于这种植物养分所处的形态而有所不同，因为在有的形态下这些养分容易被同化为、被直接吸收为植物养分，在有的形态下则不容易。因此，在自然肥力相同的各块土地上，同样的自然肥力能被利用到什么程度，一方面取决于农业中化学的发展，一方面取决于农业中机械的发展。这就是说，肥力虽然是土地的客体属性，但从经济方面说，总是同农业中化学和机械的发展水平有关系，因而也随着这种发展水平的变化而变化。从历史上看——从耕种的发展过程来说——怎样既可以由比较肥沃的土地推向比较不肥沃的土地，同样也可以采取相反的做法。

因此，我们假定农业处于一定的发展阶段。其次，我们假定，土地的等级是按照这种发展阶段评定的，对不同土地上同时进行的各个投资来说，情况当然也总是这样。这时，级差地租就可以用一个上升的或下降的序列来表现，因为，尽管就实际耕种的土地总体来说序列已经确定，但总是发生了一个形成这种序列的连续的运动。

假定有四级土地 A、B、C、D。再假定小麦 1 夸特的价格＝3 镑或 60 先令。因为这里地租还只是级差地租，所以这个每夸特 60 先令的价格，对最坏土地来说，就等于生产费用，也就是等于资本加上平均利润。

假定 A 是这种最坏土地。它由 50 先令的支出，生产了 1 夸特＝60 先令；因此利润是 10 先令，或 20%。

假定 B 由等额的支出，生产了 2 夸特＝120 先令。这就提供了 70 先令的利润，或者说，60 先令的超额利润。

假定 C 由等额的支出，生产了 3 夸特＝180 先令；总利润＝130 先令，超额利润＝120 先令。

假定 D 生产了 4 夸特＝240 先令，超额利润就是 180 先令。

这样，我们就有了如下的序列：

表 I

土地等级	产量		预付资本	利润		地租	
	夸特	先令		夸特	先令	夸特	先令
A	1	60	50	$\frac{1}{6}$	10	—	—

续前表

土地等级	产量		预付资本	利润		地租	
	夸特	先令		夸特	先令	夸特	先令
B	2	120	50	$1\frac{1}{6}$	70	1	60
C	3	180	50	$2\frac{1}{6}$	130	2	120
D	4	240	50	$3\frac{1}{6}$	190	3	180
合计	10	600	—	—	—	6	360

各自的地租：对D来说＝190先令－10先令，即D和A之间的差额；对C来说＝130先令－10先令，即C和A之间的差额；对B来说＝70先令－10先令，即B和A之间的差额。而对B、C、D来说，总地租＝6夸特＝360先令，等于D和A、C和A、B和A之间的差额的总和。

1. 序列在完成时（不管它的形成过程如何）总好像是一个下降的序列，因为人们在考察地租时，总是先从提供最高地租的土地出发，最后才谈到不提供地租的土地。

2. 不提供地租的最坏土地的生产价格，总是起调节作用的市场价格，虽然在构成上升序列的第Ⅰ表中，只是因为耕种越来越好的土地，起调节作用的市场价格才保持不变。在这种情况下，只要A级土地保持调节作用的程度要取决于最好土地的产量这一点而言，最好土地所生产的谷物的价格是起调节作用的。如果B、C、D的产量超过需要，A就会失去调节的作用。

3. 级差地租是由于农耕发展各个阶段的各级土地自然肥力的差别而产生的（这里还是把土地的位置撇开不说），就是说，它的产生是由于最好土地面积有限，是由于等量资本必须投在对等量资本提供不等量产品的不同的各级土地上。

4. 级差地租和已划为某一等级的级差地租的存在，可以按下降的序列，即由较好土地到较坏土地的序列形成，也可以反过来，按上升的序列，即由较坏土地到较好土地的序列形成；还可以按两个方向相互交叉的序列形成（第Ⅰ序列可以由D到A，也可以由A到D而形成。第Ⅱ序列包括这两种运动）。

5. 按照级差地租的形成方式，级差地租在土地产品价格不变、上涨和下降时都可以形成。

第四十章　级差地租的第二形式（级差地租Ⅱ）

以上我们只是把级差地租看作投在面积相等而肥力不同的土地上的等量资本所具有的不同生产率的结果，所以，级差地租是由投在最坏的无租土地上的资本的收益和投在较好土地上的资本的收益之间的差额决定的。在那里，我们假定若干资本同时投在不同的地块上，所以，每投入一笔新的资本，土地的耕作范围就会相应扩展，耕地面积就会相应扩大。但是，级差地租实质上终究只是投在土地上的等量资本所具有的不同生产率的结果。那么，生产率不同的各资本量连续投在同一地块上和同时投在不同地块上，假定结果相同，这是否会有什么差别呢？

首先，不能否认，就超额利润的形成来说，这两种场合是毫无差别的：在一种场合下，投在A级一英亩土地上的3镑生产费用生产1夸特，从而3镑成为1夸特的生产价格和起调节作用的市场价格，投在B级一英亩土地上的3镑生产费用生产2夸特，并提供一个3镑的超额利润，而投在C级一英亩土地上的3镑生产费用生产3夸特，并提供6镑的超额利润，最后，投在D级一英亩土地上的3镑生产费用生产4夸特，并提供9镑的超额利润；在另一场合下，这12镑生产费用或10镑资本，以同样的收益按同一顺序投在同一英亩上，从而取得同样的结果。在这两种场合下，都是一个10镑的资本，其依次投入的价值部分各为$2\frac{1}{2}$镑，不管它们是同时投在肥力不同的四英亩上，还是相继投在同一英亩上。由于它们的产量不同，其中一部分不会提供超额利润，而其他各部分会按照它们的收益和不提供地租的投资的收益之间的差额提供超额利润。

资本各价值部分的超额利润和不同的超额利润率，在这两种场合都是按同样的方式形成的。地租无非是这个形成地租实体的超额利润的一种形式。但是，无论如何，在第二个方法上，超额利润到地租的转化，也就是使超额利润由资本主义租地农场主手里转到土地所有者手里的这种形式变化，会遇到各种困难。英国租地农场主所以顽强抗拒政府的农业统计，其原因就在于此。他们在确定他们投资的实际成果方面所以和土地所有者进行斗争，其原因也在于此（摩尔顿）。地租是在土地出租时确定的，此后，在租约有效期间，由连续投资所产生的超额利润落入租地农场主的腰包。正因为这样，租地农场主总是力争签订长期租约；但另一方面，由于地主占优势，每年都可解除的租约增加了。

因此，从一开始就很清楚：带来不同结果的各个等量资本，不管是同时投在同样大的各块土地上，还是相继投在同一块土地上，都不会影响超额利润的形成规律，但是，这对于超额利润转化为地租来说，却有重大的差别。后一个方法会把这种转化限制在一方面更为狭小，另一方面更不稳定的界限内。因此，在实行集约化耕作（在经济学上，所谓集约化耕作，无非是指资本集中在同一块土地上，而不是分散在若干毗连的土地上）的各国，税务员的工作，正如摩尔顿在他所著的《地产的资源》一书中所说的，就成了一种极为重要、复杂、困难的职业。如果土地改良的效果比较持久，那么，在租约满期时，人工增进的土地的级差肥力，就会和土地的自然的级差肥力合而为一，因此，地租的评定就会和肥力不同的各级土地之间的地租的评定重合起来。另一方面，就超额利润的形成决定于经营资本的量这点来说，一定量经营资本产生的地租额，会加算到一国的平均地租中去；因此也就要求新的租地农场主掌握足够的资本，以便按同样集约化的方法继续进行耕种。

在考察级差地租Ⅱ时，还要强调指出如下几点：

第一，级差地租Ⅱ的基础和出发点，不仅从历史上来说，而且就级差地租Ⅱ在任何一定时期内的运动来说，都是级差地租Ⅰ，就是说，是肥力和位置不同的各级土地的同时并行的耕种，也就是农业总资本的不同组成部分在不同质的地块上同时并行的使用。

历史地看，这是不言而喻的。在殖民地，移民只须投很少的资本；主要的生产要素是劳动和土地。每个家长都企图在他的移民伙伴们经营的场所旁边，为自己和家属开辟一个独立经营的场所。早在资本主义以前的各种生产方式下，在真正的农业中一般说来必然是这种情形。在作为独立的生产部门的牧羊业或整个畜牧业中，或多或少都是共同利用土地，并且一开始就是粗放经营。资本主义生产方式是从生产资料在事实上或法律上为耕者自己所有的旧生产方式上发展起来的，一句话，是从农业的手工业经营上发展起来的。生产资料只是由此才逐渐走向集中，并逐渐转化为资本，而同转化为雇佣工人的直接生产者相对立。就资本主义生产方式正是在这里表现出自己的特征来说，这首先特别是发生在牧羊业和畜牧业上；所以，并不是发生在资本在较小规模土地范围内的集中上，而是发生在较大规模的生产上，这样就可以节省马的饲养费用及其他生产费用；事实上并不是由于在同一土地上使用了更多的资本。此外，按照耕作的自然规律，当耕作达到一定的水平，地力已经相应地耗尽的时候，资本（在这里同时指已经生产出来的生产资料）就成为土地耕作的决定要素。在已耕地同未耕地相比只占较小面积，地力也还没有耗尽的时候（在真正的农耕和植物性食物占统治地位以前，当畜牧和肉食盛行的时期，情形就是这样），这种刚刚开始的新生产方式同农民生产的区别，首先就在于由一个资本家投资耕种的土地面积较大，也就是资本以粗放的方法投在较大的土地面积上。因此，一开始就要记住：级差地租Ⅰ是作为出发点的历史基础。另一方面，级差地租Ⅱ的运动，在任何一定的瞬间，都只是出现在这样一个领域内，这个领域本身又是级差地租Ⅰ的形形色色的基础。

第二，在级差地租的第Ⅱ形式上，除了肥力的差别，还有资本（以及获得信用的能力）在租地农场主之间的分配上的差别。在真正的工业中，对每个生产部门来说，都会迅速形成各自的经营规模上的最低限额和与此相应的资本的最低限额，资本达不到这个限额，单个的经营便不能顺利进行。同样，在每个生产部门中又会形成多数生产者所必须拥有并且实际也拥有的、高于这个最低限额的标准的平均资本量。大于平均资本量的资本会提供额外利润，而小于平均资本量的资本就得不到平均利润。资本主义生产方式只是缓慢地、非均衡地侵入农业，这是我们在英国这个农业的资本主义生产方式的典型国家中可以看到的。如果没有谷物的自由进口，或者因自由进口的数量很小，影响有限，那么，市场价格就要由耕种较坏的土地的生产者来决定，就是说，要由在低于平均生产条件的较不利条件下进行经营的生产者来决定。

这种情况使实际的资本主义租地农场主能够把超额利润的一部分占为己有；如果资本主义生产方式在农业中，也同在工业中一样均衡地发展，那么，至少就上述这点来说，这种情况就不会发生。

让我们首先只考察级差地租Ⅱ中的超额利润的形成，暂且不考虑这种超额利润能够转化为地租的条件。

这里很明显，级差地租Ⅱ只是级差地租Ⅰ的不同的表现，而实质上二者是一致的。在级差地租Ⅰ中，各级土地的不同肥力所以会发生影响，只是因为不同的肥力使投在土地上的各个资本在资本量相等时或就资本的比例量考察时，会产生出不同的结果，不同的产量。不论这种不同的结果是由相继投在同一块土地上的各个资本产生的，还是由投在好几块等级不同的土地上的各个资本产生的，都不会使肥力的差别或它们的产量的差别发生变化，因此也不会使生产率较高的投资部分的级差地租的形成发生变化。在投资相等的情况下，土地仍然显示出不同的肥力，不过，在这里一个资本分成几个部分相继投在同一土地上所完成的事情，也就是级差地租Ⅰ的场合下社会资本各等量部分投在各级土地上所完成的事情。

第四十五章　绝对地租

在分析级差地租时，我们是从最坏的土地不支付地租这一前提出发的。

但是，即使假定租地农场主不能支付地租，现在只能够按资本增殖的平均条件在A级土地上进行投资，从这个前提出发也决不能得出结论说：这个属于A级的土地，现在会立即让租地农场主去支配。租地农场主不支付地租而能按普通利润来增殖他的资本这一事实，对土地所有者来说，决不是把土地白白借给租地农场主并如此慈善地给这位营业伙伴以无息信贷的理由。这样一个前提，意味着土地所有权被抽象掉，土地所有权被废除。而土地所有权的存在，正好是对投资的一个限制，正好是对资本在土地上任意增殖的一个限制。

级差地租有这样一个特点：土地所有权在这里仅仅取去超额利润，否则这种超额利润就会被租地农场主据为己有，而在一定情况下，在租约未满期间，实际上也是被租地农场主据为已有。在这里，土地所有权只是商品价格中一个未经它本身参与就产生（确切些说，是由于调节市场价格的生产价格决定于竞争这一点产生的）并转化为超额利润的部分发生转移的原因，即价格的这个部分由一个人手里转移到另一个人手里，由资本家手里转移到土地所有者手里的原因。但在这里，土地所有权并不是创造这个价格组成部分的原因，也不是作为这个组成部分的前提的价格上涨的原因。然而，如果最坏土地A——虽然它的耕种会提供生产价格——不提供一个超过生产价格的余额，即地租，就不可能被耕种，那么，土地所有权就是引起这个价格上涨的原因。土地所有权本身已经产生地租。因为，起调节作用的市场价格如不上涨到足以使A级土地也提供一个地租，A级土地就不可能被耕种，这一事实而且只有这一事实，才是市场价格在这里所以会提高到这样一种程度的原因，在这种程度上，旧租地上的最后投资固然只收回自己的生产价格，不过这是这样一种生产价格，它同时还提供A级土地的地租。

现在产生了这样的问题：由于最坏土地也提供地租，即这种不可能来自于肥力差别的地租，是不是就得出结论说，土地产品的价格必然是普通意义上的垄断价格，或者说，必然是一种使地租像在赋税那样的形式上被包含在内的价格？这种赋税有自己的一定的经济上的界限，这是不言而喻的。旧租地上的追加投资，外国的土地产品——假定土地产品可以自由进口——的竞争，土地所有者之间的互相竞争，最后，消费者的需要和支付能力，都会使这种赋税受到限制。但是问题不在这里。问题在于，最坏土地支付的地租，是否像税金加到课税商品价格中去一样，加到这种土地的产品的价格（按照假定，它调节着一般的市场价格）中去，也就是说，是否作为一个和商品价值无关的要素加到这种土地的产品的价格中去。

这决不是必然的结论，而所以会作出这样的论断，只是因为商品的价值和商品的生产价格之间的区别一直没有被人理解。我们已经知道，一个商品的生产价格和它的价值决不是一回事，虽然商品的生产价格，就商品的总和来看，只是由商品的总价值来调节，虽然不同种商品的生产价格的变动，在其他一切情况不变时，完全是由这些商品的价值的变动决定的。我们已经指出，一个商品的生产价格可以高于它的价值，或低于它的价值，只有在例外的情况下才和它的价值相一致。所以，土地产品高于它们的生产价格出售这一事实，决不证明它们也高于它们的价值出售，正如工业品平均按它们的生产价格出售这一事实，决不证明它们是按它们的价值出售一样。农产品高于它们的生产价格但低于它们的价值出售的现象是可能的；另一方面同样可能的是，许多工业品只是因为高于它们的价值出售，才提供生产价格。

一个商品的生产价格和它的价值的比率，完全是由生产它所用的资本的可变部分和不变部分的比率，即由生产它所用的资本的有机构成决定的。如果一个生产部门中的资本构成低于社会平均资本的构成，也就是说，如果该资本中投在工资上的可变部分，和投在物质劳动条件上的不变部分的比率，大于社会平均资本中可变部分和不变部分的比率，那么，它的产品的价值就必然会高于它的生产价格。这就是说，一个这样的资本，因为使用了更多的活劳动，所以在对劳动的剥削程度相等的情况下，将会比社会平均资本的一个同样大的部分生产出更多的剩余价值，从而生产出更多的利润。因此，它的产品的价值，就会高于它的生产价格，因为这个生产价格等于资本的补偿加上平均利润，而平均利润则小于这个商品上生产的利润。社会平均资本所生产的剩余价值，比这种有机构成低的资本所生产的剩余价值要小。如果投在一定生产部门的资本的构成，高于社会平均资本，情形就会相反。它所生产的商品的价值，就会低于这些商品的生产价格；一般来说，最发达的工业部门的产品的情况就是这样。

真正农业上的资本构成如果低于社会平均资本的构成，那么，这首先表示，在生产发达的各国，农业的发展程度没有达到加工工业的水平。撇开其他一切经济状况，并且一部分有决定作用的经济状况不说，这个事实已经由下述情况得到说明：力学各科，特别是它们的应用，同化学、地质学和生理学，特别是它们在农业上的应用的较晚的，并且部分地还十分幼稚的发展比较起来，发展得比较早，而且比较快。此外，一个不容置疑并早已为人所共知的事实是，农业本身的进步，总是表现在不变资本部分同可变资本部分相比的相对的增长上。在一个进入资本主义生产的国家，例如英国，农业资本的构成是否低于社会平均资本的构成，这是一个只能用统计来确定的问题，并且，就我们的目的来说，对此也没有必要进行详细的探讨。无论如何，在理论上已经确定的是：农产品的价值只有在这个前提下才能高于它们的生产价格；也就是说，农业上一定量的资本，与同等数量的有社会平均构成的资本相比，会生产较多的剩余价值，或同样也可以说，会推动和支配较多的剩余劳动（因此，也就是使用较多的活劳动一般）。

因此，这个假定，对我们这里所研究的并且只有在这个假定下才会出现的地租形式来说，是足够了。在这个假说不成立的地方，和这个假说相适应的地租形式也就不成立。

但是，单是农产品的价值超过它们的生产价格这样一个事实本身，无论如何不足以说明一种同各级土地的不同肥力或同一土地上各连续投资的不同生产率无关的地租的存在，一句话，即在概念上不同于级差地租，因而可以称为绝对地租的那种地租的存在。许多工业品具有这样的特性：它们的价值高于它们的生产价格，但它们不会因此就提供一个可以转化为地租的超过平均利润的余额或超额利润。恰好相反。生产价格以及它所包含的一般利润率的存在和概念，是建立在单个商品不是按照它们的价值出售这样一个基础上的。生产价格是由商品价值的平均化产生的。这种平均化在不同生产部门各自耗费的资本价值得到补偿以后，使全部剩余价值不是按各个生产部门所生产的、从而包含在其产品中的剩余价值所占的比例来进行分配，而是按各个预付资本的量所占的比例来进行分配。只有这样，平均利润和以平均利润为特征要素的商品生产价格才会产生。资本的不断趋势是，通过竞争来实现总资本所生产的剩余价值的分配的这种平均化，并克服这种平均化的一切阻碍。所以，资本的趋势是，只容许这样一种超额利润，这种超额利润在一切情况下都不是来自于商品的价值和生产价格之间的差额，而是来自于调节市场的一般生产价格和与它相区别的个别生产价格之间的差额；所以超额利润不是发生在两个不同生产部门之间，而是发生在每个生产部门之内；因此，它不会影响不同生产部门的一般生产价格，也就是说，不会影响一般利润率，反而以价值转化为生产价格和以一般利润率为前提。但是，正如前面已经指出的，这个前提是建立在社会总资本在不同生产部门之间的不断变动的成比例的分配上，建立在资本的不断流入和流出上，建立在资本由一个部门转移到另一个部门的可能性上，总之，建立在资本在这些不同生产部门（对社会总资本各独立部分来说，就是同样多的可使用的投资场所）之间的自由运动上。在这里，我们假定，例如，在商品的价值高于其生产价格或所生产的剩余价值超过平均利润的某一生产部门中，没有任何限制，或者只有偶然的暂时的限制，会妨碍资本的竞争把价值化为生产价格，从而把这个生产部门的超额剩余价值成比例地分配于资本所开发的一切部门。但是，如果发生了相反的情形，如果资本遇到了一种外力，对这种外力，资本只能局部地克服或完全不能克服，这种外力限制资本投入一些特殊生产部门，只有在完全排斥或部分地排斥剩余价值一般平均化为平均利润的条件下才允许资本投入这种特殊生产部门，那么很明显，在这种生产部门中，由于商品的价值超过其生产价格，就会产生超额利润，这个超额利润将会转化为地租，并且作为地租能够与利润相对立而独立起来。当资本投在土地上时，土地所有权或者说土地所有者，就是作为这样一种外力和限制，出现在资本或资本家面前。

在这里，土地所有权就是障碍。因此，不纳税，也就是说，不交地租，就不能对从前未耕种或未出租的土地投入任何新的资本，虽然新耕种的土地是一种不会提供任何级差地租的土地，并且如果没有土地所有权，只要市场价格略微上涨，它就已被耕种，以致起调节作用的市场价格使这种最坏土地的耕种者只能得到他的生产价格。但是，因为有了土地所有权的限制，市场价格必须上涨到一定的程度，才使土地除了生产价格外，还能支付一个余额，也就是说，支付地租。但是，因为按照假定，农业资本所生产的商品的价值高于它们的生产价格，所以，这个地租（除了我们立即就要研究的一种情形外）就是价值超过生产价格而形成的余额或这个余额中的一部分。地租究竟是等于价值和生产价格之间的全部差额，还是仅仅等于这个差额的一个或大或小的部分，这完全取决于供求状况和新耕种的土地面积。只要地租不等于农产品的价值超过它们的生产价格而形成的余额，这个余额中的一部分便总会参与所有剩余价值在各单个资本之间的一般平均化和成比例的分配。一旦地租等于价值超过生产价格而形成的余额，超过平均利润的这全部剩余价值，就会被排除于这个平均化之外。但是，无论这个绝对地租等于价值超过生产价格而形成的全部余额，还是只等于其中的一部分，农产品总是按垄断价格出售，这并不是因为它们的价格高于它们的价值，而是因为它们的价格等于它们的价值，或者，因为它们的价格低于它们的价值，但又高于它们的生产价格。农产品的垄断在于：它们不像价值高于一般生产价格的工业品那样，会平均化为生产价格。因为无论在价值中还是生产价格中都有一个部分，是一个事实上已经确定的不变量，是成本价格，即生产上已消耗的资本＝k，所以，它们的差别在于另一个部分，在于可变的部分，即剩余价值。剩余价值在生产价格中＝p，即利润，也就是等于按社会资本和每个作为社会资本的一个部分的单个资本计算的总剩余价值，但它在商品价值中等于这个特殊资本所生产的实际的剩余价值，并成为这个特殊资本所生产的商品价值的一个组成部分。如果商品的价值高于它的生产价格，那么，生产价格就＝k＋p，价值则＝k＋p＋d，因而，p＋d＝商品中包含的剩余价值。所以，价值和生产价格之间的差额＝d，即这个资本所生产的剩余价值超过按一般利润率分配给这个资本的剩余价值而形成的余额。由此可以得出结论说，农产品的价格可以在达不到它们的价值的情况下，高于它们的生产价格。其次，可以得出结论说，农产品的价格，在达到它们的价值以前，可以持续上涨，直到一定点为止。还可以得出结论说，农产品的价值超过它们的生产价格而形成的余额，所以能成为它们的一般市场价格的决定要素，只是因为有土地所有权的垄断。最后，可以得出结论说，在这种情况下，产品价格上涨不是地租的原因，相反地地租倒是产品价格上涨的原因。如果最坏土地单位面积产品的价格＝P＋r，一切级差地租就都会按r的相应倍数增加，因为按照假定，P＋r成了起调节作用的市场价格。

虽然土地所有权能使土地产品的价格超过它们的生产价格，但市场价格将在多大程度上高于生产价格，接近于价值，因而农业上生产的超过既定平均利润的剩余价值，将在多大程度上转化为地租，或在多大程度上参与剩余价值到平均利润的一般平均化，这都不取决于土地所有权，而取决于一般的市场状况。在任何情况下，这个来自于价值超过生产价格的余额的绝对地租，都只是农业剩余价值的一部分，都只是这个剩余价值到地租的转化，都只是土地所有者对这个剩余价值的攫取；正像级差地租来自于超额利润到地租的转化，来自于土地所有权在起调节作用的一般生产价格下对这个超额利润的攫取一样。这两个地租形式，是惟一正常的地租形式。除此以外，地租只能以真正的垄断价格为基础，这种垄断价格既不是由商品的生产价格决定，也不是由商品的价值决定，而是由购买者的需要和支付能力决定。

第四十六章　建筑地段的地租。矿山地租。土地价格

凡是存在地租的地方，都有级差地租，而且这种级差地租都遵循着和农业级差地租相同的规律。凡是自然力能被垄断并保证使用它的产业家得到超额利润的地方（不论是瀑布，是富饶的矿山，是盛产鱼类的水域，还是位置有利的建筑地段），那些因对一部分土地享有权利而成为这种自然物所有者的人，就会以地租形式，从执行职能的资本那里把这种超额利润夺走。至于建筑上使用的土地，亚·斯密已经说明，它的地租的基础，和一切非农业土地的地租的基础一样，是由真正的农业地租调节的（《国民财富的性质和原因的研究》第1卷第1篇第11章第2、3节）。这种地租的特征在于，首先，位置在这里对级

差地租具有决定性的影响（例如，这对葡萄种植业和大城市的建筑地段来说，是十分重要的）；其次，所有者显然具有完全的被动性，他的主动性（特别是在采矿业）只在于利用社会发展的进步，而对于这种进步，他并不像产业资本家那样有过什么贡献，冒过什么风险；最后，在许多情况下垄断价格占有优势，特别在对贫穷进行最无耻的榨取方面是这样（因为贫穷对于房租，是一个比波托西银矿对于西班牙更为富饶的源泉），并且这种土地所有权一旦和产业资本结合在一个人手里，便会产生巨大的权力，使得产业资本可以把为工资而进行斗争的工人从他们的容身之所地球上实际排除出去。在这里，社会上一部分人向另一部分人要求一种贡赋，作为后者在地球上居住的权利的代价，因为土地所有权本来就包含土地所有者剥削地球的躯体、内脏、空气，从而剥削生命的维持和发展的权利，不仅人口的增加，以及随之而来的住房需要的增大，而且固定资本的发展（这种固定资本或者合并在土地中，或者扎根在土地中，建立在土地上，如所有工业建筑物、铁路、货栈、工厂建筑物、船坞等等），都必然会提高建筑地段的地租。在这里，即使有凯里那样的强烈愿望，也不可能把房租（就其作为投在房屋上的资本的利息和折旧来说）同单纯土地的地租混为一谈，特别在土地所有者和建筑投机家完全是不同的人的时候（例如在英国）。在这里，我们要考察两个要素：一方面，土地为了再生产或采掘的目的而被利用；另一方面，空间是一切生产和一切人类活动的要素。从这两个方面，土地所有权都要求得到它的贡赋。对建筑地段的需求，会提高作为空间和地基的土地的价值，而对土地的各种可用作建筑材料的要素的需求，同时也会因此增加。

在迅速发展的城市内，特别是在像伦敦那样按工厂大规模生产方式从事建筑的地方，建筑投机的真正主要对象是地租，而不是房屋。

真正的矿山地租的决定方法，和农业地租是完全一样的。

我们必须加以区别，究竟是因为产品或土地本身有一个与地租无关的垄断价格，所以地租才由垄断价格产生，还是因为有地租存在，所以产品才按垄断价格出售。当我们说垄断价格时，一般是指那种只决定于购买者的购买欲和支付能力的价格，它既与一般生产价格所决定的价格，也与产品价值所决定的价格无关；一个葡萄园在它所产的葡萄酒特别好时（这种葡萄酒一般说来只能进行比较小量的生产），就会提供一个垄断价格。由于这个垄断价格（它超过产品价值的余额，只决定于高贵的饮酒者的财富和嗜好），葡萄种植者将实现一个相当大的超额利润。这种在这里由垄断价格产生的超额利润，由于土地所有者对这块具有独特性质的土地的所有权而转化为地租，并以这种形式落入土地所有者手中。因此，在这里，是垄断价格造成地租。反过来，如果由于土地所有权对在未耕地上进行不付地租的投资造成限制，以致谷物不仅要高于它的生产价格出售，而且还要高于它的价值出售，那么，地租就会造成垄断价格。一些人所以能把社会的一部分剩余劳动作为贡赋来占有，并且随着生产的发展，占有得越来越多，只是由于他们拥有土地所有权，而这个事实却被以下的情况掩盖了：资本化的地租，也就是说，正是这个资本化的贡赋，表现为土地价格，因此土地也像任何其他交易品一样可以出售。因此对购买者来说，他对地租的索取权，好像不是白白得到的，不是不付出劳动，不冒风险，不具有资本的企业精神，就白白得到的，而是支付了它的等价物才得到的。像以前已经指出的那样，在购买者看来，地租不过表现为他用以购买土地以及地租索取权的那个资本的利息。对已经购买黑人的奴隶主来说也完全是这样，他对黑人的所有权，好像不是靠奴隶制度本身，而是通过商品的买卖而获得的。不过，这个权利本身并不是由出售产生，而只是由出售转移。这个权利在它能被出售以前，必须已经存在；不论是一次出售，还是一系列这样的出售，不断反复的出售，都不能创造这种权利。总之，创造这种权利的，是生产关系。一旦生产关系达到必须蜕皮的地步，这种权利的和一切以它为依据的交易的物质的、在经济上和历史上有存在理由的、从社会生活的生产过程产生的源泉，就会消失。从一个较高级的经济的社会形态的角度来看，个别人对土地的私有权，和一个人对另一个人的私有权一样，是十分荒谬的。甚至整个社会，一个民族，以至一切同时存在的社会加在一起，都不是土地的所有者。他们只是土地的占有者，土地的受益者，并且他们应当作为好家长把经过改良的土地传给后代。

第七篇

各种收入及其源泉

第四十八章　三位一体的公式

I

资本—利润（企业主收入加上利息），土地—地租，劳动—工资，这就是把社会生产过程的一切秘密都包括在内的三位一体的公式。

其次，因为正如以前已经指出的那样，利息表现为资本所固有的、独特的产物，与此相反，企业主收入则表现为不以资本为转移的工资，所以，上述三位一体的形式可以进一步归结为：

资本—利息，土地—地租，劳动—工资；在这个形式中，利润，这个体现资本主义生产方式的独特特征的剩余价值形式，就幸运地被排除了。

如果我们现在更仔细地考察一下这个经济上的三位一体，我们就会发现：

第一，每年可供支配的财富的各种所谓源泉，属于完全不同的领域，彼此之间毫无相同之处。它们互相之间的关系，就像公证人的手续费、甜菜和音乐之间的关系一样。

资本，土地，劳动！但资本不是物，而是一定的、社会的、属于一定历史社会形态的生产关系，后者体现在一个物上，并赋予这个物以独特的社会性质。资本不是物质的和生产出来的生产资料的总和。资本是已经转化为资本的生产资料，这种生产资料本身不是资本，就像金和银本身不是货币一样。社会某一部分人所垄断的生产资料，同活劳动力相对立而独立化的这种劳动力的产品和活动条件，通过这种对立在资本上人格化了。

现在，与此并列，又有土地，这个无机的自然界本身，这个完全处在原始状态中的“粗糙的混沌一团的天然物”。土地的绝对肥力所起的作用，不过是使一定量的劳动提供一定的、受土地的自然肥力所制约的产品。土地肥力的差别所造成的结果是：同量劳动和资本，也就是同一价值，表现在不等量的土地产品上；因此，这些产品具有不同的个别价

值。这些个别价值平均化为市场价值，促使

“肥沃土地同较坏的土地相比所提供的利益……从耕种者或消费者手里转移到土地所有者手里”。(李嘉图《原理》第62页)

最后，作为其中的第三个同盟者的，只是一个幽灵——劳动；或者，只是指人借以实现人和自然之间的物质变换的人类一般的生产活动，它不仅已经脱掉一切社会形式和性质规定，而且甚至在它的单纯的自然存在上，不以社会为转移，超越一切社会之上，并且作为生命的表现和证实，是尚属非社会的人和已经有某种社会规定的人所共同具有的。

Ⅱ

资本—利息；土地所有权，土地私有权，而且是现代的、与资本主义生产方式相适应的土地私有权—地租；雇佣劳动—工资。这样，各种收入源泉之间的联系尽在这个形式之中。像资本一样，雇佣劳动和土地所有权也是历史规定的社会形式；一个是劳动的社会形式，另一个是被垄断的土地的社会形式。而且二者都是与资本相适应的、属于同一个经济的社会形态的形式。

在资本—利息，土地—地租，劳动—工资这个公式中，资本、土地和劳动，分别表现为利息（代替利润）、地租和工资的源泉，而利息、地租和工资则是它们各自的产物，它们的果实。前者是根据，后者是归结；前者是原因，后者是结果；而且每一个源泉都把它的产物当作是从它分离出来的、生产出来的东西。这三种收入，利息（代替利润）、地租、工资，就是产品价值的三个部分。

Ⅲ

庸俗经济学所做的事情，实际上不过是对于局限在资产阶级生产关系中的生产当事人的观念，当作教义来加以解释、系统化和辩护。因此，我们并不感到奇怪的是，庸俗经济学恰好对于各种经济关系的异化的表现形式——在这种形式下，各种经济关系显然是荒谬的，完全矛盾的；如果事物的表现形式和事物的本质会直接合而为一，一切科学就都成为多余的了——感到很自在，而且各种经济关系的内部联系越是隐蔽，这些关系对普通人的观念来说越是习以为常，它们对庸俗经济学来说就越显得是不言自明的。

我们还看到，资本——而资本家只是人格化的资本，他在生产过程中只是作为资本的承担者执行职能——会在与它相适应的社会生产过程中，从直接生产者即工人身上榨取一定量的剩余劳动，这种剩余劳动体现为剩余价值。剩余劳动一般作为超过一定的需要量的劳动，应当始终存在。只不过它在资本主义制度下，像在奴隶制度等等下一样，具有对抗的形式。资本的文明面之一是，它榨取这种剩余劳动的方式和条件，同以前的奴隶制、农奴制等形式相比，都更有利于生产力的发展，有利于社会关系的发展，有利于更高级的新形态的各种要素的创造。因此，资本一方面会导致这样一个阶段，在这个阶段上，社会上的一部分人靠牺牲另一部分人来强制和垄断社会发展（包括这种发展的物质方面和精神方面的利益）的现象将会消灭；另一方面，这个阶段又会为这样一些关系创造出物质手段和萌芽，这些关系在一个更高级的社会形式中，使这种剩余劳动能够同物质劳动一般所占用的时间的更大的节制结合在一起。

不管这些关系在其他方面看起来多么不一致，但它们都有一个共同点：资本逐年为资本家提供利润，土地逐年为土地所有者提供地租，劳动力——在正常条件下，并且在它仍然是可以使用的劳动力的时期内——逐年为工人提供工资。每年生产的总价值中的这三个价值部分，以及每年生产的总产品中和它们相适应的部分，——在这里我们先撇开积累不说，——可以每年由它们各自的所有者消费掉，而不致造成它们的再生产源泉的枯竭。它们好像是一棵长生树上或者不如说三棵长生树上的每年供人食用的果实，它们形成三个阶级即资本家、土地所有者和工人的逐年收入。这些收入，是由职能资本家作为剩余劳动的直接吸取者和一般劳动的使用者来进行分配的。因此，资本家的资本，土地所有者的土地，工人的劳动力或者不如说他的劳动本身（因为他实际出售的只是表现出来的劳动力，而且像以前所说的那样，在资本主义生产方式的基础上，劳动力的价格必然会对他表现为劳动的价格），对资本家、土地所有者和工人来说，表现为他们各自特有的收入，即利润、地租和工资的三个不同的源泉。

因此，土地所有权、资本和雇佣劳动，就从下述意义上的收入源泉，即资本使资本家以利润的形式吸取他从劳动中榨取的剩余价值的一部分，土地的垄断使土地所有者以地租的形式吸取剩余价值的另一部分，劳动使工人以工资的形式取得最后一个可供支配的价值部分这种意义上的源泉，也就是从这种作为中介使价值的一部分转化为利润形式，使第二部分转化为地租形式，使第三部分转化为工资形式的源泉，转化成了真正的源泉，这个源泉本身产生出这几个价值部分和这几个价值部分借以存在或可以转化成的各相关产品部分，因而是产生出产品价值本身的最后源泉。

在资本—利润（或者，更恰当地说是资本—利息），土地—地租，劳动—工资中，在这个表示价值和财富一般的各个组成部分同其各种源泉的联系的经济三位一体中，资本主义生产方式的神秘化，社会关系的物化，物质的生产关系和它们的历史社会规定性的直接融合已经完成：这是一个着了魔的、颠倒的、倒立着的世界。在这个世界里，资本先生和土地太太，作为社会的人物，同时又直接作为单纯的物，在兴妖作怪。古典经济学把利息归结为利润的一部分，把地租归结为超过平均利润的余额，使这二者以剩余价值的形式一致起来；此外，把流通过程当作单纯的形式变化来说明；最后，在直接生产过程中把商品的价值和剩余价值归结为劳动；这样，它就把上面那些虚伪的假象和错觉，把财富的不同社会要素互相间的这种独立化和硬化，把这种物的人格化和生产关系的物化，把日常生活中的这个宗教揭穿了。这是古典经济学的伟大功绩。然而，甚至古典经济学的最优秀的代表，——从资产阶级的观点出发，只能是这样，——也还或多或少地被束缚在他们曾批判地予以揭穿的假象世界里，因而，都或多或少地陷入不彻底性、半途而废状态和没有解决的矛盾之中。另一方面，实际的生产当事人对资本—利息，土地—地租，劳动—工资这些异化的不合理的形式，感到很自在，这也同样是自然的事情，因为他们就是在这些假象的形态中活动的，他们每天都要和这些形态打交道。庸俗经济学无非是对实际的生产当事人的日常观念进行教学式的、或多或少教义式的翻译，把这些观念安排在某种有条理的秩序中。因此，它会在这个消灭了整个内部联系的三位一体中，为自己的浅薄的妄自尊大，找到自然的不容怀疑的基础，这也同样是自然的事情。同时，这个公式也是符合统治阶级的利益的，因为它宣布统治阶级的收入源泉具有自然的必然性和永恒的合理性，并把这个观点推崇为教条。

第五十一章　分配关系和生产关系

对资本主义生产方式的科学分析却证明：资本主义生产方式是一种特殊的、具有独特历史规定性的生产方式；它和任何其他一定的生产方式一样，把社会生产力及其发展形式的一个既定的阶段作为自己的历史条件，而这个条件又是一个先行过程的历史结果和产物，并且是新的生产方式由以产生的既定基础；同这种独特的、历史地规定的生产方式相适应的生产关系，——即人们在他们的社会生活过程中、在他们的社会生活的生产中所处的各种关系，——具有一种独特的、历史的和暂时的性质；最后，分配关系本质上和这些生产关系是同一的，是生产关系的反面，所以二者共有同样的历史的暂时的性质。

在考察分配关系时，人们首先是从年产品分为工资、利润和地租这种所谓的事实出发。但是，把事实说成这样是错误的。产品一方面分为资本，另一方面分为各种收入。其中一种收入，工资，总是先以资本形式同工人相对立，然后才取得收入的形式，即工人的收入的形式。

如果说资本主义生产方式以生产条件的这种一定的社会形式为前提，那么，它会不断地把这种形式再生产出来。它不仅生产出物质的产品，而且不断地再生产出产品在其中生产出来的那种生产关系，因而也不断地再生产出相应的分配关系。

当然，可以说，资本（以及资本作为自身的对立物而包括进来的土地所有权）本身已经以这样一种分配为前提：劳动者被剥夺了劳动条件，这些条件集中在少数个人手中，另外一些个人对土地拥有排他的所有权，总之，就是存在着论原始积累的那一部分已经说明过的全部关系。人们谈到这种分配关系，指的是对产品中归个人消费的部分的各种索取权。相反，前面所说的分配关系，却是在生产关系本身内部由生产关系的一定当事人在同直接生产者的对立中所执行的那些特殊社会职能的基础。这种分配关系赋予生产条件本身及其代表以特殊的社会的质。它们决定着生产的全部性质和全部运动。

资本主义生产方式一开始就有两个特征。

第一，它生产的产品是商品。使它和其他生产方式相区别的，不在于生产商品，而在于，成为商品是它的产品的占统治地位的、决定的性质。这首先意味着，工人自己也只是表现为商品的出售者，因而表现为自由的雇佣工人，这样，劳动就表现为雇佣劳动。有了以上说明，已无须重新论证资本和雇佣劳动的关系怎样决定着这种生产方式的全部性质。这种生产方式的主要当事人，资本家和雇佣工人，本身不过是资本和雇佣劳动的体现者，人格化，是由社会生产过程加在个人身上的一定的社会性质，是这些一定的社会生产关系的产物。

资本主义生产方式的第二个特征是，剩余价值的生产是生产的直接目的和决定动机。资本本质上是生产资本的，但只有生产剩余价值，它才生产资本。

我们再来考察一下这种所谓的分配关系本身。工资以雇佣劳动为前提，利润以资本为前提。因此，这些一定的分配形式是以生产条件的一定的社会性质和生产当事人之间的一定的社会关系为前提的。因此，一定的分配关系只是历史地规定的生产关系的表现。

所谓的分配关系，是同生产过程的历史地规定的特殊社会形式，以及人们在他们的人类生活的再生产过程中相互所处的关系相适应的，并且是由这些形式和关系产生的。这些分配关系的历史性质就是生产关系的历史性质，分配关系不过表现生产关系的一个方面。资本主义的分配不同于各种由其他生产方式产生的分配形式，而每一种分配形式，都会随着它由以产生并且与之相适应的一定的生产形式的消失而消失。

只把分配关系看作历史的东西而不把生产关系看作历史的东西的见解，只是资产阶级经济学刚开始进行还带有局限性的批判时的见解。

后记

2012年6月19日，习近平同志到中国人民大学“《资本论》教学与研究中心”进行考察，结束时发表了讲话。他既强调要重视研究马克思主义中国化的两个成果——毛泽东思想和中国特色社会主义理论体系，又强调“要重视马克思主义经典理论的学习”，指出“马克思主义的经典中，《资本论》是最重要的经典著作之一，可以说它经受了时间和实践的检验，是一直永放光芒的真理”。要求我们在教学战线中“要旗帜鲜明、要理直气壮”，“培养我们一代合格的接班人”。这是对我们从事马克思主义经济学教学与研究的人们的鼓励与鞭策。

学习和研究《资本论》，重在学习和掌握其基本原理与方法。三卷《资本论》，内容博大精深，卷帙浩繁，总计230万字，无论高校学生还是一般工作人员，都难以尽读其内容。于是出版过多种《资本论》选读本和节选本，但字数也大都为50万字左右。1985年由中宣部组织，委托中国人民大学经济学系①编选《马列著作选读：政治经济学》，1988年由人民出版社出版，其中包括摘编三卷《资本论》的内容共15万字，计划作为全国干部开展学习马列著作活动的读本之一。由于后来形势的变化，选读本没有发挥原设想的作用。1999年，由中央编译局马列部和教育部社政司编选，由人民出版社出版了《马克思主义经典著作选读》，作为全国硕士研究生马克思主义理论课教学用书。其中节选了《资本论》第一卷的部分内容，共3万多字。

邓小平在南方谈话中说：学马列要精，长篇的东西是少数搞专业的人读的。按此精神，非专业人士学《资本论》要做到精，就需要一本精选本。

考虑到高校一般财经专业的教学需要和其他读者学习与掌握《资本论》所阐述的基本原理及方法的需要，中国人民大学出版社策划出版一部《资本论》精选本，委托我来摘选，并建议摘选内容可参考《马列著作选读：政治经济学》一书的《资本论》部分。

① 是现中国人民大学经济学院的前身，当时我任系主任，参与了选编教师的安排，并参与了选读本的取舍讨论。

我从事马克思主义经济学的教学与研究已 60 多年，怎样提炼一本既符合需要又字数适当的《资本论》精选本，便于高校学生和其他读者在有限的时间内学习和掌握《资本论》所阐述的基本原理与方法，是义不容辞的责任。不过，摘选和精选《资本论》的内容，该怎样取舍，显然与摘选者对《资本论》内容的理解水平和掌握程度有关。

《〈资本论〉精选》一书，参考了 1988 年出版的《马列著作选读：政治经济学》中的《资本论》部分的摘编内容，但摘选的篇章和内容扩大了。对原选读本节选的内容也进行了调整，或作删减，或作增添，总计 20 余万字。本精选本译文内容取自由中央编译局翻译、人民出版社 2004 年出版的《资本论》第二版。在摘选过程中，我注意到：与《资本论》（或《马克思恩格斯全集》第 23～25 卷）中译本第一版相比，第二版的译文有显著的改进，许多译文内容有较大差异。因此，再引用《资本论》第一版的译文，或继续使用摘自《资本论》中译本第一版内容的选读本就显得不适宜了。

简要讲一下我在摘选《资本论》内容中的取舍考虑。首先，对重要的基本原理和理论观点力求无遗漏地选入。例如，《资本论》第一卷第二章“交换过程”的内容，容易被有的摘选者所忽视。其实，它既是第一章“商品”内容的重要补充，又是第一章“商品”和第三章“货币或商品流通”的衔接点。特别是其中有些重要观点需要把握。其一，商品交换“是一种反映着经济关系的意志关系，这种法的关系或意志关系的内容是由这种经济关系本身决定的”。其二，商品使用价值和价值的矛盾，形成交换过程中的矛盾，导致货币的产生。“困难不在于了解货币是商品，而在于了解商品怎样、为什么、通过什么成为货币”。其三，关于货币本质规定的阐述：“因为其他一切商品只是货币的特殊等价物，而货币是它们的一般等价物，所以它们是作为特殊商品来同作为一般商品的货币发生关系”。这段话中明确地表明：货币是一切商品的“一般等价物”，是与一切“特殊商品”发生关系的“一般商品”。然而，多少年来，我们的政治经济学教材中，竟颠倒马克思的原意，将货币的本质定义为作为一般等价物的“特殊商品”。有的《资本论》选读和解读中，虽有第二章“交换过程”的内容，但舍去了这段重要的论述，致使错解得不到澄清，继续以讹传讹，误认为货币的本质规定是“特殊商品”。

再如，《资本论》第三卷第十章“一般利润率通过竞争而平均化。市场价格和市场价值。超额利润”，具有丰富的理论内容。特别是对劳动价值理论和价格理论做了拓展性的具体分析与论述，表明了《资本论》中对劳动价值理论由抽象到具体的不断展开的论述过程。通过对供求规律、竞争规律、价格运动规律的分析与阐述，对商品价值由社会必要劳动时间决定的规律做了新的界定，根据现实市场关系中供求运动的变动，市场价值在一般情况下由平均必要劳动或中位条件劳动决定。在特殊供求状况下，也可由劣等条件或优等条件的劳动时间决定。这同时为第六篇农产品的价值决定和地租理论做了理论铺垫。有的《资本论》选读中对劳动价值论的这种新论述没有摘选。本精选本在摘选中重视选入这种对基本原理的展开论述，也可以认为这是对一般政治经济学教材的理论补充。

其次，对《资本论》中我认为不属于基本原理的部分，尽管各种《资本论》选读本都选入，我在本精选本中将其舍去。例如，关于“资本总公式”和“总公式的矛盾”的内容，就没有摘选。

以上的说明只是几个例子。这种摘选的思考贯穿于全书中。是否准确与科学，欢迎学界同仁指教。

卫兴华

于中国人民大学宜园 2 号楼

2014 年 1 月 23 日

图书在版编目（CIP）数据

《资本论》精选/卫兴华等摘选．—北京：中国人民大学出版社，2013.12
21世纪经济学系列教材
ISBN 978-7-300-18287-2

Ⅰ.①资… Ⅱ.①卫… Ⅲ.①《资本论》-马克思著作研究-高等学校-教材 Ⅳ.①A811.23

中国版本图书馆CIP数据核字（2013）第253070号

21世纪经济学系列教材
《资本论》精选
卫兴华 等 摘选
Zhibenlun Jingxuan

出版发行	中国人民大学出版社		
社　　址	北京中关村大街31号	**邮政编码**	100080
电　　话	010－62511242（总编室）		010－62511770（质管部）
	010－82501766（邮购部）		010－62514148（门市部）
	010－62515195（发行公司）		010－62515275（盗版举报）
网　　址	http://www.crup.com.cn		
	http://www.ttrnet.com（人大教研网）		
经　　销	新华书店		
印　　刷	北京东方圣雅印刷有限公司		
规　　格	185 mm×260 mm　16开本	**版　　次**	2014年3月第1版
印　　张	11.5 插页1	**印　　次**	2014年3月第1次印刷
字　　数	249 000	**定　　价**	24.00元